Galicien & Jakobsweg

Tobias Büscher

DUMONT
Reise-Taschenbuch

Reiseinfos, Adressen, Websites

Panorama – Daten, Essays, Hintergründe

Unterwegs in Galicien und auf dem Jakobsweg

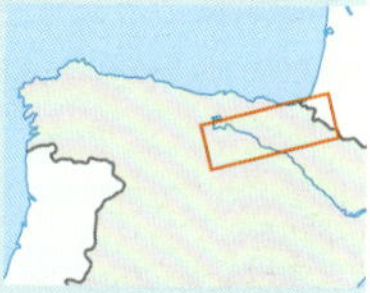

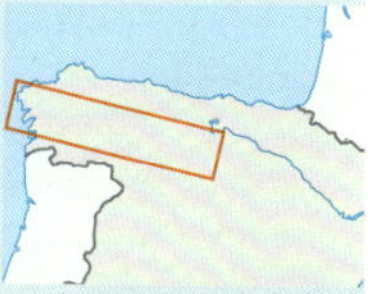

Auf Entdeckungstour

Karten und Pläne

► Dieses Symbol im Buch verweist auf die Extra-Reisekarte Galicien & Jakobsweg

Schnellüberblick

Die Nordküste Galiciens
Wild ist die Todesküste zwischen Fisterra und Malpica mit ihren authentischen Fischerdörfern. Ein Shopping-Tipp ist die Hafenstadt A Coruña. S. 182

Santiago de Compostela
Eine Studentenstadt mit viel Kultur und Nachtleben und das beliebteste Pilgerziel Westeuropas mit internationaler Strahlkraft. S. 158

Die Westküste Galiciens
Leuchttürme, kleine Badebuchten, Wildpferde im Hinterland und vorgelagerte Inseln der Extraklasse. Die Rías Baixas sind besonders attraktiv. S. 214

Galiciens Inland
Abseits der touristischen Pfade: Keltensiedlungen, entlegene Naturparks, die schönsten Landhäuser weit und breit und urbane Juwelen wie Tui. S. 250

Von Fromista bis Santiago
Der zweite Abschnitt des Jakobswegs lockt mit beeindruckenden Bauten und kulinarischen Highlights. Ein Muss sind die Tapa-Bars in León. S. 130

Von den Pyrenäen bis Burgos
Die sattgrünen Pyrenäen gehen in kastilische Weiten über. Wein und Architektur sind die Stars dieser Wegstrecke. S. 80

Der Autor

Mit Tobias Büscher unterwegs
Tobias Büscher hat Galicien schon in den 1990er-Jahren entdeckt und seither so viele Freunde dort, dass er schon mal von Journalisten aus Santiago zu einem Vortrag eingeladen wird, von seinem Kumpel José zum Seeteufel und von Fischern zu gemeinsamen Bootsfahrten. Witze über seinen Akzent inbegriffen. Über Galicien und den Jakobsweg veröffentlicht er seither in Magazinen, Tageszeitungen und auf dem Portal www.spanien-reisemagazin.de. Neben Kurzkrimis hat er mehrere Bücher über Spanien verfasst, darunter über Madrid und die Pyrenäen. Er arbeitet heute im eigenen Kölner Redaktionsbüro.

Einsame Strände, keltisches Erbe

Das Gefäß zischt in weitem Bogen durch das Querschiff der Kathedrale. Sechs kräftige Männer in dunkelroten Gewändern ziehen an einem Seil und versetzen so den silbern glänzenden Weihrauchbehälter in Schwingungen. Für die Pilgermesse ist dieses Ritual seit Jahrhunderten ein stimmungsvolles Szenario. Seit dem tiefen Mittelalter machen sich Gläubige aus ganz Europa auf den Weg nach Santiago de Compostela. Die Stadt aus Granit ist ein spiritueller Pol, das Grab des Apostels liegt in einer der schönsten Kathedralen der Welt.

Der Jakobsweg – für Abertausende ist und war er eine lange Erfahrung – vermittelt ein neues Gefühl von Langsamkeit und innere Einkehr. Ablass-Wallfahrten sind längst passé, Buß- und Schweigewallfahrten seltener geworden, dafür ist das Wandern auf dem Camino de Santiago inzwischen zu einem farbenfrohen Event mutiert. Die einen lassen selbst gebaute Rollschlitten von kräftigen Huskys anziehen, die anderen kommen auf einem umgebauten, für den Straßenverkehr extra zugelassenen Traktor oder auf eleganten andalusischen Rassepferden. Doch die meisten gehen zu Fuß und erleben unterwegs eine Menge. Vor allem die romanische Baukunst begeistert. Auf vielen der steinalten Bauten, die nach der Entdeckung des Apostelgrabs im 9. Jh. entstanden, brüten im Frühsommer Weißstorch-Paare. Sie bleiben dort, bis ihre Nachkommen flügge sind.

Herausforderung Jakobsweg

Ist es den Störchen gerade warm genug, wird es den Pilgern im Sommer allerdings oft schon zu heiß und zu laut. Denn der Glaubenspfad verläuft nicht nur durch abgelegene Natur vorbei an Schafherden und rot leuchtenden Klatschmohnfeldern, sondern häufig genug auch direkt neben der Straße und den vorbeidonnernden Lastwagen. Auch das, meinen manche, sei eine Prüfung vor dem Herrn. Doch ob

Direkt am Meer: das Kloster Mosteiro de Oia bei A Guarda

per Flieger, Auto oder nach all den Fußpflastern, das Ziel Santiago de Compostela entlohnt in jedem Fall für alle Strapazen.

Galicien jenseits aller Klischees

Nicht nur Pilger zieht es in die Granitstadt, die von der UNESCO zum Weltkulturerbe erklärt wurde. Zahlreiche Besucher wollen auch Galicien entdecken, eine der entlegensten Regionen Europas, wo im Hinterland Wölfe heulen, wo an den Zacken der Costa da Morte (›Todesküste‹) Entenmuscheln haften und wo ›weise Frauen‹ mindestens so gern um Rat gefragt werden wie Ärzte an den Universitätskliniken. Die Region hat mit spanischen Klischees wenig zu tun. Die Galicier sind nicht feurig, sondern vorsichtig. Sie spielen nicht Flamencogitarre, sondern Dudelsack. Nicht Stierkämpfe sind beliebt, sondern Wildpferde-Rodeos.

Kelten waren es, die Galicien den Namen gaben. Sie errichteten am Atlantik einige Siedlungen, deren Grundmauern noch heute existieren. Ein besonders schönes Beispiel ist das Castro de Santa Tegra bei A Guarda an der portugiesischen Grenze. Mit Castro werden die keltischen Wehrdörfer bezeichnet und so heißt auch Kubas Staatschef Fidel Castro, dessen galicische Eltern im 19. Jh. vor Hunger auf die Antilleninsel flohen. Andere sind geblieben, vor allem die Fischerfamilien am Atlantik. Bis heute vermitteln ihre Siedlungen zeitlosen, authentischen Charme, etwa Fisterra, zu deutsch ›Ende der Welt‹.

Weißwein aus Porzellantassen

In den Tavernen gibt es leichten Weißwein aus Porzellantassen und frische Seekraken auf Holztellern. Hier am Atlantik glaubte man früher, das Ende der Erdenscheibe erreicht zu haben. Wer an den Klippen und am Leuchtturm einmal einen Sonnenuntergang erlebt hat, wird das gut nachvollziehen können. Ob man an einer einsamen Bucht Südgaliciens in glasklarem Wasser badet, am Jakobsweg mit Schäfern ins Gespräch kommt oder in der Altstadt von León das Nachtleben genießt: Galicien und der Jakobsweg haben für jeden Geschmack Spannendes, Schönes und Erstaunliches zu bieten.

Malpicas Hafen ist einer der authentischsten, S. 208

Die Kapelle Eunate, ein achteckiger Bau mit offenem Arkadengang, S. 104

Lieblingsorte!

Die Markthalle in Santiago hat historisches Flair, S. 176

Wenige Leuchttürme Galiciens liegen so schön wie der am Kap Home, S. 244

El Escribador in León, wo Handgefertigtes entsteht, S. 144

Praza da Leña, der Altstadtplatz von Pontevedra, S. 238

Die Reiseführer von DuMont werden von Autoren geschrieben, die ihr Buch ständig aktualisieren und daher immer wieder dieselben Orte besuchen. Irgendwann entdeckt dabei jede Autorin und jeder Autor seine ganz persönlichen Lieblingsorte. Dörfer, die abseits des touristischen Mainstream liegen, eine ganz besondere Strandbucht, Plätze, die zum Entspannen einladen, ein Stückchen ursprüngliche Natur – eben Wohlfühlorte, an die man immer wieder zurückkehren möchte.

Olites märchenhafte Burg lädt zum Träumen ein, S. 100

Der Kathedralenstrand trägt seinen Namen zurecht, S. 278

Reiseinfos, Adressen, Websites

Muschelsammler: Galicien ist bekannt für seine frischen Meeresfrüchte

Informationsquellen

Infos im Internet

www.spain.info
Offizielles Portal des Spanischen Tourismusamts mit gut aufbereiteten Informationen zu Hotels, Restaurants und Sehenswertem sowie Preisen und Öffnungszeiten.

www.spanien-reisemagazin.de
Aktuelle Webseite zu den Reisezielen Spaniens mit vielen Infos, Tipps, News, Reportagen und Bildern, u. a. zum Jakobsweg und Galicien.

www.xacobeo.es
Unter den vielen Webseiten zum Jakobsweg sticht diese besonders positiv hervor. Sie bietet eine solide Darstellung des Pilgerwegs mit Streckenbeschreibungen und vielen Links.

www.pilgerreisen.de
Die Webseite des Bayerischen Pilgerbüros bietet sehr viele Infos über angebotene Reisen auf dem Jakobsweg, der von versierten Führern geleitet wird.

www.noticiascamino.com
Der Journalistenverband APECSA führt dieses Jakobsweg-Portal. Zu den Betreibern gehört der renommierte Journalist Cristobál Ramírez. Sehr aktuell, gute Reportagen und sinnvoll für alle mit Spanischkenntnissen.

www.turgalicia.es
Per Mausklick zu aktuellen reisepraktischen und kulturellen Infos über Galicien. Die Infos (auch auf Deutsch) sind in der Regel sehr zuverlässig. Das Unternehmen wird von der galicischen Regionalregierung Xunta de Galicia unterstützt.

www.lariojaturismo.com
Portal zur Region La Rioja, auch auf Deutsch. Gut sind die praktischen Hinweise zu Weinbodegas und Museen.

www.lomejordelvinoderioja.com
Sehr gutes Infoportal zu den Weinen der Rioja, den Bodegas und den aktuellen Auszeichnungen und Preisen, auf Spanisch.

www.destinia.com/hotels/paradores/de
Liste, Beschreibung und Kurzfilme zu allen staatlichen Unterkünften in einem Parador, auch auf dem Jakobsweg und in Galicien.

Fremdenverkehrsämter

... in Deutschland
Kurfürstendamm 180
10707 Berlin
Tel. 030 882 65 43
Fax 030 882 66 61
berlin@turspain.es

Grafenberger Allee 100
40237 Düsseldorf
Tel. 0211 680 39 80
Fax 0211 680 39 85
dusseldorf@turspain.es

Myliusstr. 14
60323 Frankfurt am Main
Tel. 069 72 50 33.
Fax 069 72 53 13
frankfurt@turspain.es

Postfach 15 19 40
80336 München
Tel. 089 530 74 60
Fax 089 532 86 80
munich@turspain.es

... in Österreich
Walfischgasse 8
1010 Wien
Tel. 01 512 95 80
Fax 01 512 95 81
viena@tourspain.es

... in der Schweiz
Seefeldstraße 19
8008 Zürich
Tel. 044 253 60 50
Fax 044 252 62 04
zurich@tourspain.es

Fremdenverkehrsämter vor Ort
Jede größere Stadt am Jakobsweg und in Galicien verfügt über ein oder mehrere Ämter. Die Mitarbeiter sprechen Englisch und teilweise auch erfreulich gut Deutsch.

Lese- und Hörtipps

Büscher, Tobias: Spaniens attraktivste Fiestas. Reise-Know-How/Praxis, Bielefeld 2004. Das Buch stellt von den über 25 000 spanischen Festen pro Jahr die schönsten vor, darunter auch die Highlights in Galicien und entlang des Jakobswegs.

Casado Neira, David; Diestelmaier, Katharina: Galicisch Wort für Wort. Reise-Know-How, Bielefeld 1996. Wer Galicier richtig zum Aufhorchen bringen möchte, sollte einfach ein paar Begriffe aus dem handlichen Band lernen. Das wirkt verblüffend, denn die leicht portugiesisch klingenden Worte der Regionalsprache kann fast kein Reisender. Und das kommt bei den Galiciern besonders gut an.

Coelho, Paulo: Auf dem Jakobsweg. Tagebuch einer Pilgerreise nach Santiago de Compostela. Diogenes, Zürich 2007. Wie viele Brasilianer machte sich auch der berühmte Autor auf den Weg nach Santiago. Herausgekommen ist eine ebenso spannende wie mythische Beschreibung.

Fürböck, Heide: Mit Jockl nach Santiago. Frieling, Berlin 1999. Die Autorin schildert die Fahrt mit einem umgerüsteten Traktor. Von Österreich fahren sie und ihr Partner im Landmaschinentempo 9000 km bis Santiago und zurück. Star ist der tuckernde Ackerschlepper Baujahr 1968 der Marke Eicher-Panther. Das Buch ist so originell wie komisch.

Herbers, Klaus: Der Jakobsweg. Ein Pilgerbuch aus dem 12. Jh. Reclam, Stuttgart 2008. In diesem Buch ist der erste mittelalterliche Bericht über den Jakobsweg übersetzt und kommentiert. Um 1150 schrieb diesen Codex Calixtinus der Franzose Aimeric Picaud.

Kerkeling, Hape: Ich bin dann mal weg. Meine Reise auf dem Jakobsweg. Piper, München 2009. Kerkeling lief nach einem Gehörsturz auf dem Glaubenspfad und landete Jahre später einen Bestseller, der sich flüssiger verkauft als Papst Benedikts ›Jesus von Nazareth‹. Ein Journalist vom »Stern« rieb sich verwundert die Augen: »eine Nation von hedonistischen Alltagsflüchtlingen macht sich auf Sinnsuche, manche mit Gehstöcken, andere ohne.« Wohl war, an dieser Stelle: Bravo, Herr Kerkeling.

Nooteboom, Cees: Der Umweg nach Santiago. Suhrkamp, Berlin 2007. Der Klassiker des niederländischen Autors beschreibt in der Tat einen Umweg nach Santiago. Der Protagonist ist fast 30 Jahre überall in Spanien unterwegs, bis er schließlich Santiago de Compostela erreicht.

Rivas, Manuel: Der Bleistift des Zimmermanns. Suhrkamp, Berlin 2002. Dem Autor aus A Coruña (geb. 1957) ist mit diesem Roman eine packende, schnörkellose Darstellung von Liebe, Intrigen und Bürgerkrieg in Galicien gelungen, die wohl empfehlenswerteste Reiselektüre überhaupt, zumal glänzend übersetzt. Rivas ist mit diesem Band zum galicischen Kultautor geworden.

Zum Hören

Ob per pedes auf dem Wanderweg oder per Bleifuß bei der Anreise auf monotonen Autobahnen, Abwechslung bieten folgende CDs:

Camino de Santiago: Musik auf dem Pilgerweg zum heiligen Jakob, Ensemble für frühe Musik, Christopho, Augsburg 1991.

Coelho, Paolo: Auf dem Jakobsweg. Das Buch des brasilianischen Autors (»Der Alchemist«) wird gesprochen von Schauspieler Christian Brückner, der auch schon Robert de Niro seine Stimme lieh (Audio-CD), Steinbach 2001.

Las mejores obras del canto gregoriano (Die Meisterwerke des gregorianischen Chorals): Coro de Monjes del Monasterio Benedictino, Santo Domingo 1994.

Etliche gute Hörbücher und Lern-CDs bietet auch www.digitalpublishing.de

Wetter und Reisezeit

Klima

Die klimatischen Unterschiede sind je nach Region und Monat enorm. Während zwischen Burgos und León der Werbeslogan ›Alles unter der Sonne‹ zumindest im Sommer voll zutrifft, müsste es in Galicien heißen: ›Alles unter dem Regenschirm‹. Mitbringen müssen Sie aber keinen, es gibt sie vor Ort sehr günstig und teils sogar handgefertigt, so in der regenreichsten Stadt Spaniens, Santiago de Compostela. Doch auch in Galicien regnet es nicht ständig. Der August ist oft nahezu regenfrei, auch im Juli und September gibt es nur den ein oder anderen Schauer. Statistisch heißt das: fünf Regentage im Juni und im Dezember können es schon mal 27 (!) sein. Richtig verregnet wird es also erst im Winter, doch in der Zeit ist ohnehin kaum ein Besucher vor Ort.

Klimadiagramm Galicien (Burgos)

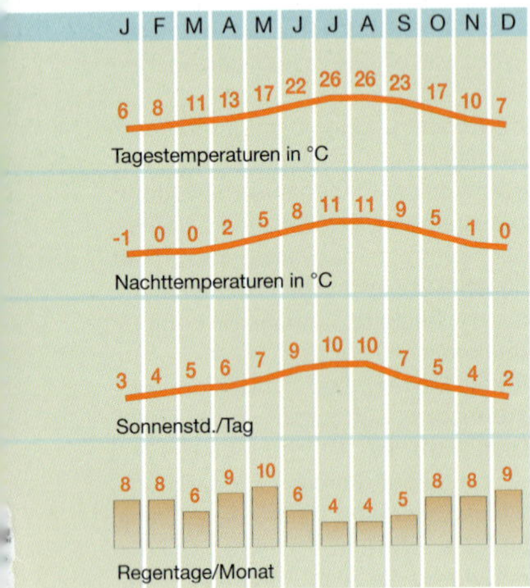

Reisezeit

Vor allem die Spanier selbst lieben Galicien als sommerliches Reiseziel, gerade wegen des Klimas. Weitab von den staubtrockenen, sonnensicheren Massenurlaubszielen am Mittelmeer genießen sie die angenehme, erfrischende Brise vom Atlantik. Manch nordeuropäischem Besucher geht es da nicht anders. Die besten Reisemonate für den Jakobsweg und Galicien sind Ende Mai bis Ende September, wobei es im Hochsommer in der Weite der Meseta sehr heiß und dazu sehr voll werden kann. Santiago ist vor allem rund um den 25. Juli gut besucht. Dann ist es beim Jakobsfest in der kleinen Stadt oft sogar brechend voll.

Kleidung und Ausrüstung

Was die Kleidung betrifft: Ein warmer Pullover und ein Regencape gehören auch im Sommer ins Gepäck, ebenso wie feste Schuhe für Wanderungen und lange Hosen bzw. Röcke für den Besuch von Kirchen und Restaurants. Jakobspilger benötigen sehr gut eingelaufene Wanderschuhe und leichte, windfeste Outdoor-Kleidung. Sinnvoll sind auch: ein Iso-Schlafsack mit aufblasbarem Kopfteil, Isomatte, Ohrenstöpsel für die Schlafsäle der Pilgerherbergen, leichte Sandalen, Taschenlampe, Taschenmesser, Sonnenhut und Sonnenbrille.

Wer länger auf dem Camino unterwegs ist, wird sicher ab und zu Wundheilsalben und Blasenpflaster benötigen. Erkennungszeichen waschechter Pilger ist die umgehängte Jakobsmuschel (vieira): Tipp: im Restaurant auf dem Jakobsweg eine essen, sich die Schale gewaschen geben lassen, ein Loch hereinbohren und an einer Kordel umhängen.

Rundreisen planen

Von Santiago über Fisterra nach A Coruña

Zwei bis drei Tage sollte man für diese Route einplanen und am besten an der Küste übernachten.Startpunkt ist die berühmte Pilgerstadt **Santiago de Compostela** mit der fantastischen Jakobs-Kathedrale im Zentrum. Von hier aus führt der legendäre letzte Abschnitt der Pilger nach **Fisterra** (Finisterre), dem »Ende der Welt«, wobei Pilger den Jakobspfad nehmen, Autofahrer stattdessen die N-542 nach Noia. Die Kleinstadt am Wasser ist für ihre schönen Kirchen berühmt; zum Baden eignen sich eher die Strände Richtung **Muros** und **Carnota,** wo einer der längsten Maisspeicher der Region und einer der längsten Strände Nordspaniens zu den Attraktionen zählen. Die Küstenstraße ist kurvig, aber weit weniger befahren als die im Süden Galiciens. **Fisterra** alias Finisterre ist der richtige Ort, um Meeresfrüchte zu essen und auch die Unterkünfte in und um den mystischen Ort mit Namen »Ende der Welt« sind teils sehr schön gelegen. Von dort aus geht es entlang der **Costa da Morte** zu kleinen Fischerorten wie **Muxia** und **Camariñas** Richtung **Malpica,** wo die *marineros* abends am Hafen ihren Fang ausladen. Auch auf diesem Abschnitt gibt es schöne Unterkünfte nah am Wasser, doch wer lieber etwas mehr Nachtleben möchte, sollte nach **A Coruña** weiter-

Klassische Pilgerausrüstung: Jakobsmuschel, Stock und Kalebasse zum Trinken

fahren. Dort gibt es wunderbare Tapa-Bars, Modeläden, einen berühmten Fußballclub und die größten Discos der Region. Von A Coruña aus gelangt man über die Autobahn AP 9 wieder zurück nach **Santiago.**

Von Santiago über die Rías Baixas nach Ourense

Diese Route deckt sowohl das bekannte, als auch das eher unbekannte Galicien ab. Drei bis vier Tage sollte man einplanen und am schönsten wohnt man in den Landhäusern, beispielsweise rund um Tui.

Von **Santiago** aus bietet sich die AP-9 für alle an, die schnell in das südlich gelegene **Pontevedra** möchten, das mit seiner schönen kleinen Altstadt und dem ansprechenden Provinzmuseum sehr attraktiv ist.

Alternativ dazu fährt man den Küstenweg über den Weinort **Cambados** und den Fischerort **O Grove** mit einigen schönen Küstenstreifen an. Über die brummende Hafenstadt **Vigo**, das Tor zu den Cíes-Inseln, geht es nach **Baiona** und weiter nach **A Guarda,** der südlichsten Stadt Galiciens mit einem hochgelegenen Keltendorf. Von A Guarda aus geht es am Miño-Fluss entlang ins Landesinnere nach **Ribadavia,** einer hübschen Kleinstadt, und dann weiter bis nach **Ourense,** der ›Goldenen Stadt‹. In der Gegend kann man beim Winzer übernachten, sich mit Tapas verwöhnen lassen und jede Menge Wassersport betreiben. Über die AP-53 geht es anschließend nach **Santiago** zurück.

Anreise und Verkehrsmittel

Einreisebestimmungen

Schweizer benötigen einen gültigen Ausweis für die Ein- und Ausreise, aber auch EU-Bürger sollten den Personalausweis unbedingt dabei haben (Banken, Kontrollen). Wer unter 16 Jahre alt ist, muss im Reisedokument der Eltern eingetragen sein. Autofahrer benötigen zudem den nationalen Führerschein, Zulassungspapiere und die grüne Versicherungskarte.

Zollvorschriften

EU-Bürger dürfen Waren für den privaten Gebrauch ein- und ausführen. Die noch akzeptierten Höchstgrenzen bei Eigenbedarf liegen beispielsweise bei 800 Zigaretten und 90 Litern Wein. Schweizer dürfen zwei Liter Wein, 200 Zigaretten und Souvenirs im Wert von bis zu 200 CHF zollfrei mitnehmen.

Mitnahme von Haustieren

Für die Mitnahme von Haustieren muss im EU-Heimtierausweis ihre Kennzeichnung durch Mikrochip oder Tätowierung und eine gültige Tollwutimpfung eingetragen sein.

Anreise

... mit dem Flugzeug

Iberia, Lufthansa und auch lateinamerikanische Unternehmen bieten von mehreren Flughäfen in Deutschland Verbindungen nach Nordspanien an. Direktflüge sind selten, einen Zwischenaufenthalt in ein bis zwei Flughäfen innerhalb Spaniens muss man einkalkulieren. Relativ preiswerte Flüge verkauft Air Berlin. Dabei geht es von mehreren Flughäfen aus über Palma de Mallorca nach Santiago de Compostela. Der dortige Aeropuerto Lavacolla liegt 12 km vom Zentrum entfernt und ist mit Buszubringern gut ausgestattet. Weitere galicische Flughäfen liegen bei Vigo und A Coruña. Weitere Regionale Flughäfen in Nordspanien gibt es u. a. in Bilbao, Pamplona und León.

Iberia bietet Verbindungen zum Flughafen Noain, 7 km südlich von Pamplona und zum Flughafen Sondika 10 km nordöstlich von Bilbao (Linienbusse ins Zentrum).

Der Preis für den Transport von Fahrrädern beträgt je nach Fluglinie ab 25 € pro Flug, von der Schweiz aus ab 75 CH Die Mitnahme im Flugzeug oder auch per Bahn kann sinnvoll sein, denn in Spaniens Norden werden Räder fast nirgendwo vermietet.

Direktflüge nach Santiago

Besonders günstig sind die Direktflüge mit Ryanair von Frankfurt-Hahn nach Santiago de Compostela und zurück. Mit Zubringerbussen gelangt man von mehreren Startpunkten nach Frankfurt Hahn, etwa von Köln, Luxemburg, Frankfurt am Main und Ludwigsburg aus. Die Fluglinie wird gerne auch von Pilgern genutzt, die mehrere Wochen nach Santiago gelaufen sind und nun in wenigen Stunden nach Deutschland zurückfliegen. Mehr unter www.ryanair.com.

... mit der Bahn

Tickets für eine Bahnfahrt nach Spanien sind etwas preiswerter als ein Flug, dafür dauert die Anreise deutlich länger. Von Nord- und Mitteldeutschland reist man über Paris. Von den dortigen Ankunftsbahnhöfen Gare du

Nord oder Gare de l'Est muss man mit Metro oder Taxi zum Gare d'Austerlitz wechseln. Planen Sie dafür eine gute Stunde ein. Am Austerlitz-Bahnhof startet u. a. der Hochgeschwindigkeitszug TGV zur französisch-spanischen Grenze.

Von Süddeutschland, der Schweiz oder Österreich aus führt die Strecke über Genf, Lyon, Grenoble, Toulouse und Bayonne.

Genaue Abfahrtszeiten und Preise erfahren Sie im Reisebüro oder unter www.bahn.de, Infos über die Weiterfahrt auf spanischen Schienen, Preise und Tickets unter www.renfe.es.

Wer lieber mit dem Luxuszug Transcantábrico von San Sebastián nach Santiago de Compostela entlang der Atlantikküste weiterreist, speist in Parador-Restaurants und wird zwischendurch mit dem Bus in die spektakuläre Bergwelt der Picos de Europa im asturisch-kantabrischen Raum gefahren. Die gesamte Tour ist von Juni bis September möglich und kostet pauschal pro Person und Fahrt ab 1400 €. Infos (auch auf Deutsch) unter www.transcantabrico.feve.es oder bei: Ibero-Tours, Berliner Allee 22, 40212 Düsseldorf, Tel. 0211 86 41 50, Fax 02 11 32 86 60.

... mit dem Bus

Von zahlreichen Städten Deutschlands, Österreichs und der Schweiz starten Europabusse nach Spanien, wobei man wissen sollte; Die Fahrt ist noch um einiges anstrengender als die mit der Bahn. Von Frankfurt am Main dauert die Fahrt bis nach Burgos 22 Stunden (hin und zurück 206 €), nach Santiago de Compostela über 30 Stunden (234 €). Weitere Ziele sind A Coruña, Astorga, Bilbao, Burgos und O Grove.

Auskunft bei den Reisecentern der Deutschen Bahn oder direkt bei:
Deutsche Touring Gesellschaft
Römerhof 17
60486 Frankfurt/Main,
Tel. 069 79 03 50
Fax 069 790 32 19
www.deutsche-touring.com

Von mehreren Städten der Schweiz, darunter Basel, Genf und Zürich, fährt das Unternehmen Alsa Eggmann (www.alsa-eggmann.ch) u.a. Bilbao und Saniago de Compostela an.

... mit dem Auto

Ohne ein bis zwei Übernachtungen ist die Anreise per Auto kaum möglich, sei es bis in die Pyrenäen zum Beginn des spanischen Jakobswegs oder gleich bis nach Santiago de Compostela. Von Frankfurt am Main bis nach Pamplona sind es ca. 1500 km, von dort bis Santiago noch einmal gut 750 km. Etwas kürzer ist die Strecke entlang der nordspanischen Atlantikküste. Von Norddeutschland erreichen Autofahrer Nordspanien am schnellsten über die Route Paris, Tours, Bordeaux und Biarritz. Von Süddeutschland, Österreich und der Schweiz aus geht es über Lyon, Montpellier, Toulouse und Biarritz.

Pragmatisch und preiswert übernachtet man in den Formule-1-Hotels direkt an den französischen Autobahnausfahrten. Reservierungen sind nicht zwingend nötig, außer in der Hauptsaison und während der Schulferien. Buchen können Sie direkt über www.hotelformule1.com oder über die 24-Stunden-Hotline 0190 532 532.

Vorsicht ist besonders in Frankreich vor zu schnellem Fahren geboten! Geschwindigkeitsübertretungen werden drakonisch bestraft. Die Höchstgeschwindigkeiten betragen auf französischen Autobahnen 130 km/h, auf Landstraßen 90 km/h, in Ortschaften 50 km/h. In Frankreich und Spanien fallen Autobahngebühren an, wenn man nicht die Landstraßen nimmt, was allerdings viel Zeit kostet.

Verkehrsmittel

Mietwagen

Autoverleiher gibt es in allen größeren Städten und an den Flughäfen von Pamplona und Santiago de Compostela. Voraussetzungen sind der nationale Führerschein, der Personalausweis, eine Kreditkarte und zudem ein Mindestalter von 21 Jahren. Die Tagesgebühren für den Verleih sind relativ hoch, daher lohnt die Nachfrage nach günstigeren Wochen(end)-Tarifen. Einen Kleinwagen kann man ab ca. 50 € pro Tag bzw ca. 200 € pro Woche mieten, wobei die Vollkasko-Versicherung inbegriffen ist.

Autofahren und Verkehrsregeln

Autofahrer benötigen den nationalen Führerschein, die nationale Zulassung und die grüne Versicherungskarte.
Promillegrenze: 0,5
Höchstgeschwindigkeiten: In Ortschaften 50 km/h, außerorts 90 km/h, auf Schnellstraßen (*autovías*) 100–120 km/h sowie auf gebührenpflichtigen Autobahnen 120 km/h.
Benzin/Diesel: Ob Diesel (*gasolea A)* oder bleifrei (*sin plomo*), der Treibstoff ist etwas günstiger als in Frankreich und Deutschland.
Parken: In den Zentren der größeren Städte ist gebührenfreies Parken so gut wie unmöglich. Auf blau markierten Bordsteinen ist Parken nur mit Parkschein erlaubt. Auf gelb markierten Bordsteinen ist das Parken komplett verboten.

Parkhäuser und Parkplätze sind mit *parking* oder *aparcamiento* gekennzeichnet. Auf manchen Parkschildern steht *solo turismos*, will heißen ›nur für Pkw‹ (nicht, wie man vermuten könnte, ›nur für Touristen‹). Wegen der Parkplatznot in den Städten sind gebührenpflichtige Parkhäuser leider oft die einzige Alternative.

Polizeinotruf: 091
Pannenhilfe: 91 593 33 33

Bahn

Bahnfahren auf dem Schienennetz der RENFE ist preiswerter als bei uns. An der galicischen Nordküste verkehrt zudem die private Eisenbahngesellschaft FEVE. Infos über Kosten, aktuelle Fahrtzeiten zwischen den verschiedenen Orten etc. bekommt man im Internet auf Spanisch und Englisch unter www.renfe.es.

Bus

Die Verbindungen entlang des Jakobswegs und in Galicien sind relativ gut, die Preise nur geringfügig höher als für den Zug. Besonders kleinere galicische Küstenorte sind nur mit Bussen erreichbar, weil nicht an das Schienennetz angeschlossen. Wer in das galicische Hinterland oder zu entlegenen Fischerorten am Atlantik möchte, benötigt für das Busfahren Zeit, die Verbindungen sind spärlich. Da kann ein Mietwagen je nach Budget eine Alternative sein. Busabfahrtszeiten stehen in den Lokalzeitungen, jeder größere Ort verfügt über einen Busbahnhof (*estación de autobuses*).

Wichtige Busunternehmen sind: Alsa: www.alsa.es; Continental Auto: www.continental auto.es; Monobus: www.monobus.es

Taxi

Taxis sind im europäischen Vergleich nicht teuer. Taxis mit einem grünen Licht auf dem Dach sind frei, will heißen, man kann sie an der Straße anhalten. Taxometer sind in jedem Auto Pflicht. Vor allem in Städten wie Pamplona oder Santiago de Compostela sollte man bei nicht allzu viel Gepäck lieber den günstigeren Transferbus nehmen, da die Flughäfen relativ weit außerhalb liegen.

Übernachten

Hotels und Pensionen

Hotels werden offiziell in fünf Sterne von einfach bis Luxus eingeteilt. Allerdings verbirgt sich hinter manch einem Viersternehotel ein Betonklotz mit scheppernder Klimaanlage und repaparaturbedüftigem Fußboden, während einige kleinere Hotels und Landhäuser keine Wünsche offen lassen.

Buchen sollte man Zimmer höchstens in der Hauptsaison, vor allem an der südlichen Küste Galiciens und in den Städten während der Feste: z. B. während des Stiertreibens in Pamplona (6.–14. Juli), dem Jakobsfest in Santiago (16.–31. Juli) und der Fiesta de María Pita in A Coruña (im gesamten August).

Die im Buch angegebenen Preise beziehen sich auf den teuersten Monat August. In der restlichen Zeit des Jahres können die Doppelzimmerpreise bis um ein Drittel niedriger sein.

Paradore

Die gehobenen Hotels unter staatlicher Leitung sind zum größten Teil in historischen Gebäuden wie Klöstern und Adelshäusern untergebracht. Infos bekommt man bei Ibero-Tours, Steinstr. 21, 40210 Düsseldorf, Tel. 0211 864 15 0, Fax 0211 864 15 29. Auch im Web unter www.parador.es (auch auf Deutsch).

Landhäuser (casas rurales)

Am Jakobsweg und vor allem in Galicien gibt es ein breites Angebot an ländlichen Gästehäusern (*casas rurales*). Die Übernachtungskosten sind für den Standard meist niedriger, die Häuser oft wesentlich schöner gelegen und komfortabler als ein Hotel.

Broschüren über regionale Landhäuser gibt es bei den Tourismusämtern. In Galicien sind Buchungen (auch von normalen Hotels) über Turgalicia möglich, wo man außerdem eine kostenlose Broschüre (auch auf Deutsch) bekommt: Ctra Santiago-Noia km 3, 15896 Santiago de Compostela, Tel. 00 34 981 54 25 00, www.turgalicia.es.

Dort erhält man auch Informationen über Preisermäßigungen an sogenannten ›grünen Tagen‹ (*días verdes*), an denen in Landhäusern ein Preisnachlass von 20 % gewährt wird.

Einige gute Landhäuser werden in Südgalicien auch im Internet vorgestellt (auf Spanisch und Englisch): www.agarimo.com.

Ebenfalls empfehlenswert ist die Webseite www.turismorural.com. Die angegebenen Portale sind meist auf Spanisch und die Zimmer deshalb nur mit Sprachkenntnissen leicht buchbar.

Ferienhäuser

Ferienhäuser lassen sich über den Veranstalter Atraveo (www.atraveo.de) buchen, der allein in Galicien mehrere Häuser anbietet. Das Portal bietet zahlreiche Fotos von der Außenansicht bis zur Inneneinrichtung.

Pilgerherbergen

Gelbe Pfeile weisen auf die Herbergen hin, die am Jakobsweg im Abstand von höchstens 25 km voneinander entfernt liegen. In den sehr einfachen *refugios* (oder: *albergues de peregrinos*), die

z. T. mit Küchen ausgestattet sind, kann man die Nacht nicht reservieren. Der Preis ist sehr niedrig, manche Unterkünfte erwarten nur eine Spende.

Jugendherbergen

In den *albergues juveniles* schläft man für rund 10 € die Nacht. Ausweis und Leinenschlafsack nicht vergessen.
Deutsches Jugendherbergswerk
Bismarckstr. 8
32756 Detmold
Tel. 05231 740 10
www.djh.de

Camping

Insgesamt haben die Campingplätze einen relativ hohen Standard, allerdings stehen einige Plätze nur im Sommer zur Verfügung. In Galicien sind sie vor allem an der Küste zahlreich und in der Regel gut ausgestattet.

Wildcampen ist verboten. Wer sich erwischen lässt, muss sich auf eine Geldstrafe und einen unfreiwillig langen Sprachkurs bei der Polizei gefasst machen.

Jedes Jahr neu erscheint ein detaillierter Campingführer bei:
Deutscher Camping-Club
Mandlstr. 28
80802 München
Tel. 089 380 14 20

Schilder Hotels/Pensionen

H/HR	Hotel/mit Restaurant
HS/HSR	Hostal/mit Restaurant
P	Pension
F	Fonda, Gästehaus mit Essen und einfachen Zimmern

Landhäuser wie hier das O Casal nahe Pontevedra sind oft liebevoll eingerichtet

Essen und Trinken

Die Varietät regionaler nordspanischer Gerichte hat es in sich. Von der Flussforelle mit Schinken aus Navarra bis zu mit Käse überbackenen Jakobsmuscheln am Atlantik, Appetitanreger gibt es in Hülle und Fülle. Wobei Seekrake und gekochter Stierkampfschwanz vielleicht eher etwas für kulinarisch Mutige ist.

Auf jeder Speisekarte Navarras: Forellen

Das Leib- und Magengericht in Navarra heißt *truchas a la navarra.* Es sind Bachforellen (*truchas*) aus den glasklaren, kühlen Gewässern der Pyrenäen oder Regenbogenforellen aus den lokalen Zuchtanlagen. Ihr zartes Fleisch, fanden die Köche vor Ort heraus, harmoniert bestens mit rohem, luftgetrockneten Serrano-Schinken. Und so werden die Forellen und Lachsforellen fast immer mit Schinkenscheiben eingelegt und zusammen mit Speckwürfeln, Petersilie und Knoblauch in Olivenöl goldbraun gebraten.

Wild und Gemüsesorten wie die Artischocken aus Tudela und die Pochas-Böhnchen aus Sangüesa gibt es im grünen Navarra reichlich. Dabei ist die Zubereitung weniger verspielt als in der benachbarten Kochhochburg Baskenland. Eintöpfen und Suppen verleihen Mangold und grüne Bohnen ihren Eigengeschmack. *Migas al pastor* ist ein herzhaftes Gericht aus gerösteten Brotwürfeln, Gewürzen und Schmalz. Auf vielen Speisekarten rund um Pamplona stehen nicht nur Lammkoteletts in scharfem Sud, sondern auch Taube in Rotwein und Rebhuhn in Schokoladensauce, außerdem geräucherte Entenschinken (*jamón de pato ahumado*), Tortillas mit Stockfisch (*tortillas de bacalao*) und junge Artischocken mit Venusmuscheln (*alcachofas con almejas*). Und wie es sich für Pamplona gehört, gibt es auch geschmortes Kampfstierfleisch mit Gewürznelken, Lorbeer und Weinessig (*estofado de carne de toro*). Eine häufige Beilage ist zarter, weißer Bleichspargel (*espárrago*), der auf dem lockeren Schwemmsandboden am Ebro heranwächst.

Als Nachtisch bieten sich gefüllte Kuchen (*bizcochos rellenos*), Hefegebäck (*ensaimadas*) oder Käsesorten an, etwa der über Buchenholz geräucherte Schafskäse (*idiazábal*) oder der würzige *roncal.*

Tapas und Raciónes
Die kleinen Appetithäppchen, ob Tortillastücke, Venusmuscheln oder kleine Pfefferwürste, liegen in Bars und Restaurants bereit. Wer mehrere von ihnen zusammenstellt, kann damit eine ganze Mahlzeit ersetzen. Tapas sind kleine Portionen, etwas größer heißen sie *raciónes.*

La Rioja: Mehr als nur Rotweine

In der an Navarra angrenzenden Region La Rioja sind Rotbrassen (*pargos*) aus dem Ebro eine Spezialität, daneben Leberpastete (*paté de hídago*), Lammeintopf mit Chili und Möhren (*calderete*) und gebratene Austernpilze (*setas a la plancha*), wie man sie besonders gut in Logroño zubereitet. Viele Fisch- und Fleischgerichte bekommen auf der Speisekarte den Zusatz *a la riojana*, d.h. garniert mit roten Paprikaschoten. Die köstliche *menestra riojana* ist ein knackiges Gemüseallerlei aus Mangold, Blumenkohl, Artischocken, Erbsen und Karotten. Das Gemüse wird getrennt gekocht und dann mit Schinkenwürfeln kurz in Olivenöl geschwenkt. Zu Hähnchenfleisch gibt es oft eine dicke, rötliche Soße (*chilindrón*) aus Paprikaschoten, Tomaten und gebratenen Zwiebeln. Süßigkeiten heißen hier *golmajerías.* Auf der Bestsellerliste der Konditoreien stehen dabei Marzipan und die *fardalejos,* kleine Blätterteigtaschen.

Kastilien: Schinken und Spanferkel

In Nordkastilien dreht sich vieles ums Schwein. *Cochinillos* sind ausschließlich von der Muttermilch ernährte und nur wenige Wochen alte Spanferkel, die vor allem in Burgos am Stück in den Ofen kommen. Die Öfen (*asadores*) bringt Eichen- oder Pinienholz zum Glühen. So zart muss das Fleisch dem regionalen Gusto nach auf die Tonplatte kommen, dass man es mit einem stumpfen Tellerrand zerkleinern kann.

In Burgos sind auch die *morcillas* berühmt, dicke Blutwürste mit Reis. Schweinerippen kommen vom Holzkohlegrill gelegentlich mit Waldhonig bestrichen auf den Tisch. Auch andere Fleischsorten sind beliebt: etwa die mit Serrano-Schinken, Eiern und Weißbrot gefüllten Tauben (*pichones rellenos*), Milchlämmer (*cordero*) mit Kichererbsen und Hühnchen in Mandel-Weinsauce (*gallina en pepitoria*). Auch der Schafskäse und die Buttertörtchen (*mantecadas*) aus Astorga sind nicht zu verachten. Den Burgos-Käse aus Kuh- und Schafsmilch gibt es als Nachtisch, oft mit Quittenmus.

Galicien: Frisches vom Atlantik

Galiciens lange Küsten und die vielen kleinen Flüsse liefern Fisch und Meeresfrüchte fangfrisch: Krebstiere, Muscheln und über 90 See- und Flussfischarten. Viele Orte haben ihre eigene Spezialität: Vigo die Auster, Corme die Entenmuschel und Pontevedra die Miesmuschel.

Die Zubereitungsarten der Schätze aus dem Atlantik lassen einem das Wasser im Mund zusammenlaufen: *Vieiras a la galega* sind Jakobsmuscheln mit Knoblauch, Zimt und Semmelbröseln aus dem Ofen, *berberechos a la marinara* Herzmuscheln in einer schmackhaften Zwiebel-Knoblauchsauce und kurz aufgekochten Entenmuscheln (*percebes*), die mit Kartoffeln und Paprika gereicht werden. Seekraken (*pulpos*), serviert auf einem Holzteller mit etwas Salz, Olivenöl und Paprika, sind besonders beliebt, daneben aber auch Eintöpfe und deftige Gemüsesuppen (*caldo galego*) aus weißen Bohnen, Wirsing und Kartoffeln, gepökelter Vorderschinken mit Steckrübenblättern (*lacón con grelos*) sowie die berühmten *empanadas:* In den Teig dieser Pasteten aus Mais- und Weizenmehl werden Lorbeerblätter, Tomaten, Zwiebeln und Paprika eingebacken. Köstlichen Füllungen wie Thunfisch, Gepökeltes oder Muschelfleisch sind kaum Grenzen gesetzt. Auch der milde Kuhkäse *teta galega* und die Paprikaschoten aus Padrón (*pimientos de Padrón*) schmecken nicht nur den Galiciern. Unter den Süßwaren locken vor allem die Kuchen, vorneweg der berühmte Mandelkuchen *tarta de Santiago* mit dem ausgepuderten Jakobskreuz als Emblem. Besonders fein auf der Zunge zergehen *filloas de leche,* mit Eiercreme gefüllte Pfannkuchen.

Essgewohnheiten

Das spanische Frühstück (*desayuno*) ist ausgesprochen spärlich. Sieht man einmal von den Landhäusern und größeren Hotels ab, gibt es zu Toast und Konfitüre entweder Tee oder verschiedene Arten von Kaffee: *café solo* (Espresso), *café cortado* (Espresso mit einem Schuss Milch) oder *café con leche* (Milchkaffee). In den Restaurants bekommt man ab 14 Uhr dreigängige Tagesmenüs (*menu del día*) ab 10 € inklusive Wasser und/oder Wein. In den Bars und Bodegas werden auch Kleinigkeiten (*tapas*) gereicht, wie Tortilla und belegte Baguettes. Abends öffnen die Restaurants wieder ab 20.30 Uhr. Häufig sind sie sonntags geschlossen.

Top-Weine aus dem Norden

Die besten Weine Spaniens, ob rot oder weiß, wachsen an den Uferhängen von Ebro, Duero, Miño und Sil. Berühmt, weil besonders stark im Export, sind die Rioja-Weine des Gebiets Rioja Alta rund um Logroño. In dem kleinen, etwas nördlich gelegenen Winzerort Haro hat sich etwa die Bodega Muga einen guten Namen gemacht. Die Rioja-Traubensorte par excellence ist auch beim dortigen Weinbauer der fruchtige Tempranillo. Seine besondere Klasse entwickelt er nach mehreren Jahren Fass- und Flaschenlagerung.

Auch das benachbarte Navarra ist für vollmundige, hochprozentige Rotweine berühmt, vor allem wenn sie aus den Rebsorten Garnacha Tinta und Cabernet Sauvignon stammen. Aber leichter Rosé (*rosados*) wird hier ebenfalls gekeltert.

In Kastilien-León macht den Winzern aus Navarra/La Rioja vor allem das Gebiet Ribera del Duero Konkurrenz. Am Duero-Fluss südlich von Burgos ist besonders der tiefrote, langsam gegorene Vega Sicilia berühmt geworden. Weinkenner nennen ihn den besten Tropfen Spaniens und natürlich hat der Mythos seinen Preis.

Die galicischen Weißweine vom Sil-Tal und vom Miño rund um Ourense

Weinetiketten

Neben dem Kontrollzeichen DO (*denominación de origen*) steht auf dem Etikett, wie lange der Tropfen gelagert wurde:

Crianza: ein Jahr im Fass, ein Jahr in der Flasche.

Reserva: ein Jahr im Fass, zwei in der Flasche.

Gran Reserva: zwei Jahre Fass, drei Jahre in der Flasche.

Brot wird im Hinterland Galiciens noch in Steinöfen gebacken

sind im Ausland kaum bekannt, doch vor allem die Albariño-Weine und die Ribeiro-Tropfen haben sich in Spanien längst als Empfehlung herumgesprochen. Zentrum des anspruchsvollen Albariño, den im Mittelalter Mönche vom Rhein (*riño*) hergebracht haben sollen, ist das kleine Anbaugebiet in Cambados bei Pontevedra mit den in den vergangenen Jahren prämierten Bodegas Gran Bazán und Condes de Albarei.

Beliebte Tresterschnäpse

Beliebt sind bei den *galegos* die Tresterschnäpse. Ein solcher Orujo aus Traubenresten gerät in der Regel um einiges hochprozentiger als ein italienischer Grappa. Dabei handelt es sich durchaus um ›Feuerwasser‹ – flambiert ist der Orujo Hauptbestandteil des galicischen Punsches Queimada.

Magische Queimada

Nach Sonnenuntergang kann das Zelebrieren des magischen Feuerwassers losgehen, etwa so, wie es einst galicische Hexen gemacht haben sollen. Hier das Rezept: In eine feuerfeste Schale fast eine ganze Flasche Tresterschnaps gießen und mit 4 EL Zucker, der Schale einer Zitrone und ein paar Kaffeebohnen verrühren. In einen Schöpflöffel etwas Zucker mit dem übrigen Schnaps aus der Flasche zum Brennen bringen und in die Schale träufeln. Licht ausmachen, umrühren, Sprüche murmeln und die Flamme dann mit dem Deckel löschen. In kleinen Tonschalen heiß servieren.

Aktivurlaub, Sport und Wellness

Angeln

Schon der amerikanische Schriftsteller und Sanfermines-Kultautor Ernest Hemingway war von den fischreichen Gewässern nördlich von Pamplona begeistert und auch in den zahlreichen kleinen Flüssen Galiciens bestehen gute Chancen, einen Lachs oder eine Forelle an die Angel zu bekommen. Nötig ist allerdings eine Erlaubnis: Adressen von den zuständigen Provinzbehörden und Angelvereinen halten die Touristenbüros bereit.

Baden

Die besten Badestrände liegen an der Westküste Galiciens, den Rías Baixas. Hier sind die Temperaturen im Vergleich zu anderen Stränden an der Nordspanischen Atlantikküste am höchsten.

Golf

Es gibt verschiedene Golfclubs in Galicien, vor allem an den südlichen Rías Baixas. Der berühmteste Golfplatz liegt auf der Urlaubsinsel A Toxa nahe O Grove (www.latojagolcom). Der modernste wurde im Jahr 2000 im Kurort Mondariz (www.golfexcel.com) eingerichtet .

Pelota

In La Rioja und vor allem in Navarras Hauptstadt Pamplona ist Pelota beliebt, eine baskische Sportart, die dem Squash sehr ähnelt, aber in Großformat. Der Ball wird mit einem löffelartigen Korbschläger (*chistera*) oder der bloßen Hand geschlagen. In der Regel spielen zwei Mannschaften à zwei Spieler. In vielen Orten steht eine große Wand, gegen die der Ball geschlagen wird. Er darf jeweils nur einmal den Boden berühren. Größere Turniere werden in Hallen ausgetragen.

Radfahren

Passionierte Radler reisen am besten mit dem eigenen Fahrrad an, denn Fahrradverleih ist selbst in den großen Städten Fehlanzeige. Der Transport von Rädern ist in Zügen und bei manchen Busgesellschaften machbar: Gegen eine geringe Gebühr wird der Drahtesel in den Überlandbussen verstaut.

Leider sind in Galicien bisher kaum Fahrradwege ausgeschildert. Empfehlenswert ist Radfahren vor allem am Miño-Fluss durch weite Weinfelder und vorbei an steinalten Klöstern. Organisierte Touren per Mountainbike werden z. B. im Küstenort A Estrada angeboten: Turnauga, Avda. Pontcarcas 11, www.turnauga.org. Für Fahrradfahrer auf dem Jakobsweg sind teils eigene Streckenabschnitte eingerichtet, um die Wanderer nicht zu gefährden.

Reiten

Nicht nur Wildpferde leben in Galiciens Bergen, auch Reitställe (*picadores*) gibt es einige. Fragen Sie in den Informationsämtern vor Ort nach.

Zu dem Hotel O Castelo im galicischen Ponte Caldelas bei Pontevedra gehört ein attraktiver Reitclub, der

Ausritte für Anfänger und Fortgeschrittene anbietet: Granja O Castelo, O Castelo, 4136818 Ponte Caldelas (Pontevedra), Tel./Fax: 986 42 59 37, www.galicianet.com/castelo.

In der Rioja gibt es einen besonders schönen Reitstall in der Ortschaft Navarrete, 60 km südöstlich von Logroño. Das schweizerisch-spanische Paar Katharina und Juan Manuel organisieren günstige und gute Ausritte verschiedener Längen, auch zu der ein oder anderen Bodega (s. S. 117).

Sprachschulen

Sprachschulen gibt es sowohl in den größeren Städten am Jakobsweg als auch in Galicien: in Santiago, A Coruña und vor allem in kleinen Orten am Atlantik. Dort sind gute Institute zu finden, so in O Grove und Noia. Die preiswerten *escuelas* sorgen auch für Unterkunft und Ausflüge, die Kurse sind als Bildungsurlaub anerkannt. Vor allem von Juli bis September lohnen sich die Kurse, wenn die Wassertemperaturen so einladend sind, dass man sich die schwierige Grammatik vom Leib spülen kann. Nähere Infos bekommt man auf der Webseite www.sprachkurse-welt weit.de/Spanisch.

Wandern

Die beste Zeit zum Wandern nicht nur auf dem Jakobsweg sind der Mai/Juni und der September. Im April und im Oktober sind Regenfälle und im Gebirge Schnee ein Problem, während im Hochsommer die fast baumlose kastilische Meseta glühend heiß werden kann. Wichtig sind leichte, bereits eingelaufene und atmungsaktive Wanderschuhe. Vor allem auf der rund sechswöchigen Tour von den Pyrenäen bis nach Santiago werden die Füße extrem beansprucht. Gute Pflaster gegen Blasen an den Füßen sollten deshalb ebenso ins Gepäck wie Sonnenschutz, Wasserflasche, Schlafsack (im Sommer genügt einer aus Leinen), leichte Kleidung aus Mikrofasern (trocknet schnell) und Stock. Der dient notfalls auch zur Verteidigung, denn in den Dörfern gibt es Wachhunde, die ihren Job ernst nehmen …

Wassersport

An den Rías Baixas liegen die meisten der über 40 Sporthäfen und Segelschulen, so in Sanxenxo und Vigo. Windsurfen bei zum Teil starken Winden und hohem Wellengang ist an vielen galicischen Stränden möglich, u. a. in der Ría de Cedeira nördlich von El Ferrol und am lang gezogenen Lanzada-Strand bei O Grove. Richtung Malpica ist der Razo-Strand wegen der scharfen Winde ein beliebtes Surferparadies.

Schlauchbootfahrten bzw. Rafting lohnt sich besonders auf dem Miño-Fluss. In Tui beispielsweise gibt es ausgezeichnete dreitägige Rafting-Kurse für Anfänger (s. S. 259). In der Bucht von Vigo werden Tauchexkursionen und Tauchkurse veranstaltet (s. S. 247).

Wellness

Schon die Römer haben die Heilquellen in Galicien zu schätzen gewusst, und Balnearios (Heilbäder) gibt es gleich mehrere. Vor allem das Balneario de Mondariz (s. S. 259) ist berühmt, denn er ist der älteste Galiciens, wunderbar abgeschieden in der Provinz Ourense gelegen und mit seinem historischen Ambiente schlichtweg am attraktivsten.

Feste und Unterhaltung

Unvorstellbar, aber in Spanien gibt es insgesamt an die 25 000 Feste im Jahr. Im nordwestspanischen Galicien und auf dem Jakobsweg sind viele dieser Fiestas dem Schutzpatron vor Ort gewidmet, darunter auch das berühmte Stiertreiben in Pamplona.

Sanfermines

Vom 6. bis 14. Juli ist in Pamplona die Hölle los – Sanfermines, das ist ein Open-Air-Festival für Stierverrückte im Hemingway-Rausch, die morgens *torros* durch das Zentrum treiben oder dabei zuschauen, tagsüber literweise Wein aus Bota-Lederschläuchen trinken und anschließend bevorzugt in den Stadtparks schlafen. Die Notfallstationen sind in Alarmbereitschaft, denn vor Stieren herzulaufen und betrunken gegen Hauswände zu torkeln kann blutig enden. Bei den *encierros*, wenn die Horde wilder Kolosse um Punkt acht Uhr morgens durch die Altstadtgassen donnert, färbt sich die traditionell weiße Kleidung der Jungs oft so blutrot wie ihre Halstücher. Früher trieben kräftige Metzgergesellen die Stiere von der Cuesta de Santo Domingo in die Arena. Heute machen auch völlig unerfahrene Touristen mit. Es hat Tote gegeben, weil manch begeisterter »Fiesta«-Leser die Grundregeln nicht kannte: Beim Hinfallen nie vor dem nahenden Stier aufstehen, sondern liegenbleiben und ihn vorbeilaufen lassen; nie zwischen einen einzelnen Stier und die Herde geraten; nie in Türrahmen Schutz suchen, die Tür könnte abgeschlossen sein ...

Es wird in dieser Woche brechend voll in Pamplona. Wer einen Stellplatz auf den engen Mietbalkonen der Privathäuser bekommt, hat Glück. Eintrittskarten für die Arena sind meist nur noch auf dem Schwarzmarkt erhältlich.

Dass dieses anarchische Fest in der sonst so konservativen Stadt ausgetragen wird, hat einen tief religiösen Hintergrund. San Fermín stammte aus Pamplona und starb im französischen Amiens den Märtyrertod. Er entwickelte sich zum Schutzheiligen Navarras und so gedachte man seiner auch während des mittelalterlichen Viehmarkts, an dem es Jahr für Jahr zu Stierkämpfen kam. Deshalb erbitten die Teilnehmer allmorgendlich vor der Stierhatz seinen Schutz.

Achtmal soll der amerikanische Kultschriftsteller Ernest Hemingway den *encierro* miterlebt haben. Mit seinem Buch »Fiesta« machte er ihn zum berühmtesten Spektakel auf der Iberischen Halbinsel.

Jakobsfest in Santiago

Vom 17. bis zum 31. Juli feiert Santiago de Compostela die Fiestas del Apóstel. Dem Heiligen Jakob zu Ehren gibt es zahlreiche kulturelle Veranstaltungen, feierliche Umzüge, Theater und Trachten. Musikalisches Highlight ist das Festival der Weltmusik zwischen dem 22. und 26. Juli und in der Nacht vom 24. auf den 25. Juli gibt es ein Feuerwerk auf dem Obradoiro-Platz. Denn der 25. Juli ist der Tag des Apostels.

Wikingerfest in Catoira

Am ersten Sonntag im August findet in Catoira zwischen Padrón und Vilagarcía eines der spektakulärsten historischen Feste (s. S. 220) statt. An der Festungsruine Torres del Oeste aus dem 12. Jh. wird eine Schlacht zwischen verkleideten Wikingern und der galicischen Miliz ausgetragen.

Kulinarische Fiestas

In den vergangenen Jahren sind kulinarische Feste immer mehr in Mode gekommen. Dabei erlebt man die regionalen Spezialitäten jeweils mit viel Jahrmarktrummel und Musik. Am dritten Sonntag im Mai steigt die **Festa do Salmón,** das Lachsfest in A Estrada nahe dem Fluss Ulla in der Provinz Pontevedra.

Ende Mai findet die **Festa da Empanada** statt, das Pastetenfest in Cervo, 15 km südöstlich von Viveiro. Am 29. Juni kommt es im Rioja-Winzerort Haro zur **Batalla de vino,** einer ›Weinschlacht‹, bei der kein Besucher vor einem Schwips und den schwer auswaschbaren Spritzern sicher ist. Im Hochsommer, am 25. Juli, dreht sich auf der Arousa-Insel bei der **Festa do Mexillón** alles um die Miesmuschel. Um den 25. Juli steigt das **Weinfest in O Rosal** bei A Guarda nahe der portugiesischen Grenze, wo der gleichnamige Weißwein gekeltert wird. Am ersten Sonntag sollte man Galiciens größtes Weinfest nicht verpassen, die **Festa do Viño Albariño** in Cambados nahe Pontevedra. Im selben Monat feiert Corme das **Entenmuschelfest** (variabel) und am zweiten Sonntag findet die **Festa do Pulpo** statt, das Seekra-

Los Gigantes: die riesigen Figuren gehören wie hier in Pamplona zu jedem Fest

kenfest in Carballiño nordwestlich von Ourense. In der zweiten Woche die **Festa da Empanada,** das Pastetenfest in Carral südlich von A Coruña.

Auch im August und September ist einiges los. Am 15. August gibt es das Sardinenfest, die **Festa San Roque,** in Sada östlich von A Coruña und um den 15. August das Eintopffest **Festa do Cocido** in Cee nahe Fisterra. Am 21. September feiert die Rioja-Hauptstadt Logroño ein ausgelassenes **Weinfest** mit Weinstampfen auf dem Espolón-Platz. Und am zweiten Oktoberwochenende kommen Liebhaber der Meeresfrüchte auf ihre Kosten: bei der **Festa do Marisco** in der Pfarrei San Martín bei O Grove.

Festkalender

März/April
Semana Santa: Während der Karwoche tragen etliche vermummte Büßer schwere Tragebühnen mit Heiligenstatuen durch Burgos und León. In Galicien sind v. a. die Orte Cangas und Viveiro für ihre Prozessionen berühmt.

Mai
Prozession der Jungfrauen: Um den 12. Mai ›Prozession der Jungfrauen‹ zu Ehren des heiligen Domingo in Santo Domingo de la Calzada.
Fronleichnamsprozessionen: Sie ziehen in Baiona und Ponteareas bei Vigo über kunstvoll gefertigte Blumenblütenmotive in den Gassen.

Juni
Rapas das Bestas: Wildpferdetreiben in Galicien, vor allem im Hinterland von Baiona: am zweiten Wochenende in Mougás, am dritten Wochenende in Morgadáns, vereinzelt ab Mai.

Juli
Stiertreiben in Pamplona: 6.–14. Juli
Stadtfest San Bernabé: am 11. Juli in Logroño.
Fiestas del Apóstol: 16.–31. Juli in Santiago mit Feuerwerk, Livemusik, Theater und Konzerten.
Feuerwerk auf Santiagos Obradoiro-Platz: vom 24. auf den 25. Juli
Pyrenäen-Folklorefest: in ungeraden Jahren am 25. Juli in Jaca.

August
Fiesta de María Pita: in A Coruña während des ganzen Monats.
Wikingerfest: am ersten Aug.-Sonntag in Catoira in Erinnerung an die Überfälle an der Bucht in Südgalicien.
Weinfest: am ersten Aug.-Sonntag in Cambados.
Mittelalterfest: um den 15. Aug. in Betanzos.
Santa Marta (Volkstänze): Ende Aug. in Astorga.

September
Fiesta de la Vendimia: ab dem 20. Sept. einwöchiges Weinfest inkl. Traubenstampfen in Logroño.
Wallfahrtsmonat: Wallfahrten in San Andrés de Teixido.
Wallfahrt zum Heiligtum Nossa Senhora da Barca: In der zweiten Sept.-Woche bei Muxía.
Wallfahrt zur Virgen de Roncesvalles: am 8. Sept.
Wallfahrt zur Einsiedelei Santa Tegra: 23. Sept. auf dem gleichnamigen Berg bei A Guarda.

Reiseinfos von A bis Z

Apotheken

Apotheken (*farmacias*) sind in Spanien an einem grünen Neonkreuz erkennbar.

Ärztliche Versorgung

Die medizinische Versorgung ist in Nordspanien gut. Deutsche und Österreicher können sich in Spanien mit einem Auslandskrankenschein bzw. mit der Europäischen Krankenversicherungskarte (EHIC) kostenfrei behandeln lassen. Die gesetzlichen Kassen übernehmen die Kosten allerdings nur nach den im Heimatland üblichen Sätzen, weshalb man fallweise draufzahlt. Detaillierte Informationen erhält man von der jeweiligen Krankenkasse. Besonders für Schweizer ist der Abschluss einer privaten Krankenversicherung sinnvoll. Die Konsulate halten Informationen über deutschsprachige Ärzte bereit.

Diplomatische Vertretungen

Deutsche Botschaft in Madrid:
Calle Fortuny 8
Tel. 915 57 90 00
www.madrid.diplo.de

Deutsches Konsulat in San Sebastián:
Fuenterrabia 15, 3. izq.
Tel. 943 42 10 10
www.konsulate.de

Deutsches Konsulat in Barcelona:
Passeig de Gràcia 111
Tel. 934 15 36 96
www.konsulate.de

Österreichische Botschaft in Madrid:
Paseo de la Castellana 91
Tel. 915 5 65 31
www.bmeia.at/madrid

Österreichisches Konsulat in Barcelona:
Mallorca 214
Tel. 932 17 60 58
www.bmeia.gv.at

Schweizerische Botschaft in Madrid:
Núñez de Balboa 35
Tel. 914 36 39 60

Schweizerisches Konsulat in Barcelona:
Gran Via Calres III 94
Tel. 934 09 06 50
www.eda.admin.ch

Elektrizität

220 Volt Wechselstrom sind üblich, 110 Volt kommen in Galicien und am Jakobsweg nur noch in wenigen kleinen Pensionen in entlegenen Gegenden vor. In diesem Fall sollte man sich einen Adapter (*adaptador*) besorgen, den man in der Regel vor Ort in einem der kleinen Eisenwarengeschäft (*ferretería*) findet.

Feiertage

1. Jan.: Neujahr (*Año Nuevo*):
6. Jan.: Heilige Drei Könige (*Tres Reyes*)
Karfreitag: (*Viernes Santo*)
Ostermontag: (*Lunes Santo*)
1. Mai: Tag der Arbeit (*Día del Trabajo*)
Fronleichnam: (*Corpus Cristi*)

25. Juli: Jakobstag (*Día del apóstol, Xacobeo*):
15. Aug.: Mariä Himmelfahrt (*Asunción*)
12. Okt.: Kolumbustag (*Día de la Hispanidad*), Nationalfeiertag
1. Nov.: Allerheiligen (*Todos los santos*)
6. Dez.: Tag der Verfassung (*Día de la Constitución*)
8. Dez.: Tag der Unbefleckten Empfängnis (*Inmaculada Concepción*)
25. Dez.: Weihnachten (*Navidad*)

FKK

Nacktbaden ist u. a. an den Stränden Pragueira und Bascuas bei Portonovo/Sanxenxo möglich. Wissenswertes über alle nordspanischen FKK-Strände gibt es in englischer und spanischer Sprache auf der Webseite www.lugaresnaturistas.org.

Fotografieren

Kameras und Zubehör sind im Heimatland günstiger. Fotografieren ist in fast allen Kirchen und Museen untersagt, vor allem mit Blitz.

Wer seinen Fotoapparat noch nicht gegen eine Digitalkamera ausgetauscht hat: Für das wechselhafte Wetter lohnen Papier- bzw. Diafilme mit einer Empfindlichkeit zwischen 100 ISO (bei blauem Himmel) und 400 ISO (bei bewölktem Himmel).

Geld

Kreditkarten wie Eurocard, MasterCard und American Express sowie Reiseschecks werden problemlos akzeptiert. Euro-Bargeld benötigt man aber oft in kleineren Restaurants, Hostals und Pensionen.

Kinder

Nicht alle Strände in Galicien sind für Kinder geeignet. Zum Baden mit kleinen Kindern empfehlen sich vor allem die teils feinsandigen Strände im Süden, z. B. in Sanxenxo und auf der Halbinsel Morrazo. Hier geht es flacher in den Atlantik als an der nördlichen Küste, auch sind die Temperaturen ab Juli badefreundlicher. Sollte das Wetter einmal nicht zum Baden einladen, lockt unter anderem das Meeresmuseum in A Coruña mit knuddeligen Seehunden und anderen spannenden Begegnungen.

An Attraktionen, die Kinderherzen höher schlagen lassen, mangelt es aber auch abseits der Küste nicht: Dazu gehören z. B. die Geier im Nationalpark Pyrenäen-Ordesa oder die Ritterstadt Olite mit ihren Burgtürmen. Ein Highlight in Galicien sind die spektakulären Wildpferdetreiben mit Rodeos im Mai/Juni. Wer sich lieber selbst auf den Rücken eines (zahmen) Pferdes schwingen möchte: Die Tourismusämter vor Ort organisieren auch Reitausflüge speziell für Kinder.

Den einzigen Zoo Galiciens, Zoológico de A Madroa, gibt es in Vigo, 7 km Richtung Flughafen. Auf dem insgesamt 45 000 m^2 großen Gelände leben Bisons, Wildschweine und Bären (Sommer Di–So 10–21, sonst 11–14, 15.15–19 Uhr).

Medien

Zeitungen

Deutsche Tageszeitungen treffen in den kleineren Touristenorten und großen Städten oft mit einem Tag Verspätung ein. Die großen, überregionalen Zeitungen in Spanien heißen El País (Das Land), El Mundo (Die Welt) und ABC. Beliebt sind vor allem die dickleibigen Sonntagsausgaben mit aufwendigen Textmagazinen und häufigen Beilagen (Bücher, CDs). Hoch im Kurs stehen Sportzeitungen, Boulevardblätter dagegen haben keine Chance. Auch der Springer-Konzern hat schon versucht, auf Spanisch ein Massenblatt mit großen roten Buchstaben zu etablieren: erfolglos.

»Die Konkurrenz auf dem spanischen Zeitungsmarkt ist in etwa so groß wie in Deutschland,« sagt Bieito Rubido, Chef der La Voz de Galicia (Die Stimme Galiciens). »Aber die deutschen Kollegen können mit der Tradition der Abonnements besser planen. Wir Spanier kaufen die Zeitung fast ausschließlich am Kiosk, dort fällt die Entscheidung oft spontan.« Die Voz de Galicia gilt als eine der besten spanischen Regionalzeitungen (www.lavozdegalicia.es).

Radio und Fernsehen

Die Deutsche Welle sendet rund um die Uhr unter der Frequenz 6075 kHz. Viele Hotels verfügen über Satelliten-TV, RTL oder ZDF lassen sich so auch in Logroño oder Santiago sehen.

Tipps für die Reisekasse

Als Faustregel gilt: Unterkünfte sind vergleichsweise günstig und schon ab rund 40 € zu haben. Essen gehen ist vor allem mittags selbst in edleren Restaurants nicht teuer, wo man schon ab rund 30 € ein Mittagsmenü bekommt, in einfachen Tavernen schon für rund 15 €. Ebenfalls etwas günstiger sind die vielen Produkte auf den Wochenmärkten sowie die meisten Tabakwaren, Benzin und Parkhäuser. Besonders günstig sind im Vergleich zu unseren Preisen die Zugfahrten und vor allem die Busse. Da lohnt es durchaus auch mal, den Bus zu nehmen, auch wenn man mit dem eigenen Auto unterwegs ist, etwa bei einer Fahrt von Santiago nach Lugo.

Teuer dagegen sind Elektrogeräte, die man besser zuhause kauft. Rentner und Studenten erhalten Ermäßigungen bei den Museumsbesuchen, die zwischen 2 und rund 15 € kosten, vor allem die Aquarien sind nicht gerade günstig, weil sie in der Pflege kostenintensiv sind. Kinder unter sechs Jahren kommen in der Regel umsonst hinein. In manchen Städten wie Burgos gibt es preisgünstige Kombitickets für Museumsbesuche, was sich durchaus lohnen kann.

Notruf

Polizei, Feuerwehr und Notarzt landesweit: 091
ADAC-Notruf aus Spanien: 0049 89 22 22 22

Öffnungszeiten

Es gibt in Spanien kein striktes Ladenschlussgesetz, auch die Öffnungszeiten von Ämtern variieren. Die Regel:
Geschäfte: Mo–Sa 9.30–13.30, 16.30 (17)–20, im Sommer oft bis 22 Uhr
Banken: Mo–Sa 9–13.30 Uhr
Postämter: Mo–Fr 9–12 und 16–18, Sa 9–14 Uhr. In kleineren Orten nur vormittags.
Museen: meist 10–13, 16–19 Uhr, Mo geschlossen.
Restaurants: Viele schließen So abends und Mo.

Reisende mit Handicap

Mehrere Campingplätze und Hotels sind in Nordspanien behindertengerecht ausgestattet. Vor allem die galicische Regierung hat schon vor Jahren die Initiative ergriffen, indem sie viele Landhäuser subventionierte, die adäquate Bäder und Zimmer einrichteten. So sind beispielsweise die Häuser (*casas rurales*) bei Pontevedra (s. S. 236) in ausgezeichnetem Zustand, von der Rampe bis zu den sanitären Anlagen. Infos und Buchung (auch auf Deutsch) gibt es im Internet unter www.turgalicia.es.

Rollstuhlfreundliche Campingplätze sind in dem jedes Jahr neu erscheinenden und immer aktuell recherchierten Führer des Deutschen Camping-Clubs gelistet (s. S. 23).

Weitere Infos:
Bundesarbeitsgemeinschaft der Clubs Behinderter und ihrer Freunde e. V.
Eupener Str. 5
55131 Mainz
Tel. 06131 22 55 14

Vom Verlag FMG stammt der Führer »Handicapped Reisen Ausland«: FMG (Fremdenverkehrs-Marketing GmbH)
Nordkanalstr. 52
20097 Hamburg
www.fmg-verlag.de
Tel. 040 54 80 78 77

Reisepraktische Infos zum Jakobsweg

... in Deutschland:
Deutsche St. Jakobus-Gesellschaft
Tempelhoferstr. 21
52068 Aachen
Tel. 0241 479 01 27
(Mo–Fr 9–12 Uhr)

... in der Schweiz:
Freunde des Jakobswegs
Schützenstr. 19
8702 Zollikon
www.chemin-de-stjacques.ch

Hier wie dort gibt es den Pilgerausweis, der für die Übernachtung in den Pilgerherbergen obligatorisch ist. Die Deutsche Jakobus-Gesellschaft informiert, wie man ihn – auch online – beantragen kann: www.jakobus-info.de /jakobuspilger/ausweis.htm.

Die Pilgerurkunde bekommt in Santiago, wer mit dem Ausweis belegen kann, mindestens 100 km zu Fuß oder 200 km mit dem Fahrrad unterwegs gewesen zu sein.

Post

Briefmarken (*sellos*, ausgesprochen ›seios‹ mit scharfem s am Anfang) gibt es in den Tabakläden (*estancos*) mit der gelben Aufschrift Tabacos oder auch bei der Post (*correos*).

Sicherheit

Parkende Autos sollten vor allem in den Städten besser leer geräumt werden, auch wenn Delikte selten vorkommen. Nicht alle Strände sind bewacht. Besondere Vorsicht vor den Strömungen an der galicischen Todesküste (Costa da Morte)!

Es gehen kaum Gefahren von Tieren aus. Giftige Schlangen wie die in den Pyrenäen heimische Aspis-Viper und die Wölfe in den Wäldern Galiciens sind außerordentlich menschenscheu.

Souvenirs

Als Souvenirs lohnen sich neben einer Vielzahl kulinarischer Genüsse wie Schafskäse, Rioja-Weine und Kräuterschnäpse auch handgemachte Decken sowie Keramik. Einfache Töpferware gibt es in dem galicischen Ort Buño, wertvoller dagegen ist die galicische

Keramik von Sargadelos. Gute Rotweine findet man in der Rioja-Hochburg Haro nahe Logroño und in Burgos reifen Schafskäse wie der Queso Zamorano. Darüber hinaus, das muss hier einfach mal gesagt werden, bieten Souvenirshops am Jakobsweg und in Santiago auch Barbiepuppen und Donald Ducks im Pilgerkostüm. Mit Augenaufschlag, versteht sich.

Sprache

Deutsch ist bei Spaniern zwar beliebt, doch verstehen es nur einige Hotelangestellte und Mitarbeiter von Touristenbüros. Englisch und Französisch sind gängiger. Allerdings kann es passieren, dass man gerade bei Fahrten durch Galicien auch mal auf Deutsch angesprochen wird, denn viele Galegos haben in den 1970er-Jahren als Gastarbeiter in der Schweiz und in Deutschland gearbeitet.

Telefonieren

Mit dem Handy zu telefonieren, kann teuer werden, wenn man es über ein spanisches Netz tut. Eine Prepaid-Karte vor Ort zu kaufen, lohnt also für jeden, der unterwegs viel telefoniert. Am besten informiert man sich vor der Reise beim jeweiligen Netzanbieter nach den aktuellen Preisen. Auf dem Jakobsweg wird Castellano, also die Landessprache bevorzugt, in Galicien selbst inzwischen Galego, das neben dem Baskischen und dem Katalanischen eine eigenständige Sprache ist. In der Regel sprechen Spanier sehr schnell und freuen sich auch, wenn man nur ein paar Worte sagen kann. *Gracias* beispielsweise – danke – heißt auf Galego *graciñas* und das spricht sich: *gracinias* ...

Internationale Vorwahlen

Deutschland:	00 49
Österreich:	00 43
Schweiz:	00 41

Von Deutschland/Österreich/Schweiz nach Spanien: 00 34

Innerhalb Spaniens telefoniert man selten noch mit Münzen, vor allem aber mit Telefonkarten, die es in den Städten überall in den Tabakläden (*estancos*) gibt. Überregionale und lokale Telefonnummern immer inklusive der 9 wählen. Mobilnetznummern beginnen mit der 6. Billigtarife: Sa, So ab 14, sonst 22–8 Uhr.

Trinkgeld

Es ist in Restaurants und Tapa-Bars üblich, die Rechnung um rund 5 % aufzurunden. Doch sollte man das durchaus vom Service abhängig machen. Wichtig: Nicht aufrunden, das führt zu Verwirrungen. Abwarten, bis das Wechselgeld kommt, und dann die entsprechende Summe auf dem Teller liegen lassen.

Umgangsformen

Rechnungen werden in Restaurants gerne kollektiv beglichen, um den Kellner zu entlasten. Dabei ist es unter Spaniern Ehrensache, vor allem bei Barbesuchen selber die Runde zu zahlen. Übrigens achten die Spanier auch bei Restaurantbesuchen auf gute Kleidung.

Vor der Kathedrale von Santiago gibt es gelegentlich Wächter, die leicht bekleidete Touristen in Shorts und mit freien Schultern höflich am Einlass hindern. Kleineren Kirchen am Jakobsweg fehlt das Geld für solche Aufseher, was man vielleicht besser nicht ausnutzen sollte.

Panorama – Daten, Essays, Hintergründe

Muxías Wallfahrtskirche der Fischer an der Todesküste

Steckbrief Galicien & Jakobsweg

Lage und Fläche: Der Jakobsweg verläuft als Pilgerweg quer durch den Norden Spaniens von den Pyrenäen bis zum Atlantik nach Santiago de Compostela mit dem Grab des Apostels Jakob. Dabei führt der in diesem Buch beschriebene Hauptweg durch fünf der 17 autonomen Regionen Spaniens: Aragón (47 650 km^2), Navarra (10 421 km^2), La Rioja (5034 km^2), Kastilien-León (94 193 km^2) und Galicien. Die größten Städte am Weg sind Pamplona, Burgos und León.

Galicien ist mit fast 29 500 km^2 etwa so groß wie Belgien und liegt im äußersten Nordwesten Spaniens nördlich von Portugal am Atlantik. Das Gebiet macht nur knapp 6 % der Gesamtfläche Spaniens aus, besitzt aber gut 1200 km Küstenstreifen.

Historische Provinzen und Regionalhauptstädte: Hauptstadt Galiciens ist die Pilger- und Universitätsstadt Santiago de Compostela. Die vier Provinzhauptstädte sind A Coruña, Pontevedra, Ourense und Lugo.

Amtssprache: Spanisch

Einwohner: In Galicien leben 2,78 Mio. Menschen.

Währung: Euro

Zeitzone: MEZ, im Sommer MESZ

Flagge: Die Flagge Spaniens zeigt in der einfachen Variante die Farben Rot, Gelb, Rot, ansonsten in der Mitte auch das Königswappen umgeben von zwei Herkulessäulen. Die Flagge Galiciens ist blau mit einem diagonalen weißen Streifen.

Geografie und Natur

Der Jakobsweg führt rund 800 km von den Pyrenäen nach Santiago durch eine abwechslungsreiche Natur. Während es in Kastilien-León sehr karg ist,

zeigt sich Galicien von einer weitaus grüneren Seite. Dort ist die Region in die vier Provinzen La Coruna, Lugo, Ourense und Pontevedra unterteilt. Als fünfte Provinz gilt scherzhaft Argentinien (wegen der Emigranten).

Geschichte

Galicien wird ab 600 v. Chr. von den Kelten besiedelt, die sich später der Vorherrschaft der Römer beugen müssen. Zeugnisse aus dieser Zeit sind u. a. die keltischen *castros* und die römische Stadtmauer von Lugo. Ein Schlüsseljahr ist das Jahr 813, als die Kunde von der Entdeckung der Gebeine des Apostels Jakob die Runde machte und der Jakobsweg nach Santiago de Compostela entstand. Der einsetzende Pilgerboom hielt sich im Hochmittelalter und ebbte während der Reformationszeit ab. Einen regelrechten Boom erlebte der Camino dann wieder in den 1990er-Jahren. Besonders viele Pilger kommen im Heiligen Jahr, was immer dann ist, wenn der 25. Juli auf einen Sonntag fällt. Nach 2010 ist dies erst wieder 2021 der Fall.

Staat und Verwaltung

Gegenüber der Kathedrale von Santiago de Compostela mit dem Grab des Apostels Jakob tagt die Regionalregierung Xunta de Galicia im Raxoi-Palast.

Nach einer fast 20-jährigen Vorherrschaft der konservativen Volkspartei (PP) wurde die autonome Region Galicien 2005 erstmals von einem Linksbündnis aus Sozialisten (PSOE) und Nationalisten (BNG) regiert, inzwischen aber wieder von der PP abgelöst.

Wirtschaft und Tourismus

Während sich die Orte am Jakobsweg mit ihrer touristischen Infrastruktur schon lange auf die Jakobspilger eingestellt haben, leben die Galicier heute vor allem von Fischerei, Muschelzucht, Schiffbau und den Industriezweigen Holz, Papier und Textil. Die führende Modefirma heißt Iditex. Besonders die Provinzen Ourense und Lugo waren lange Zeit von der Emigration betroffen. Den größten Fischereihafen besitzt Vigo.

Im Hochsommer pilgern vor allem Spanier (auch Schulklassen) auf dem Jakobsweg nach Santiago, wo es um den Namenstag des Apostels (25. Juli) sehr voll wird. Auf den Nebenrouten Galiciens und in der Nebensaison ist man mancherorts dagegen schon mal ganz für sich allein.

Bevölkerung, Sprache und Religion

Im 19. Jh. flohen viele Galicier vor dem Hunger nach Argentinien und Kuba, im 20. Jh. nach Bilbao, Madrid, Barcelona sowie in den 1960ern nach Deutschland und in die Schweiz. Heute leben die meisten in den großen Hafenstädten A Coruña und Vigo.

Sprachen: Neben Spanisch (*castellano*) wird in Navarra zum Teil Baskisch (*vasco*), in Galicien Galicisch (*galego*) gesprochen.

Religion: 96,7 % der Spanier sind katholisch, in Galicien gibt es daneben auch keltische Bräuche.

Geschichte im Überblick

Kelten, Römer, Mauren (600 v. Chr.–1000 n. Chr.)

ab 600 v. Chr. Kelten bauen am Atlantik und auf Anhöhen im Landesinnern Wehrdörfer (*castros*) und mischen sich mit der einheimischen Bevölkerung (daher auch die Bezeichnung ›Keltiberer‹). In Galicien sind heute noch die Mauerreste von mehr als 3000 Rundhäusern erhalten, vor allem auf dem Berg Santa Tegra am Miño-Fluss.

137 v. Chr. Feldherr Decius Junius Brutus schlägt das Volk der Galaicer am Río Miño. Die von den Römern als ›Barbaren‹ bezeichneten Kelten haben der Gegend ihren Namen gegeben. Aus Galaicos wird später der Name für Galicien abgeleitet.

25 v. Chr. Kaiser Augustus erobert Nordspanien und gliedert es in die Provincia Tarraconensis ein. In Lugo entsteht unter römischer Herrschaft die Stadtmauer, in A Coruña der Leuchtturm, beide sind heute noch in Funktion.

ab 400 Germanische ›Barbaren‹-Stämme überqueren die Pyrenäen und verdrängen die Legionäre. Die Sueben gründen im Nordwesten ein eigenes Königreich und werden 585 ihrerseits von den Westgoten vertrieben.

711 Mauren vertreiben die Westgoten und lassen sich vorwiegend im andalusischen Raum nieder. Erst 1492 wird ihre letzte Bastion Granada von christlichen Heeren eingenommen.

778 Während der christlichen Rückeroberung der maurisch besetzten Gebiete (*reconquista*) kommt es beim Spanienfeldzug Karls des Großen zur Schlacht von Roncesvalles (Rolandssage). Das Königreich Navarra entsteht.

813 Der Einsiedler Pelayo berichtet von himmlischen Zeichen, die ihn zu den Gebeinen des Apostels Jakob geführt hätten. Bau der ersten Kirche über seinem Grab bei Iria Flavia. In der Folgezeit entstehen entlang des Jakobswegs zahlreiche Kirchen, Klöster und Hospize.

844 Wikinger fallen in Galicien ein (s. dazu S. 220).

990er-Jahre Die Truppen des Maurenführers Almanzor zerstören mehrere Städte in Nordspanien, darunter 997 Santiago de Compostela.

Pilgerboom und Reconquista (ca. 1000–1500)

1075 Beginn der romanischen Konstruktion der heutigen Kathedrale von Santiago.

Kunst für Jahrhunderte: Säulenschmuck in Villafranca del Bierzo

1121 Xelmírez wird erster Erzbischof von Santiago.

1122 Papst Calixtus II. ruft das erste Heilige Jahr für Santiago de Compostela aus. Es findet ab diesem Zeitpunkt immer dann statt, wenn der 25. Juli als Tag des Apostels auf einen Sonntag fällt.

1181/82 Pilgerboom am Jakobsweg. In Santiago ist auf Anweisung Roms von nun an der Ablass für die Sünden möglich.

1188 Baumeister Mateo vollendet an der Kathedrale von Santiago das brillante Figurenportal Pórtico de la Gloria.

1348 Pestepidemien und Hungersnöte wüten im Norden.

1492 Kolumbus entdeckt die Neue Welt (Amerika). Das erste seiner Schiffe landet mit der sagenhaften Nachricht im galicischen Baiona. In Andalusien fällt die letzte maurische Bastion Granada (Ende der Reconquista), und der Königshof verfügt die Vertreibung der Juden.

1495 Gründung der Universität von Santiago.

Invasionen und Bürgerkrieg (16.–20. Jh.)

1512 Navarra fällt an Kastilien. Als Pilger verkleidete Banditen, sogenannte ›Muschelbrüder‹, rauben und morden am Jakobsweg.

1534 In Paris gründet Ignatius von Loyola den Orden der Societas Jesu (Jesuiten).

1589 Francis Drake bekommt es in A Coruña mit einer Fleischersfrau namens María Pita zu tun, die erfolgreich den Widerstand gegen die britischen Invasoren organisiert. Aus Angst vor einem Überfall des englischen Ex-Piraten werden zeitgleich in Santiago die Gebeine des Apostels versteckt. Sie bleiben fast 300 Jahre verschollen.

1591 Pamplona verlegt das Stiertreiben von Oktober auf Juli, um mehr Gäste anzulocken.

1701–1713 Im Spanischen Erbfolgekrieg setzt sich die französische Dynastie der Bourbonen gegen die österreichischen Habsburger durch. Beginn des aufgeklärten Absolutismus.

1808–1814 Napoleon erobert Spanien und setzt seinen alkoholsüchtigen Bruder Joseph Bonaparte als König ein.

1833 Santiago verliert den Status der Provinzhauptstadt an A Coruña.

1879 Papst Leo XIII. gibt bekannt, dass bei Ausgrabungen an der Kathedrale von Santiago die authentischen Gebeine des Apostels wiederentdeckt worden seien.

1931–1936 Während der Zweiten Republik spitzen sich die gesellschaftlichen Konflikte zwischen Tradition und Moderne zu. Linke und Gewerkschaften fordern eine moderne Bodenreform und die Entmachtung der Kirche, während Adel, Klerus und Großgrundbesitzer ihre jahrhundertealten Traditionen in Gefahr sehen.

1936–1939 Francos Truppen erheben sich gegen die gewählte Regierung der Linken in Madrid. Aus dem geplanten Blitzschlag wird ein jahrelanger, blutiger Bürgerkrieg, dem 1,2 Mio. Menschen zum Opfer fallen.

1939–1975 Regime des Diktators Francisco Franco, geboren in El Ferrol.

Moderne Zeiten (1975 bis heute)

1982/83 Galicien bekommt ein Autonomiestatut, Santiago wird Hauptstadt.

1985 Santiagos Altstadt wird UNESCO-Kulturerbe.

1992 Kubas Staatspräsident Fidel Castro besucht Galicien als das Land seiner Vorfahren und versteht sich ausgezeichnet mit Präsident Manuel

Fraga. Der konservative Politiker war während der Franco-Diktatur Informations- und Tourismusminister.

1999 A Coruña setzt sich gegen die Rivalen FC Barcelona und Real Madrid durch und gewinnt die spanische Fußballmeisterschaft.

2000 Santiago ist Kulturhauptstadt Europas. Die vollständig erhaltene römische Stadtmauer von Lugo wird UNESCO-Kulturerbe und bei Stürmen leicht beschädigt.

2002 Das spanische Parlament erklärt einige kleine Inseln vor Galiciens Westküste, darunter die Cíes-Inseln und die Insel Ons, zum 13. Nationalpark Spaniens. Im November sinkt der Öltanker »Prestige« vor der galicischen Küste. Die Schäden für die Meeresfauna sind noch nicht absehbar. Baden und das Essen von Fisch und Meeresfrüchten gelten jedoch heute wieder als unbedenklich.

2004 Heiliges Jahr in Santiago de Compostela, weil der 25. Juli auf einen Sonntag fällt. Im Verlauf des Jahres werden auf dem Jakobsweg fast 180 000 Wanderer und Radfahrer gezählt. 1970 waren es weniger als Hundert!

2005 Der dienstälteste Politiker des Landes, Manuel Fraga (82), verliert überraschend die Regionalwahlen. Erstmals seit Francos Tod regiert in Santiago de Compostela die galicische Linke. Amancio Ortega, Gründer der Modekette Zara aus La Coruña, ist inzwischen der reichste Spanier und steht in der Forbes-Liste auf Platz 23.

2006 Hape Kerkelings Buch über seine Reise auf dem Jakobsweg (»Ich bin dann mal weg«) führt die deutsche Bestsellerliste an.

2007 Die Kampagne zum Erhalt der galicischen Sprache erreicht die Säuglingsstationen. Dort werden CDs in der Regionalsprache verteilt. Die britische Tageszeitung »The Guardian« ernennt die Playa de Rodas auf den Cíes-Inseln zum schönsten Strand der Welt. Die Galicier freuen sich, aber ihren ›Kathedralenstrand‹ im Norden finden sie noch schöner (s. S. 278).

2009 Die Konservative Partei in Galicien erreicht nach vier Jahren Opposition wieder die absolute Mehrheit. Estíbaliz Pereira Rábade aus La Coruña wird zur Schönheitskönigin Spaniens gewählt.

2010 Erneut findet ein Heiliges Jahr in Santiago de Compostela statt (s. unter 2004). Das nächste Heilige Jahr wird es 2021 geben.

Nordspanische Lebensart – fernab von Don Juan und Flamenco

»Galicier sind so vorsichtig, auf einer Treppe kann man nicht erkennen, ob sie rauf- oder runtergehen« – Friesenwitze sind nichts gegen die Spötteleien, die über den angeblichen Aberglauben und Geiz sowie die vermeintliche Skepsis der nordwestspanischen Bevölkerung in Umlauf sind. Als konservative Eigenbrötler werden die Galicier (galegos) gern in den Zeitungskarikaturen dargestellt, in der einen Hand die Kuhleine, in der anderen die Sichel.

Die Bewohner von Navarra und dem Baskenland haben es auch nicht leicht, heißt es. Vor allem weil sie immer diese kiloschweren Brocken heben müssen und das Wettsicheln auf Zeit für besonders männlich halten …

Wie auch immer die Vorurteile über die Bevölkerung ausfallen, eine Reise durch das Land räumt schnell auch mit unseren eigenen Klischees auf. Carmen, Flamenco und Don Juan haben mit Nordspanien etwa so viel zu tun wie kühles Hanseatentum mit Niederbayern. In Burgos gibt es keine Flamencobühnen und in Ourense keine Stierkampfarena. »Wir sind wirklich anders«, sagte dazu einmal eine junge Galicierin, »nämlich praktischer. Wir melken eben lieber Kühe als Stiere abzustechen.«

Keltische Tradition: der Dudelsack

Freundlich statt feurig lernt man die Nordspanier kennen, ähnlich wie die Natur wirken sie auf manchen eher schottisch als südspanisch.

Am Puls der Zeit

Juan Manuel Cosa Casto, Mitte Vierzig, hat umgeschult. Sein Fischerboot brachte kaum mehr etwas ein, Überfischung, Konkurrenz aus Marokko und EU-Normen, all das machte die Arbeit als *pescador* nicht mehr rentabel. Ein bezeichnender Schritt. Denn seine Vorfahren waren seit Generationen auf allen Meeren zu Hause, die Familie sahen sie oft wochenlang nicht, der harte Job war ihr Leben. Heute arbeitet der Mann im galicischen Corme als *vigilante*, als Wächter. Mit Walkie-Talkie fährt er die raue, an Entenmuscheln reiche Todesküste ab, meldet eventuelle Unfälle und Diebstähle. Sein monatliches Einkommen beträgt inzwischen 600 €, Tendenz steigend. Juan Manuel bereut es nicht, sein Boot verkauft zu haben, der Familie geht es besser ohne die Fischerei. Die soeben volljährige Tochter verdient schon das Doppelte, im Friseurladen und an Wochenenden als Aushilfskellnerin in einer großen Diskothek.

Seit Francos Zeiten, sagt Juan Manuel, habe sich der Alltag für die Fischer und Bauern Galiciens nur

Frauen sind in Galicien stark: Esperanza führt das ländliche Gästehaus O Buxo bei Tui

schleppend verändert. Man lebt von dem, was das Meer an Muscheln und die Erde an Steckrüben hergibt. Tatsächlich brachte das Fernsehen noch vor wenigen Jahren Berichte, wie Orte im Hinterland erstmals an das Stromnetz angeschlossen wurden. Vom Leben wie vor Jahrzehnten erzählen noch manche Bergbewohner in der Provinz Ourense, ebenso wie der Schäfer Felipe Trigueros Polanco, der im dünn besiedelten Kastilien-León (nur 28 Einwohner pro km^2) ohne Krankenversicherung alt geworden ist. Seine Hüfte macht ihm Ärger, die Operation könnte er niemals bezahlen.

Gleichzeitig hat eine junge Generation inzwischen selbstbewusst Karriere gemacht, ob als Model, Sänger, Designer oder auch Immobilienmakler. Die damit verbundene Landflucht verwandelte einige Orte schon in den 1980er-Jahren in Geisterdörfer. So erhielt mancher junge Architekt die Restaurierung eines ganzen Dorfs als Auftrag und verwirklichte sich einen Lebenstraum.

Spanien gehört in der EU zu den wachstumsstärksten Ländern. Besonders in Burgos, León, Pamplona und den Küstenorten am Atlantik hat sich ein gewisser Wohlstand durchgesetzt. Viel ist die Rede von Fernreisen nach Asien und den neuesten BMW-Modellen. In den Städten sind vor allem funktionale Wohnungen beliebt. Wer Geld hat, bleibt nicht in den Altstadtgemäuern wohnen, sondern zieht in mo-

derne, gesichtslose, aber praktische Wohnblocks.

Nach wie vor zählt die Familie

Wichtig ist und bleibt der familiäre Zusammenhalt, gemeinsam geht man auf Feste zum Tanzen. Groß und Klein treffen sich in der Tapa-Bar und auf Plätzen. Eine aktuelle Studie besagt zudem: In keinem Land leben Kinder so lange bei ihren Eltern wie in Spanien, im Schnitt bis zum 29. Lebensjahr. Innerhalb der *familia* wird abgefedert, dass es weder Kindergeld noch genügend Kindergartenplätze gibt. Jugendliche Babysitter, sogenannte *canguros* (Kängurus), leistet sich vor allem die Oberschicht. Die Geburtenrate sinkt und ist in Galicien sogar die niedrigste in ganz Spanien.

Modernisierung, Wirtschaftsaufschwung und Konsum seien hierfür die Hauptgründe, heißt es von kirchlicher Seite. 95 % der Bevölkerung sind römisch-katholischen Glaubens, die Kinder werden getauft, zur Sonntagsmesse gehen wenige. 70 % der Spanier bis 28 Jahre können nach aktuellen Umfragen heute nichts mehr anfangen mit Unbefleckter Empfängnis und Fegefeuer. Hinzu kommt ein Wandel im Geschlechterverhältnis. Im 19. Jh. emigrierten viele Männer nach Lateinamerika, vor allem die Galicierinnen blieben allein und mussten sich selbst durchschlagen. Als sogenannte »lebende Witwen« führten sie über viele Jahre den Hof. Daher könnte das Selbstbewusstsein junger Nordspanierinnen stammen, die handfest leben und weit weniger kokett auftreten als Andalusierinnen. Frauen heiraten heute später, möchten höchstens zwei Kinder und eine Berufsausbildung, die Zahl der Single-Haushalte steigt. Doch wenn es um Hochzeitsbankette in riesigen Hallen geht, um Familienfeiern, vor allem aber gegenseitige Hilfe, zählt die Familie wie eh und je.

Galiciens bestes Volkskundemuseum

Das **Museo do Pobo Galego** (s. S. 173, www.museodopobo.es) in Santiago de Compostela ist ganz auf das regionale Leben im Lauf der Generationen eingestellt. Es zeigt beachtliche Miniaturmodelle von Häusern, Karnevalsmasken und Werkzeug in einer Ausstellung, die ihresgleichen sucht.

Von den Pyrenäen zum Ende der Welt

Nordspaniens Naturräume rufen Erinnerungen an Irland, manchmal an Kanada und durchaus auch an den Schwarzwald wach. Sie sind ein landschaftlich nuancenreiches Mosaik, durch das der Jakobsweg von den Pyrenäen über alpine Bergwiesen, durch Weinfelder und karstige Halbwüsten bis nach Santiago de Compostela führt.

Um Jaca und Roncesvalles erheben sich majestätische Dreitausender; die weite Hochfläche der Meseta dagegen lässt das Auge kilometerweit schweifen, und ganz im Westen gruppieren sich winzige Fischerdörfer an der teils klippengesäumten, teils feinsandigen Atlantikküste.

Pyrenäentäler und Weinfelder

Die Pyrenäen, die sich vom Mittelmeer zum Atlantik über 430 km Länge ausdehnen, bilden eine massive geografische Grenze zwischen Spanien und Frankreich. In gut 250 Mio. Jahren entstand dieses geologisch interessantes-te Gebiet am Jakobsweg, dessen heutige Struktur vor allem ein Werk der Eiszeit ist. Im Aragón erheben sich die höchsten Gipfel: 3355 m hoch ist der Monte Perdido (›verlorener Berg‹), sogar 3404 m der Pico de Aneto. Zu den mehr als 3000 Pflanzenarten zählen seltene Lilien, Frühlingsenzian und der nur hier wachsende Pyrenäen-Steinbrech, der niedrige, blaugrüne Polsterstauden bildet. Auf den Almwiesen kommt es im Frühjahr zu regelrechten Farbexplosionen, wenn Windröschen, Enzian und Schwertlilien ihre farblichen Akzente setzen. Nirgendwo am Jakobsweg nach Galicien ist die Landschaft so reich an Tier- und Pflanzenarten wie auf den Pyrenäen-Etappen. In Höhenlagen bis zu 1000 m wachsen Kastanien, Eichen und Tannen, oberhalb gedeihen Ebereschen, Birken und einige frostresistente Kiefern. Auf dem Weg bergab Richtung Pamplona blüht im Frühling goldgelber Ginster, während sich rund um die Stadt der Stiertreiber silbrig grüne Getreidefelder erstrecken.

Wenige Kilometer westlich von Jaca schweben in den Pyrenäentälern Hecho und Ansó zahlreiche Gänsegeier, Schmutzgeier und Habichtsadler nahezu bewegungslos im Suchflug an den Steilwänden vorbei. Habichtsadler können ein Kaninchen noch aus 1,5 km Entfernung erspähen.

Einst ging man hier auf Bärenjagd, doch die Braunbären sind in diesem Teil der Pyrenäenausläufer längst ausgestorben. Dafür überleben Wildkatzen, Auerhühner, Gämsen und auch die Murmeltiere, die Umweltschützer als ›Adlernahrung‹ aus den Alpen importiert haben, um andere Tierarten vor dem Aussterben zu bewahren.

Puente de San Miguel bei Jaca

Südlich von Olite, in Navarras Wildem Westen, ist die Lagune Pitillas Aufenthaltsort für Wildenten und andere Zugvögel, die sich von einem Beobachtungszentrum per Fernrohr einfangen lassen. In den höheren Lagen der Rioja fühlen sich Wildschweine, Marder, Sperber und Fischotter zu Hause, während auf der kastilischen Hochebene vor allem Gäste auf dem Weg von und nach Afrika unterwegs sind: die Störche. Im Frühsommer sind die Weißstörche allgegenwärtig. Sie brüten auf Strommasten und Kirchtürmen, in Baumwipfeln oder auf Hausdächern.

Ging es von der Gebirgslandschaft steil abwärts Richtung Pamplona, führt der Weg rund um Logroño über leicht begehbare Landwirtschaftswege. Auf der blutroten Erde der Rioja wachsen in Reih und Glied niedrige Rebstöcke – hier wird Rotwein in großen Mengen angebaut. Doch das fruchtbare Becken des wasserreichen Ebro versorgt auch weitflächige Spargelfelder und Obstbaum-Plantagen. Dazwischen bilden Weiden, Ahorn, Linden und Erlen einen natürlichen Schutz für die Tierwelt. Der überwiegende Teil der südlichen Rioja besteht aber nicht aus flachem Ackerland, sondern aus den mittelhohen Sierras Urbión und Cebolla, die bereits zum Iberischen Randgebirge gehören. Dort wachsen vor allem Eichen, Kiefern und Eschen.

Unendliche Weiten – die kastilische Hochebene

Auf durchschnittlich 800 m Höhe liegt das spanische Kernland, umgeben von 2000 m hohen Bergketten und durchflossen vom Duero und seinen Nebenflüssen. Nur dort können Pappeln und andere Bäume wachsen, ansonsten ist die Meseta weitgehend baumlos, eins-

Flaches Kastilien: Schäfer Felipe Trigueros Polanco mit seinen Merino-Schafen

tige Wacholder- und Eichenwälder fielen im Hochmittelalter und der Neuzeit dem Schiffbau und der Viehzucht zum Opfer.

Vorbei sind die Zeiten, wonach ein Eichhörnchen sprichwörtlich von Baum zu Baum bis nach Andalusien hüpfen konnte, ohne den Boden zu berühren. Das macht vor allem den Wanderern zu schaffen, die im Hochsommer über die trockene Meseta gehen. Die landschaftliche Monotonie lässt Auge wie Gedanken oft sehr weit schweifen, denn die Gegend ist flach und spärlich besiedelt. Beeindruckend ist der Klatschmohn, der im Frühsommer in Navarra, der Rioja und Ostkastilien ganze Felder in riesige, hellrote Flächen verwandelt.

Galicien – grüner Nordwesten

Die Übergangsräume zwischen Kastilien-León und Galicien prägt eine sattgrüne Landschaft. Vor allem die knapp 2000 m hohe Serra do Ancares mit ihrem üppigen Mischwald wirkt anziehend auf Naturliebhaber. Nur einige wenige Häuser aus Granit und Schiefer sind in dem dünn besiedelten Gebiet zu sehen. Ihre Bewohner verkaufen am Jakobsweg häufig selbst produzierten Honig (*miel*).

Rund 1200 km lang ist der stark zerklüftete Küstenstreifen Galiciens, der immerhin 30 % der Gesamtküste Spaniens ausmacht. Die fjordartigen Rías-Buchten, geformt vom Landhunger des Atlantik und durch Erdabsenkungen, unterscheiden sich regional sehr. Hohe Steilwände und Klippen charakterisieren die Rías Altas nördlich der herben Todesküste (Costa da Morte) bis hin zum nördlichsten Punkt der Iberischen Halbinsel, dem Kap Estaca de Bares. Besonders attraktiv ist die rund 600 m hohe Steilküste Serra da Capelada, wo nach wie vor kleinwüchsige Wildpferde durch die Eukalyptuswälder streifen. Dagegen zeigen sich die Rías Baixas hin zur portugiesischen Küste weitaus sanfter. Vor allem zwischen Padrón und dem südlichsten Ort der Rías Baixas, A Guarda, liegen viele Buchten, deren Wassertemperaturen weit angenehmer sind als die im Norden. Besonders berühmt ist der 7 km lange Lanzada-Strand bei O Grove, der im Hochsommer nicht nur viele Badegäste anlockt, sondern auch Windsurfer. Die Strände der Morrazo-Halbinsel dagegen sind vor allem außerhalb der Hochsaison häufig fast menschenleer. In Galiciens kühlen Wäldern im Landesinnern leben Wölfe und Wildpferde, Ginsterkatzen, Dachse, Igel und Auerhühner. Ab und an verirrt sich auch einer der wenigen Braunbären Asturiens in das angrenzende Galicien.

Die steilen Kaps wie das Cabo de Fisterra und vorgelagerte Inseln wie die Islas Cíes sind Nistgebiete für Kormorane, Trottellummen, Basstölpel und Weißkopf-Lachmöwen, die auf den Islas Cíes so zahlreich sind wie nirgendwo sonst: 20 000 Paare brüten hier. Im und am galicischen Atlantik tummeln sich zahllose Fisch- und Vogelarten.

Unterwasserwelt hautnah

Wer sich ein Bild von der Unterwasserwelt machen möchte, sollte in A Coruña das sehenswerte Meeresmuseum **Aquárium Finisterrae** besuchen. Hier tummelt sich die ganze Welt des Atlantiks. Allein im Nautilus-Becken schwimmen rund 700 Meerestiere: von der Brasse bis zum Hai (s. S. 190).

Waldbrände – Alarm in der regenreichsten Region Spaniens

Kiefern sind neben Eukalyptusbäumen besonders gefährdet

In Galicien gibt es auf den Cíes-Inseln die größte Möwenkolonie des Landes, in den sattgrünen Tälern im Hinterland leben Füchse, Wildpferde und Kaninchen, doch die Natur im »Galicia verde« (grünes Galicien) kommt häufig wegen eines ganz anderen Themas in die Schlagzeilen: Waldbrände.

Im Grunde ist es fast unglaublich. In Galicien ist Wasserknappheit ein Fremdwort, eine Dürreperiode wie in den heißen, trockenen Gebieten am spanischen Mittelmeer hat es nie gegeben, die Regenschirmhersteller haben den krisensichersten Job und dennoch muss die Region die meisten Waldbrände des Landes verkraften. Konkret bedeutet das: in den vergangnen zehn Jahren gab es im Schnitt die Hälfte aller Brände in Galicien, gefolgt von Kastilien und der Extremadura. Vor allem der aus Australien importierte Eukalyptus bietet den Feuern Nahrung. Er wurde für die Holzindustrie angepflanzt, entzieht anderen Baumarten massiv das Wasser, wächst wesentlich schneller als beispielsweise Eichen und brennt wie Zunder, fast so schnell wie die Kiefern.

70 000 Hektar in zwei Wochen vernichtet

Im besonders schlimmen Jahr 2006 mussten sogar Löschflugzeuge aus Portugal und Frankreich anrücken, weil die örtliche Staffel nicht ausreichte. Wütende Journalisten kommentierten, die Regierung habe wohl gar nichts gelernt aus der Ölkatastrophe im Jahr 2002, als vor der galici-

schen Küste ein Öltanker zerbrach und die Küstenlandschaft über Jahre hinweg extrem verschmutzt war. Auch damals waren die Gegenmaßnahmen vor allem seitens der Regierung in Madrid mehr als dilettantisch.

Nach amtlichen Angaben verbrannten Anfang August 2006 innerhalb von zwei Wochen rund 70 000 Hektar Wald und Buschland. Bei diesen Feuern kamen vier Menschen zu Tode, Häuser wurden zerstört und zeitweise mussten die Straßen gesperrt werden. Der Gesamtschaden lag allein in diesem Jahr bei rund 500 Mio. Euro.

Nur die wenigsten Feuer entstehen durch Blitzeinschlag oder Sonneneinstrahlung auf Glasscherben. Dagegen hat schon so mancher Nachbarschaftsstreit Schwelbrände nach sich gezogen. Vor allem aber Spekulanten sind laut Zeitungsberichten immer wieder mit Benzinkanistern unterwegs, um günstig an Bauland zu kommen. Und auch wenn böswilliges Zündeln inzwischen mit jahrelanger Gefängnisstrafe geahndet wird, sind bisher nur wenige auf frischer Tat ertappt worden.

Baumschulen und Helfer

Die autonome Region Galicien reagiert inzwischen massiv auf den Feuereifer. Baumschulen sind entstanden, um die Population seltener Arten zu sichern. Zeitgleich sind in den Wäldern inzwischen verstärkt Helfer unterwegs, um entstehende Brände schon im Keim zu ersticken. Das zeigt Wirkung. Wie Greenpeace in Spanien (www.greenpeace.org/espana) mitteilt, sind die Waldbrände in Galicien zumindest 2009 spürbar zurückgegangen.

Im Nordwesten Spaniens sind Werftindustrie und Fischfang trotz EU-Konkurrenz und Überfischung nach wie vor wichtig. Dabei ist den Galiciern der Schritt von der Handangel zum Fabrikschiff genauso gut gelungen wie die effektive Muschelzucht. Mehr als 6000 Boote sind an der galicischen Küste registriert, fast 7500 pescadores holen im Jahr 125 000 Tonnen Fisch aus dem Atlantik, vor allem Seebarsch und Kabeljau.

Vor Carnota liegt die weltgrößte Zuchtanlage für die scheibenförmigen *rodaballos.* Bis zu 600 Tonnen dieses Europas besitzt. Entsprechend sind die umliegenden Fabriken mit der Konserven- und Fischmehlherstellung ausgelastet.

Lange blühte in Galicien auch der Schmuggel mit harten Drogen und Zigaretten. Die bestochene Seepolizei sah seelenruhig mit an, wie wasserdichte Säcke mit Heroin an Miesmuschelflößen angebracht wurden, damit Taucher sie später unbemerkt abholen konnten. Inzwischen hat die Staatsanwaltschaft aus Madrid hart durchgegriffen: Mit dem Handel mit harten Drogen ist es vorbei und die lokalen Mafiosi sitzen fast alle hinter Gittern.

Leben am Atlantik – von Muschelzüchtern und Percebeiros

Steinbutts kommen dort nach vier Jahren zur Abfertigung. Exportziel ist vor allem das fischverliebte Japan, das auch den größten Teil des galicischen Thunfischs kauft. Das ganze Fisch-Alphabet findet sich auf den Auktionen, in den Hafenhallen am Atlantik feilschen Köche und Zwischenhändler um Schwertfisch und den proteinreichen Seeteufel. Auch Privatjets aus Madrid landen dort, um den Fisch möglichst frisch in die Top-Restaurants der Hauptstadt zu befördern.

In weit größerem Stil als auf Auktionen handelt man in der südgalicischen Metropole Vigo, die mit ihren Arbeitervierteln als Spaniens ›Liverpool‹ gilt und den drittgrößten Fischereihafen

Miesmuschelernte an den Rías Baixas

Ufo-Invasion? Nein, Miesmuschelflöße

Schwarz und quadratisch liegen sie im Wasser, oft von Nebel umhüllt und akkurat aufgereiht wie eine gerade gelandete Invasion Außerirdischer. Doch hinter den so mystisch anmutenden Flößen Galiciens verbirgt sich nichts anderes als die größte Miesmuschelzucht der Welt. *Bateas* heißen die Plattformen aus Eukalyptusholz an der zerklüfteten Küste. Rund 500 Seile pro Floß halten die heranwachsenden Schalentiere. Sie sind aus rissfestem Nylon gefertigt, denn ein Seil muss bis zu 80 kg halten und kann nur von stabilen Schiffskränen aus dem Wasser gezogen werden.

Gut 180 000 Tonnen Muscheln ernten die Fischer im Jahr; das saftige, orangefarbene Fleisch deckt fast 95 % des spanischen Miesmuschel-Bedarfs. Der Überschuss – fast noch ein Drittel – geht in den Export, darunter nach Deutschland, Österreich und in die Schweiz.

Vor allem die Buchten Ría de Arousa und Ría de Vigo sind ideal für diese Farmen. In den flachen, weiten Buchten kann sich das Wasser schnell erwärmen. Zudem spült der Atlantik mit jeder Flut mineral- und sauerstoffreiches Wasser an, was dem ›schwarzen Gold‹ Galiciens bestens bekommt. Und so fühlen sich hier auch andere Muschelarten wohl, wie die kleinen Herz- und Venusmuscheln, die Austern und die Jakobsmuscheln.

Kurz ist der Weg von den Muschelflößen in die Tavernen. Hier kommen die *mejillones* im Geschmack möglichst unverfälscht auf den Tisch: Entweder mit einem Sud aus Lorbeer, Zwiebeln und Weißwein, oder auch nur *al vapor*, in reinem Salzwasser gedämpft.

Der riskante Job der Entenmuschelsammler

Daumengroß kleben die trotz ihres Namens zu den Krebstieren gehörenden *percebes* (Entenmuscheln) an den bizarren, scharf-glitschigen Felslandschaften voller Löcher und Spitzen. Rund 100 *percebeiros* aus dem kleinen Fischerdorf Corme an der Todesküste (Costa da Morte) machen sich morgens bei Ebbe auf den Weg: mit Haftsohlen, Seilen, Plastikeimern und Bürsten. Mittels Holzstangen, an denen flache Eisenaufsätze angebracht sind, kratzen sie das Tier vom Fels. Delikaterweise sind vor allem die *percebes* weit unten im Wasser gefragt, weil sie ständig umspült werden und zu keiner Zeit im Sonnenlicht antrocknen. Um sie zu erreichen, werden die Fischer an Seilen ins Wasser gelassen. Doch eine plötzliche Strömung kann bei den scharfen Klippen zum blutigen Verhängnis werden, in den vergangenen zehn Jahren sind drei Bewohner von Corme bei der Arbeit gestorben.

Abgeschreckt hat das indes niemanden: »Weil so eine kleine Muschel viel Geld einbringt und wir doch sonst keine Arbeit haben«, sagt einer der Männer. Sein Monatslohn betrage exakt 800 €, die Regeln sind streng. Die *percebeiros* müssen in Santiago bei der Xunta-Regierung eine Lizenz beantra-

gen, dürfen dann pro Arbeitstag 4 kg Entenmuscheln sammeln und müssen sie am Hafen abwiegen lassen. Ein Wächter, ausgestattet mit einem Funkgerät und einem schnellen Motorrad, passt auf, dass nichts in die eigene Tasche wandert. Die Xunta verkauft die Delikatesse dann für gutes Geld. Hier am Hafen kostet eine Ration Entenmuscheln kaum 14 €, in den Edelrestaurants von Madrid und Barcelona hingegen das Drei- bis Vierfache. Doch der Verkauf dorthin lässt inzwischen merklich nach. Der Grund: So manches Restaurant bereitet als galicische Feinkost zu, was günstig und weniger frisch aus Marokko stammt.

Feiern mit den Fischern

In Galicien sind Feste zu Ehren der Meeresfrüchte keine Seltenheit, vor allem in den Monaten September und Oktober. Mal wird der Miesmuschel gedacht, mal der Seekrake oder auch der Sardine. Und natürlich sind diese dann an allen Essständen zu haben. In aller Regel wird am Hafen und am Hauptplatz mit viel Wein und Musik gefeiert. Detaillierte Hinweise und Termine bekommt man unter www.turgalicia.es und im Infoamt in Santiago (s. S. 181).

Muschelsammlerin nahe O Grove im frühen Morgengrauen

Regionalsprachen und Dialekte im Aufwind

Die Katalanen lassen – das hat schon der wunderbare Film »L´Auberge Espagnole« gezeigt – ihr Catalán als einzig richtige Sprache in Hörsälen und auf Barschildern zu. Die Basken nutzen ihr Vasco längst nicht mehr nur als Geheimsprache. Aber auch die Galicier sind inzwischen auf den Geschmack gekommen. Man spricht Galego.

Als Nacho aus dem Hinterland an die Küste kam und dort zur Schule ging, lachten sie ihn aus, weil er so komisch redete. Seine Eltern waren Landwirte, man sprach Galicisch, weicher, mit mehr Singsang in der Stimme. Da stand er also vor der Klasse, um sich vorzustellen, und sagte nicht etwa in reinem Kastilisch *me llamo Nacho*, sondern *eu chámome Nacho*. Riesen Gebrülle. Papierkugeln flogen. Das war in den 1980ern.

Galego schon in der Säuglingsstation

Heute ist Nacho Koch und Mitbesitzer des Restaurants Eirado da Leña in Pontevedra. Das Pikante: Er hat natürlich gelernt, in reinem Kastilisch zu sprechen, doch genau das ist jetzt wieder out. Ob Politiker, Journalisten oder Lehrer, man spricht Galicisch. Das Regionalbewusstsein hat sich sprachlich manifestiert und auf Nachos Speisekarte steht nicht mehr *pescado* für Fisch, sondern *peixe*. Wenn jemand das Fleisch richtig durch haben will, macht

Der galicische Koch Nacho schreibt seine Speisekarte wieder auf Galicisch

der Koch es nicht *muy hecho*, sondern *moi feito*.

Was ist passiert? Ganz einfach: Die Regionalregierung in Santiago hat über lange Jahre hinweg Verlage und Journalisten subventioniert, wenn sie ihre Texte auf Galicisch veröffentlichten. Zur Förderung und Erhaltung ihrer Kultur, wie es hieß. Und sicher auch, weil man der Madrider Zentralregierung gegenüber ein Zeichen setzen wollte. Die Maßnahmen wurden immer handfester, besonders während der vierjährigen Mitregentschaft der Partei Bloque Nacionalista Galego (2004–2009): Wer seinen Kindern galicische Vornamen gab, bekam 600 € geschenkt. Und in den Säuglingsstationen wurden CDs mit Kinderliedern auf Galicisch verteilt, damit die kleinen Xoses und Mariñas von Beginn an das Richtige hörten. Das wirkte und wirkt weit in die Zukunft hinein.

Spanisch lernen am Atlantik
In O Grove an der südgalicischen Küste bietet die Sprachschule Atlantika attraktive Kurse an, kümmert sich um die Unterkunft und Ausflüge. Hier gibt es auch ein Zertifikat für den Bildungsurlaub, www.atlantika.net/de/spanischkurse.

Vier Idiome, ein Land

Spanien besitzt neben dem offiziellen Kastilisch die drei eigenständigen Sprachen Baskisch, Galicisch und Katalanisch, was die Kommunikation nicht vereinfacht. Dabei ist Kastilisch eine Weltsprache, von Madrid über Caracás bis nach Venezuela wird sie von rund 455 Mio. Menschen gesprochen. Sprache verbindet, doch in Spanien selbst sind sogar die Landesbewohner mit einem Wörterbuch unterwegs. Danke heißt auf Galicisch *graciñas* und auf Baskisch *eskerrik asko*. Wer aus Andalusien soll *eskerrik asko* verstehen? Und welcher Erasmusstudent? Schwierig, doch die nördlichen, historischen gewachsenen Regionen wollen die Einheitssprache schon lange nicht mehr. Wer Kastilisch redet, gilt selbst im äußersten Nordwesten inzwischen geradezu als ›Zentralist‹. Da kommen alte Ressentiments hoch, denn Franco hatte während seiner Regierungszeit auch eine Sprachdiktatur errichtet. Weder das Baskische, noch das Katalanische, noch das Galicische durften gesprochen oder veröffentlicht werden. Einzig das bis heute landesweit gültige Idiom *castellano (español)* war erlaubt. Die Geheimpolizei nahm bei linguistischem Verstoß Liedermacher, Lehrer, Rundfunkjournalisten oder auch Priester in ›Schutzhaft‹. Doch seit Francos Tod 1975 hat sich das geändert, längst sind die Regionalsprachen wieder verfassungsrechtlich garantiert. Mehr noch, man betreibt inzwischen längst selber Sprachpolitik, indem man die Hauptlandessprache ausgrenzt.

Renaissance der Dialekte

Auch einige fast ausgestorbene Dialekte werden wieder gesprochen. So erlebt im asturisch-leonesischen Raum das aus dem Mittelalter stammende *bable* eine neue Blüte. Rund um Jaca wiederum ist *fabla chesa* beliebt, das sich aus dem Latein hiesiger Mönche entwickelte. Mancher Leitartikel in der Lokalzeitung erscheint wieder in *fabla* – inzwischen mit Worterklärungen am Textende, falls ihn jemand lesen sollte, der nicht aus der Region stammt.

Zwischen katholischer Tradition und Naturgeistern

Allgegenwärtig sind im nordwestspanischen Galicien die Maisspeicher, und nichts symbolisiert das Nebeneinander von kirchlicher Tradition und keltischen Wurzeln so sehr wie ihr Dach. Denn auf den Granitkästen auf Stelzen prangen ein Kreuz und eine fica, deren Pyramidenform vom keltischen Fruchtbarkeitssymbol, dem Phallus, abgeleitet ist.

Der Glaubensdualismus hat Tradition. Während die Hauptstadt Santiago seit über 1000 Jahren Ort der Wallfahrt ist, gibt es selbst im Schatten der Jakobs-Kathedrale ganz und gar unchristliche Bräuche. Der Grund: Vor den Katholiken kamen die Kelten. Ihre selbst ernannten Nachfahren heißen *meigas*. Es ist das galicische Wort für Hexe, meint aber nicht ganz dasselbe. *Meigas* verstehen sich als gute Hexen, als Druidinnen nordspanischer Prägung und als Beschützerinnen der dortigen Bevölkerung. Mit den Elementen Erde, Wasser, Feuer und Luft treiben sie alles Ungute aus ihren Klienten heraus, vom bösen Blick bis zur Trennungsangst. Gegen entsprechendes Honorar, versteht sich (s. S. 68).

Besuch bekommen sie von hohen Politikern und noch kinderlosen Direktorinnen, von Fischern und gelegentlich ratlosen Kriminalbeamten. An ihre hellseherische Kraft glauben viele. In der Tageszeitung »La Voz de Galicia« stehen in der Rubrik Anzeigen neben Angeboten von Gebrauchtwagen völlig selbstverständlich auch Offerten zur Geistheilung. Die nordgalicische Keramikfabrik Sargadelos ist mit der fließbandartigen Herstellung schützender Amulette beschäftigt. »*Haberlas, haylas*«, geben tut es sie schon, die Hexen, weiß jeder Galicier. Einige Fischer an der gefährlichen Todesküste gehen auf Nummer sicher. Sie besuchen nicht nur die Sonntagsmesse, sie lassen sich ihre Boote vorsichtshalber auch mit keltischen Sprüchen vor scharfen Klippen und tückischen Winden schützen. *Meigas* trauen sich längst, ihre Büros ganz in der Nähe des Bischofssitzes zu eröffnen. Ein eigenwilliger lokaler Beruf ist der der Hexensekretärin.

Prozession der Untoten

Die Kirche sieht dies gelassen. Kein Bischof hat je gefordert, die *fica* von den Maisspeichern zu entfernen. Die Tradition ist erlaubt, dabei treibt sie erstaunliche Blüten. So glaubten noch vor wenigen Jahrzehnten viele, die unheimliche ›Prozession der Untoten‹ (Santa Compaña) durch die Wälder streifen zu sehen. Tote, die keine Ruhe finden und den Lebenden nachts das Blut in den Adern gefrieren lassen. Zum Wallfahrtsort San Andrés de Teixido, glauben noch einige, wanderten Seelen in Tiergestalt. Denn es heißt, wer zu Lebzeiten nicht nach San Andrés pilgert, müsse es danach tun. Und

Das Kreuz – Symbol der Kirche

in As Neves war es üblich, dass durch und durch lebendige Menschen in offenen Särgen liegend um den Kirchplatz getragen wurden. Sie dankten so dafür, eine vermeintlich tödliche Krankheit überlebt zu haben.

Ein Pfarrer führt die seltsame Prozession, doch inzwischen gibt es nur noch leere Särge: Den Menschen war der Medienrummel peinlich. Spielarten zwischen Glaube und Aberglaube sind in Galicien selbstverständlich. Dennoch sehen manche Geistliche die *meigas* durchaus als ernste, ja ärgerliche Konkurrenz.

Zum Knochenheiler

Der junge Pfarrer Ramón Vidal Lafuente, der mit viel Engagement eine kleine Gemeinde in Südgalicien betreut, sieht den Einfluss Gottes bedroht: »Was uns zu schaffen macht, sind Psychoanalytiker, Mediengurus und Hokuspokus«, sagt er und wird deutlich: »Die Leute gehen hier nicht gerne ins Krankenhaus, die gehen lieber zum ›Knochenheiler‹, sie gehen nicht mehr gerne in die Kirche, sie lassen sich von den *meigas* lieber Theater vorspielen. Und dennoch«, sagt er schon leiser, »übersinnliche Kräfte sind hier in Galicien schon weit verbreitet, das stimmt schon.«

Amulette gegen den bösen Blick
Früher ganz bewusst getragen, heute eher ein Modestück: die Amulette der Keramikfabrik Sargadelos, die vor allem als Halsschmuck getragen werden. Zu haben im Laden Sargadelos, Rúa Nova 16 in Santiago de Compostela, www.sargadelos.com.

Jakob – die sagenhafte Laufbahn eines einfachen Apostels

Pop-Ikone Madonna müsste angesichts der übergroßen Fan-Gemeinde des heiligen Jakob ganz blass werden. Denn Santiago, wie er auf Spanisch heißt, wurde viel wirksamer in Szene gesetzt als die US-Diva, und das vor über 1000 Jahren. Internet, Schönheitschirurgen und Werbestrategen gab es damals nicht, dafür aber überaus versierte Bildhauer, Architekten und Prediger.

Die Erfolgsstory nahm 813 ihren Lauf. Der bis dato völlig unbekannte galicische Einsiedler Pelayo blickte in einer klaren Nacht dieses Jahres in den Sternenhimmel und traute seinen Augen kaum. Himmlische Zeichen zeigten sich dem Mann und wiesen ihm einen Weg hinaus auf ein Feld. Er folgte dem Wink und machte kurz darauf bei Iria Flavia einen sagenhaften Fund: das Grab des legendären Apostels Jakob.

Fund mit Folgen: das Grab des Missionars

Anderntags erzählte der Einsiedler sein Erlebnis dem Bischof. Bald darauf ritten königliche Boten im Galopp über die Pyrenäen, um das Wunder zu verbreiten. Kirche und Krone waren sich bewusst, welche Tragweite diese Entdeckung haben musste. Ihnen lag an einer schnellen, an einer sehr schnellen Bekanntmachung. Jakob, das ahnten sie, würde nicht nur religiöser Motivator werden, sondern auch wirkungsvoller Einpeitscher für Kreuzritter im Kampf gegen die verhassten Mauren.

Santiago auf Augenhöhe mit Rom und Jerusalem

Der Hintergrund: Zum einen war der historisch nicht beweisbare Glaube verbreitet, der Apostel Jakob habe vor seiner Enthauptung durch Herodes 44 n. Chr. in Spanien missioniert. Engel sowie seine Jünger, hieß es in zeitgenössischen Predigten, hätten den Leichnam später mit einem Schiff nach Galicien gebracht und auf einem Feld bestattet. Somit war das Motiv für eine neue Pilgerstätte gegeben.

Zum anderen befand sich das christliche Nordspanien in einer höchst brisanten Lage. Mauren hatten 711 das Reich der Westgoten erobert und in Südspanien eine blühende Kulturlandschaft geschaffen. Der Norden entwickelte sich in der Konsequenz bald zur Fluchtburg all derer, die vor dem Islam flohen. Im asturisch-galicischen Raum entstand die Keimzelle der christlichen Rückeroberung (*reconquista*). Doch das Unternehmen Maurenvertreibung

Statue in der Jakobs-Kathedrale

war zur Zeit der wundersamen Himmelszeichen ins Stocken geraten. Ein Ruck musste durch die christliche Welt, eine Symbolfigur fehlte, und mit dem Apostel war sie nun endlich gefunden.

Santiago avancierte neben Rom und Jerusalem zum wichtigsten Pilgerzentrum des Christentums, das Apostelgrab besuchten Abermillionen und erwanderten sich so Ablass von allen Sünden. Gregorianische Lieder entstanden und neue Berufsbezeichnungen wie die des Köbes. Der schlagfertige Kneipier der Kölner Metropole heißt so, weil sich die Jakobspilger in der Stadt vorübergehend in den Wirtshäusern verdingten: ›Köbes‹ wurden sie auf Kölsch gerufen, zu Hochdeutsch ›Jakobus‹. Das Image des bislang friedliebenden Missionars änderte sich währenddessen radikal.

Francis Drake und die verschollenen Gebeine

Plötzlich wurde er als Reiterstatue in vollem Galopp mit gezücktem Schwert in den Kirchen dargestellt, als neues Symbol des Kampfes gegen das maurische Al Andalus. Bis 1492, als die Christen die letzte arabische Bastion Andalusiens eingenommen hatten, hieß Jakob nur noch ›Jakob der Maurentöter‹, Santiago Matamoros.

Die Reliquien des Apostels blieben indes in seiner Wallfahrts-Kathedrale sicher verwahrt, bis Francis Drake im Jahr 1589 an der galicischen Küste vor Anker ging. Aus Angst vor einem Überfall des Ex-Piraten im Dienst der englischen Königin versteckten Kirchendiener in Santiago de Compostela die Gebeine des Apostels. Und zwar so gründlich, dass die sterblichen Reste über 300 Jahre verschollen blieben. Erst Ende des 19. Jh. tauchten sie auf wundersame Weise bei Grabungsarbeiten wieder auf.

Doch ohnehin war es um Santiago in der Neuzeit still geworden. Das Image verblasste, der Heilige war sozusagen ›out‹. Santiago de Cuba und Santiago de Chile waren längst viel wichtiger als ihre Namensgeberin. In Europa kritisierten Humanisten den Ablass und das Jakobsgrab mit beißendem Hohn. Luther wörtlich: »Man waisz nit ob sant Jakob oder ain todter hund da ligt.«

Erst General Franco ließ Jakob 1937, mitten im Bürgerkrieg, wieder aufleben und drehte noch einmal am Nimbus des Apostels. Nun avancierte er zum Leitbild im Kampf gegen den Kommunismus, zu einer Art ›Mataco-

Jakob an der Hauptfassade der Kathedrale von Santiago

munistas‹. In seinem Namen erschoss man linke Widerstandskämpfer, und seinen Geburtstag, den 25. Juli, erkor das Franco-Regime zum Nationalfeiertag. Der Jakob, schien es, heiligte die Mittel, die religiösen ebenso wie die kriegerischen. Die mittelalterliche Erfolgsstory des Jakob stellt alles in den Schatten, was sich moderne Imagepfleger auch nur erträumen können. Und dennoch war der Santiago-Boom vor allem in der vielschichtigen Zeit seiner Entdeckung begründet. Was wäre, sinnierte unlängst ein galicischer Journalist, wenn die Gebeine des heiligen Jakob erst jetzt entdeckt würden? Die Antwort fiele denkbar trocken aus: Gar nichts.

Erstaunliches Revival in der Jetztzeit

Heute, im 3. Jahrtausend nach Christi, ist der Camino wieder beliebt, beliebter als jemals zuvor. Mehrere Tausend Pilger pro Monat sind schon gezählt worden, vor allem an den heiligen Jahren, wenn der 25. Juli auf einen Sonntag fällt. Dann, so die Kirchentradition, erhalten Pilger den Ablass von allen Sünden. Nur haben Ablässe und der heilige Jakob längst nicht mehr die Zugkraft wie im Mittelalter. Die meisten Pilger auf dem Camino sind auf der Suche nach sich selbst. Oder auf der Flucht vor dem Alltag. Oder beidem.

»Das Kreuz ignorieren wir einfach« – Interview mit einer galicischen Hexe

»Wir verstehen uns als Druidinnen.« Rosa (rechts) bei der Beschwörung der Elemente

Wir treffen uns in einem unscheinbaren Haus in Südgalicien. Rosa ist Mitte 50, in Weiß gekleidet, ihr Blick beruhigend und stechend zugleich. Ihr Haar ist hellgrau und ihre Stimme sehr sanft. Sie war zu diesem Gespräch erst nach mehreren telefonischen Anfragen bereit. Nach Monaten. Das Tonband darf mitlaufen, auch Fotos sind erlaubt. Aber ihren richtigen Namen und ihren Wohnort darf ich auf keinen Fall nennen. Hier exklusiv das Gespräch im Wortlaut:

Was ist eine meiga? Laut Definition eine Magierin, frei definiert eine weise Frau, die berät und hilft.

Eine meiga *ist also keine Hexe?* Nicht im herkömmlichen Sinne. Eine *meiga* bezieht sich ausschließlich auf keltische Magie. Sie hilft mit Unterstützung der vier Elemente Wasser, Feuer, Luft und Erde. Eine Hexe dagegen wird mit dem Teufel, mit Satanismus in Verbindung gebracht. Wir überlassen die Definition in Galicien aber nicht der Kirche. Wir sind keltische Hexen, die das Gute wollen.

Wie sind Sie meiga *geworden?* So etwas hat man schon von Geburt an, aber dazu kommt die Auseinandersetzung mit den alten Kulturen und mit dem Hier und Heute. Ich habe Intuitionen wie ein Geiger das Gespür für Musik, wenn Sie so wollen. Daneben hatte ich aber auch meine ›Hexenmeisterin‹, die mich eingewiesen hat, eine Frau aus unserem Dorf bei Vigo. Als ich sieben Jahre alt war, habe ich sie oft besucht. Sie hatte einen großen Raum, in dem ich mich immer hinter einem Vorhang versteckte, während sie ihre magischen Sitzungen hielt. Niemand außer ihr wusste, dass ich da war. Und ich hörte zu, hörte zu, hörte zu.

Ich liebte diese Sitzungen über alles, wie sie mit den Leuten sprach, wie sie ihnen Ratschläge gab. Ich lernte von ihr über Jahre hinweg in meinem Versteck.

Seit wann beraten Sie selbst? Seit 30 Jahren.

Wer sind Ihre Klienten? Früher waren es eher einfache Leute. Heute kommen auch Manager, Ärzte, Schauspieler, die akzeptieren, dass es kein Aberglaube ist, was ich hier mache.

Die *Beratung kostet?* Rund 50 €.

werden. Als *meiga* wollte ich verdeckt arbeiten. Noch unter der Diktatur Francos war dies verboten, wurde scharf verfolgt. Als Franco 1975 starb, hat sich viel verändert, auch für Magier und Hexen in Spanien.

Hexerei ist heute gesetzlich erlaubt? Nein, offiziell wird es strafrechtlich verfolgt, aber das ist nur eine Anekdote. Man hat nur bislang vergessen, den entsprechenden Paragraphen aus dem Strafgesetzbuch zu entfernen.

Was passiert während der Sitzung? Der Klient schweigt, ich rede. Natürlich sprechen wir auch, aber erst, nachdem ich die Diagnose gestellt habe.

Mit den vier Elementen und viel Intuition

Der Klient sagt nichts außer seinen Namen? Name und Sternzeichen. Und dann rede ich über sein Leben.

Wie das, wenn Sie ihn nicht kennen? Ich kenne ihn, obwohl ich ihn gerade zum ersten Mal gesehen habe. Ich sehe sein Leben. Das ist Intuition und schwer zu beschreiben. Ich erzähle, was ihn bedrückt. Manchmal arbeite ich mit Karten, dann wieder nicht. Ich vertue mich selten.

Haben Sie Macht? Nein, Qualitäten.

Haben Sie eine Berufsausbildung? Ich habe Wirtschaftswissenschaften studiert und wollte Unternehmerin

Wer ist für einen Galicier attraktiver, ein Pfarrer oder eine Hexe? Eine Hexe, mit Abstand.

Warum? Wir bieten den Menschen einfach mehr als die Kleriker.

Wie ist denn Ihr Verhältnis zur Kirche? Das ist eine lange Geschichte. Erst waren wir, dann kam die Kirche. Denken Sie nur an die Wegkreuze, die *cruceiros.* Zuerst war da der Stein der *meigas,* wo wir uns versammelten, unsere Kulte lebten. Dann kam die Kirche und hat auf die Steine Granitkreuze gesetzt. Glauben Sie, das stört uns? Wir treffen uns noch immer an den Steinen, das Kreuz ignorieren wir einfach.

Was ist das größte Problem der Menschen, die zu Ihnen kommen? Die Einsamkeit. In welchem Zusammenhang auch immer, es geht um Einsamkeit. Es ist einfach so: Menschen sind sehr einsam.

Sie sind also Psychologin? Nein, ich bin *meiga.*

Gibt es viele Scharlatane unter den galicischen meigas? Das will ich nicht hoffen. Sehen Sie, wir veranstalten einmal im Jahr hier in einer Halle am Hafen von Vigo einen Hexenkongress. Ganz Spanien trifft sich da zum keltischen Gedankenaustausch. Scharlatane sind hoffentlich nicht darunter.

Warum gibt es meigas *nur hier?* Weil sich keltische Bräuche hier in der Abgeschiedenheit länger halten konnten. Wir *meigas* sind 100 % keltisch – mit einer Ausnahme. Die mittelalterlichen Magier haben sehr viel Goldschmuck getragen. Das finde ich theatralisch.

Gibt es ein Hexenzentrum in Galicien? Nein. Cangas ist berühmt geworden, weil die Inquisition dort sogenannte Hexen verbrannt hat. Coiro ist ein beliebter Ort, aber es gibt viele andere, auch um Ourense herum.

Hat die Inquisition viele meigas *getötet?* Nein.

Wie das? Man hat uns nicht verraten. Es ist kurios: Wo es am meisten Hexen gab, hat die Inquisition am wenigsten angerichtet. Außerdem waren die wenigen Fälle von Hexenverbrennungen gar keine. Einer der Kirchenrichter hat die blutjunge Tochter einer Frau heiraten wollen, die sich weigerte. Daraufhin ließ er die Mutter verbrennen. Die Tochter hat er übrigens nicht bekommen. Sie konnte fliehen. Die wenigen Hexenverbrennungen waren politisch und sexuell bedingt.

In Ihren Zeremonien sprechen Sie keltische Texte, woher kommen die? Es sind alte Texte. Sie sind von Generation zu Generation vor allem mündlich überliefert worden. Ich kenne viele, etwa von dem Wechsel der Jahreszeiten, wirtschaftliches Glück rufen wir meist mit Texten des Frühlings herbei. Aber leider fehlt mir vor allem eine Schrift und das ärgert mich sehr. Es ist der des November, der Text der Toten, der aus dem 14. Jh. stammen muss.

Wozu diente er? Wissen Sie, an der Costa da Morte, der Todesküste, sind viele Fischer gestorben, deren Leichen man nicht fand. Die *meigas* von dort, vor allem aus dem Ort Porto do Son, gingen mit einem großen Boot aufs Meer, bestückt mit Holzbänken und einer Art Podest als Altar. Es waren immer sechs *meigas* in diesem Boot. Am Tag der Beerdigung eines Fischers holten sie seine Seele vom Meer ab. Sie nahmen Mäntel mit und beerdigten die Seelen in den Mänteln an Land. Einer Legende nach vernahm man daraufhin Schritte des Toten. Jedenfalls sprachen die *meigas* bei dieser Zeremonie einen Text, und wir kennen ihn leider nicht. Er ist nicht auffindbar. (*Nach diesem Satz flucht sie.*)

Rezept für den Hexenpunsch Queimada

1 Liter klaren Orujo (Tresterschnaps) in einer feuerfesten Schale mit sechs Esslöffeln Zucker, ein paar Kaffeebohnen und dünn geschnittenen Zitronenscheiben geben. Gut verrühren, etwas von dem Tresterschnaps in eine Kelle geben, anzünden und Flüssigkeit langsam in die Schale gießen. Den Vorgang rund 15 Minuten lang wiederholen, damit der Punsch nicht zu viel Alkohol hat.

Die Meigas vermissen den Text der Toten

Bei Ihren Zeremonien sitzt der Klient in einem Kreis aus Kerzen. Was tun Sie dann? Ich nutze alte keltische Texte, wir bitten die Elemente, die Dämonen

Rosas Arbeitstisch – frei von Flatrate und Flachbildschirm

zu vertreiben, die schlechten Elemente zu bekämpfen, Glück und Frieden herbeizuführen.

Alles 100 % keltisch? 100 % keltisch.

Sie sind im galicischen Fernsehen aufgetreten, in der Keltenzeit gab es keinen Fernseher. Ja, und ich fahre auch ein Automobil. Wir haben uns immer der Zeit angepasst und mit den Phänomenen der Zeit gelebt. Wir haben uns im Lauf der Zeit auch emanzipiert. Die *meiga* ist die weibliche Figur des Druiden.

Was erzählen Sie den Galiciern denn bei einem Auftritt im Fernsehen? Rezepte, magische Rezepte vor allem, das kommt sehr gut an, das macht viel Spaß, wie man den bösen Blick mit Holz von der Eiche heilt, wie man Kräuter mischt, um Spannungen in der Ehe zu verhindern, dass Zimtessen ganz wichtig ist für die Harmonie eines Paares, solche Dinge, alte Traditionen, die die Leute nicht mehr kennen.

Mistel, Veilchenessenz und etwas Weihrauch

Haben Sie ein Rezept für unsere Leser? Sicher. (*Sie lacht.*) Ein ganz altes: Damit ein Haus Glück bringt, kann man eine Mistel in einem Tontopf verbrennen, mit etwas Veilchenessenz – das bekommt man in vielen Naturläden. Wenn es brennt, gibt man etwas Weihrauch hinzu. Mit einem Löffel umrühren und dann geht man langsam durch das ganze Haus oder die Wohnung. Das bringt Harmonie, Kraft und Glück.

Meiga Rosa, vielen Dank für das Gespräch.

Wahrzeichen aus Granit – markante Blickfänge in Galicien

Sie sind ständige Wegbegleiter auf einer Fahrt durch Galicien: Maisspeicher und Wegkreuze finden sich an vielen Stellen im Inland und an der Küste und prägen so das landschaftliche Bild der Region.

Der Nordwesten Spaniens hat architektonisch eine Menge zu bieten: Von den steinalten Keltensiedlungen über den römischen Mauerring in Lugo bis zu den schmucken Landhäusern des 18. Jh. und hochmodernen Bauten der Gegenwart wie der Ciudad de la Cultura in Santiago. Doch zwei Dinge aus purem Granit fallen besonders auf: die vielen Wegkreuze und Maisspeicher.

Maisspeicher schützten die Ernte

Ein guter Grund, näher darauf einzugehen: *Hórreos* (Maisspeicher) sind längliche Granitbauten auf Stelzen, steinerne Speicher, die das Getreide vor Nässe schützen. Dabei liegt der Mais auf zwischengelegten Steinplatten, durch die kein Nagetier gelangen kann. Luftschlitze sorgen dafür, dass der Inhalt nicht schimmelt. Zahlreich stehen diese meist kaum 2 m langen *hórreos* in Nordwestspanien in Gärten, an Felsenriffen oder am Dorfplatz. Das Dach ziert neben dem christlichen Kreuz oft eine pyramidenförmige *fica*, das keltische Symbol für Fruchtbarkeit. Zu sehen ist dies auch in Carnota, wo 1768 einer der längsten Speicher entstand: Sagenhafte 35 m misst er. Kleinere, aber gleich viele *hórreos* stehen direkt am Hafen des idyllischen Fischerorts Combarro. Mais wird in Nordwestspanien erst seit dem 16. Jh. angebaut, die Speicher aus Granit hat es allerdings schon vorher gegeben. Vorläufer der *hórreos* sind noch in den Bergregionen Galiciens zu sehen; Strohgedeckte, quadratische Holzaufbauten auf Granit-

stützen, die in den Schutzgebieten Ancares und O Courel bis heute noch zur Aufbewahrung der Ernte dienen.

Manche Wegkreuze sind steinalt

Fast so häufig tauchen vor dem Reisenden die *cruceiros* auf, die galicischen Wegkreuze. Seit gut 700 Jahren stehen sie schon dort, wo Hexentreffen, religiöse Wunder und auch grausame Verbrechen stattgefunden haben sollen.

Der älteste, schrieb der Denker und Karikaturist Alfonso Castelao in seinem Buch »As cruces da pedra na Galiza«, sei der *cruceiro* von San Andrés de Mélide, 50 km vor Santiago de Compostela am Jakobsweg. Er soll hier schon im 13. Jh. errichtet worden sein. Die Wegkreuze in Baiona und Noia am Atlantik überdachen Altarhäuschen, während der eindrucksvollste *cruceiro* überhaupt in Hío vor der Dorfkirche steht. Das filigrane, an Figuren reiche Wegkreuz stellt die Kreuzabnahme dar und entstand – kaum vorstellbar – aus nur drei Granitblöcken. Vor allem Steinmetze geraten ins Schwärmen, wenn sie davor stehen und die Leiter der Kreuzabnahme sehen Denn sie wissen am besten, wie schwer es ist, eine Leiter mit ihren Sprossen aus einem einzigen Stein herauszuarbeiten. Meisterhaft! Heute sind die *cruceiros* nicht mehr nur am Wegesrand zu sehen, sondern auch als Blickfang in den Vorgärten von Landhäusern.

Galiciens längster Maisspeicher steht in Carnota

In Tavernen und Bauernküchen – kulinarische Impressionen

Stellen Sie sich eine Bar vor, sagen wir in dem kleinen Ort Combarro am Atlantik: eine lange Theke, eine Porzellan-Zapfanlage mit dem Schriftzug der Biersorte Estrella de Galicia (galicischer Stern), ein paar flache Keramiktassen für leichten Weißwein, dahinter Barkeeper Manuel, der gleichzeitig Fischer und Automechaniker ist, und dahinter wiederum eine Menge Miniatur-Fischerbötchen und Heiligenbilder.

Tapeo ist jetzt angesagt, das Probieren von dem, was so eine Kneipe zu bieten hat. Per Fingerzeig macht man sich leicht verständlich, schwierig ist höchstens die Auswahl. Denn Manuel hat wieder an einer Fischauktion teilgenommen, hat am Hafen hart um Sardinen und Kabeljau gefeilscht und dann dies und jenes kunstvoll in Pastetenteig gewickelt: *empanadas* heißen die Kunstwerke. Mundgerecht als *tapas,* als kleine Appetitanreger, liegen sie in jeder vernünftigen Taverne Galiciens aus.

Oder nehmen wir eine Bauernküche in, sagen wir, dem kleinen Nest A Graña östlich von Pontevedra. Hier

Kabeljau gehört zu den beliebtesten Fischgerichten in Nordspanien

lebt Carmen mit ihren 14 Katzen und der betagten Eselin Molina (Mühle). Mit ihrer Nachbarin Carolina geht sie gerne spazieren, vor allem aber kochen die beiden sich ab und an eine richtige nahrhafte Suppe. Besonders wenn rund um die Granitmauern der Frühjahrsnebel aufsteigt, dampft es in der alten Bauernküche.

Carmens Caldo Galego

Carmen bereitet *caldo galego* zu, aus einem Schinkenknochen, Steckrübenblättern, grob gehackten Würsten und weißen Bohnen. Ein Kochbuch gibt es in der Küche nicht, denn Carmen weiß alle Rezepte im Kopf. Sie stammen aus Zeiten bis weit in das 18. Jh. zurück. Und lesen könnte sie das Buch ohnehin nicht, das hat sie nie gelernt, die Geldscheine erkennt sie an den Farben.

Oder zappen wir noch einmal weiter, mitten in die Hafenmetropole Vigo. Dort arbeiten Antonia und Rosa schon seit über 15 Jahren an Klapptischen in der ›Austernstraße‹, einer kleinen Gasse gleich neben dem zentralen Markt Mercadillo de la Piedra in der Altstadt. Da heißt es, Schürze um, Klappmesser auf und Austern in der Schale servieren. Gegessen, besser gesagt geschlürft, wird unter freiem Himmel. Antonia erzählt, die Austern gingen hier weg wie in Dortmund Pommes mit Bratwurst. Sie weiß das. Ihr Mann hat dort viele Jahre auf Montage gearbeitet.

Razzia bei der Operation Jakobsmuschel

Und reden wir einen Moment lang auch über die einstige Starköchin Toni Vicente. Sie war und bleibt wohl vorerst die berühmteste Köchin Spaniens, doch was sie jüngst ereilte, ist Stoff für einen bitterbösen Spielfilm. Toni Vicente betrieb noch bis 2009 ein sehr angesehenes Restaurant in Santiago de Compostela, kreierte die filgransten Gerichte und bekam dafür als einzige Galicierin bislang einen Michelinstern. Die Fachwelt war durchweg begeistert, alles schien seinen Weg zu gehen, da tat sie etwas, was Restaurantbesitzer eben ab und zu mal tun. Sie kaufte Jakobsmuscheln ein. Allerdings nicht über die staatlich geprüfte Handelsstation, sondern auf dem Schwarzmarkt, will heißen: bei befreundeten Muschelzüchtern.

Natürlich waren die frisch und nicht toxisch, also giftig, aber eben auch nicht geprüft. Und als bei einer großangelegten Razzia bei vielen galicischen Köchen auch ihr Telefon abgehört wurde, machte das sofort Schlagzeilen im Stil: »Starköchin in der Giftküche«. Die Kollegen kamen mit einem Bußgeld davon, doch die berühmte Toni Vicente wurde nun von Neidern und Konkurrenten »regelrecht fertiggemacht«, wie sie sagt. Schließlich gab sie entnervt auf, schloss ihr berühmtes Lokal und arbeitete vorübergehend als Garköchin auf einem entlegenen Campingplatz. Und dort gibt es Grillsteaks statt Jakobsmuscheln auf Lavendel-Minz-Sorbet.

Austern schlürfen in Vigo
Die Gasse Rúa da Pescadería in Vigos Altstadt ist berühmt für ihre Stände mit Austern, die vor Ort zwischen 10 und 15 Uhr günstig gekauft und gegessen werden. Eine Delikatesse, zu der am besten eine Schale süffiger galicischer Weißwein passt.

Wilde Pferde, wilde Jungs – Rapas das Bestas

Ein Julisonntag im Bergdorf Amil, rund 30 km von der Hafenstadt Pontevedra entfernt im grünen Hinterland. Schon am Vortag sind die Leute aus der Umgebung gekommen, haben die Jahrmarktbuden aufgestellt, die Grillplätze eingerichtet und das Tor der Umzäunung überprüft, des Mauerrunds, in das später die Wildpferde getrieben werden.

Wildpferde? Ja, es gibt sie hier in den Wäldern. Sie haben das Glück, klein und nicht grazil genug zu sein, um sich für die Zucht zu eignen. Es sind keine stolzen, hochgewachsenen Andalusier, sondern wendige Vierbeiner, die frei leben und nur einmal im Jahr mit Menschen in Berührung kommen.

Zwischen Mai und Anfang Juli treiben die Galicier diese Wildpferde von den Bergen in eine Umzäunung (*curro*), um den Tieren Schweif und Mähne zu stutzen. Die Pferde werden desinfiziert und bekommen Brandzeichen, bevor die meisten wieder in die Freiheit entlassen werden. So manches Fohlen hat noch nie einen Zweibeiner vor sich gehabt, und ist wahrscheinlich froh, das Ganze bald wieder hinter sich zu haben.

Infos zum Wildpferdetreiben
Die meisten Rapas finden im Juni statt: am zweiten Wochenende in Mougás bei Baiona, am zweiten Wochenende in Morgadáns, ebenfalls nahe Baiona, am Wochenende vor dem 24. Juni in Campo do Oso bei Pastoriza (Provinz Lugo). Am besten erkundigt man sich bei den Infoämtern nach den Terminen. Dort bekommt man auch Hinweise zur Anfahrt.

Mutprobe jenseits des Stierkampfs

Schon seit vielen Generationen gilt das Zureiten der gedrungenen, starken Tiere als Mutprobe, zumal sich vor allem die ungebändigten Hengste entsprechend bockig gebärden. Stierkampf ist in dieser Gegend kaum beliebt, es gibt überhaupt nur eine einzige Arena in Galicien (in Pontevedra). Bei den Rapas das Bestas sind keine glitzernd gekleideten Toreros mit einstudierten Gebärden gefragt, sondern reaktionsschnelle Jungs aus den Dörfern, denen der Staub im Gesicht klebt und die später erzählen werden, wie sie sich sekundenlang auf dem Rücken der Bestas haben halten können. Und was Tierschützer beruhigt: Bis auf wenige Tiere, die an die Pferdemetzger verkauft werden, galoppieren nach der Rapa die meisten wieder in die Freiheit. Auch achten die Galicier bei der Treibjagd darauf, dass die Fohlen nicht unter die Hufe kommen, bringen sie im Galopp ins Tal und geben sie dann ihren Stuten zurück.

Wildpferdetreiben in Amil, Südgalicien

Unterwegs in Galicien und auf dem Jakobsweg

Nationalpark, Vogelparadies und beliebtes Ausflugsziel: die Cíes-Inseln

Das Beste auf einen Blick

Von den Pyrenäen bis Burgos

Highlights!

Pamplona: Stierkampf? Sanfermines? Hemingway? Ja, aber darauf reduziert sich Pamplona wirklich nicht: Die Hauptstadt Navarras ist jenseits dieses Spektakels viel ruhiger, günstiger und attraktiver. S. 93

Burgos: Die Stadt des legendären El Cid ist das Herz Kastiliens, ihre Altstadt mit der schönen Kathedrale besuchen nicht nur Pilger und Touristen, sondern auch viele Störche. S. 119

Auf Entdeckungstour

Unterm Felsdach – zum Kloster San Juan de la Peña: Es ist eines der ungewöhnlichsten Bauwerke am Camino de Santiago. Das alte Kloster liegt geduckt unter einem gewaltigen Felsblock. S. 86

Zu Winzern und Bodegas im Herzen der Rioja: Haro, der wichtigste Ort der Rioja, ist für seine Weine und für seine Weinschlacht berühmt. Genuss pur. S. 108

Bilbaos Guggenheim-Museum: Dieser Abstecher zu dem unbestritten attraktivsten Museum Nordspaniens lohnt auf jeden Fall, schon allein wegen seiner raumschiffartigen Hülle. S. 114

Kultur & Sehenswertes

Hecho und Ansó: Westlich von Jaca schweben Gänsegeier über den schönen, unverbauten Tälern. S. 88

Santo Domingo de la Calzada: In der sehenswerten Kathedrale leben ein Hahn und ein Huhn. Kein Witz. S. 118

Aktiv & Kreativ

Caballos de Castiello: Ausreiten mit einem sympathischen Anbieter wenige Kilometer nördlich von Jaca. S. 85

Observatorio de Aves: Südöstlich von Olite lassen sich an der Laguna de Pitillas Fischreiher und Wildenten aus der Nähe beobachten. S. 103

Genießen & Atmosphäre

Confitería Echeto: Die legendäre Konditorei in Jaca gibt ihren köstlichen Gebäckstücken süße Namen wie *besitos* (Küsschen). S. 85

Abends & Nachts

Calle Nicolás: An dieser schmalen Altstadtgasse Pamplonas reihen sich charmante Tapa-Bars. S. 99

La Negra Candela: Eine der besonders angesagten Musikbars in Burgos. S. 129

Von der spektakulären Bergwelt der Pyrenäen geht es mitten ins Herz von Kastilien. Die Etappe hinunter nach Pamplona begeistert Naturfreunde, während im weiteren Verlauf architektonische Höhepunkte den Weg säumen: ob die himmelstürmende Kathedrale von Burgos, die geheimnisvolle Kapelle von Eunate oder das Gotteshaus von Santo Domingo, in dessen Schrein kurioserweise weißes Federvieh gackert.

Der Jakobsweg verläuft als Pilgerstraße nach Santiago de Compostela zum Grab des Apostels Jakob. Von Nordeuropa aus führen verschiedene Zweige des Pilgerwegs nach Nordwestspanien. Die beiden im Folgenden beschriebenen Routen über die Pyrenäen – der Aragón-Weg und der Navarra-Weg – vereinen sich bei Puente la Reina westlich von Pamplona zum spanischen Hauptweg (*camino francés*). Vom Somport-Pass an der spanisch-französischen Grenze sind es noch gut 800 km bis zum Ziel. Die größten Städte am Weg sind Pamplona, Burgos und León. Nebenrouten nach Santiago führen entlang der nordspanischen Atlantikküste, von Portugal sowie – auf dem Seeweg – von England aus nach Santiago.

Infobox

Internet

www.spain.info: Das Internetportal von Turespaña bietet nützliche Infos zu den wichtigsten Orten in Aragón, La Rioja, Navarra und Kastilien. Auch auf Deutsch.

Fremdenverkehrsämter

Zentrale Anlaufstellen an diesem Abschnitt des Jakobswegs sind die Oficinas de Turismo in Jaca, Pamplona, Bilbao und Burgos.

Anreise und Weiterkommen

Über Madrid oder Barcelona kann man die Städte Bilbao, León, Logroño und Pamplona anfliegen. Busverbindungen von Bilbao, Madrid und Barcelona aus zu den verschiedenen Orten zwischen den Pyrenäen und Burgos bietet u. a. Alsa (www.alsa.es). Generell gilt: Busse sind schneller und günstiger als der Zug.

Der Aragón-Weg

Wer den Somport-Pass im Mittelalter gesund erreicht hatte, war froh. Denn so mancher musste sich wegen der Strapazen erst einmal im Pilgerhospiz Santa Cristina verarzten lassen, dessen Mauerreste noch heute zu sehen sind. Aus Toulouse über Oloron-Sainte-Marie kommend, war der Aufstieg bis zum Puerto de Somport an der spanisch-französischen Grenze eine wahre Tortur, doch von dem Pass in 1632 m Höhe ging und geht es dann fast nur noch bergab, durch sattgrüne Pyrenäentäler bis zur 30 km entfernten Kleinstadt Jaca.

Gegen den massiven Protest der Umweltschützer ist vor einigen Jahren ein fast 9 km langer, hochmoderner Tunnel eröffnet worden, der den traditionellen aragonesischen Weg verkürzt. Früher fuhr hier eine Eisenbahn bis nach Frankreich, die lokalen Plänen zufolge eines Tages wieder rollen soll. Der Tunnel wird vor allem von Lkw genutzt, die sich nun nicht mehr die kurvenreiche Straße hinaufquälen müssen. In der Ortschaft Canfranc-Estación steht noch die morbide, verfallen wirkende alte Bahnstation, in deren Hallen ab und an Kunstausstellungen zu sehen sind.

Burg von Loarre zwischen Jaca und Huesca

Jaca ►T 5

Die alte Pilgerstation Jaca (14000 Einw.) liegt auf einem fruchtbaren Plateau am Río Aragón, der der ganzen Region seinen Namen gab. Die Altstadtgassen fügen sich zu einem sehenswerten Ensemble zusammen, das architektonisch durch ein neues Kongresszentrum und eine olympiareife Eislaufhalle ergänzt wurde. Hier trainiert eine der besten Eishockeymannschaften des Landes.

Fast ebenso groß wie die Altstadt ist die mächtige **Zitadelle** (Avda. Primer Viernes de Mayo s/n, Führungen tgl. 11–12, 16–17 bzw. im Sommer 18–20 Uhr, ca. 4 €) mit dem Grundriss eines fünfzackigen Sterns, die noch heute als Garnison dient. Dennoch ist das Ambiente der Stadt nicht allzu militärisch, zumal auch Studenten kommen, die sich vorübergehend an der ältesten Sommeruniversität Spaniens einschreiben. Die kleine Stadt am Fuß der Pyrenäen ist auch ein idealer Ausgangspunkt für Ausflüge in die attraktive Umgebung: das nahe, in einen Fels integrierte Kloster San Juan de la Peña, die Skiorte der Berge um den nördlichen Somport-Pass und die kleinen Ortschaften Hecho und Ansó.

Jaca hat eine lange historische Tradition. Ihr Kern geht auf das 2. Jh. zurück. Im 8. Jh. verteidigten sich die Bewohner erfolgreich gegen die Mauren – noch heute alle zwei Jahre der Anlass für ein lebhaftes Stadtfest, das die historischen Ereignisse noch einmal Revue passieren lässt. Und 1077 waren die Bewohner stolz darauf, dass Jaca zur ersten Hauptstadt des Königreichs Aragón erkoren wurde.

Kathedrale

Plaza de San Pedro, 10–13, 16–20 Uhr

In den folgenden Jahrzehnten entstand mit **San Pedro** eine der ältesten spanischen Kathedralen. Sie wirkt wie verloren zwischen den Häusern und düster im Innern, dennoch ist sie von hohem künstlerischem Wert. Das Westportal der dreischiffigen, hohen Bischofskirche zeigt frühromanischen Figurenschmuck nach biblischen Themen, der beim Kirchenbau entlang des Jakobswegs immer wieder kopiert wurde. Unter dem Hauptaltar befindet sich der Schrein von Santa Orosia, der Schutzheiligen von Jaca. Durch den Kreuzgang geht es in das **Diözesanmuseum** (tgl. 11–13.30, 16–18.30 Uhr, Eintritt frei), in dem eine Sammlung romanischer und gotischer Wandmalereien sowie Skulpturen aus einigen Landkirchen der Umgebung zu sehen sind.

Rund um die Kathedrale liegen eine Hand voll Restaurants und Tapa-Bars. Wer gerade eine Fastenkur macht, sollte besser nicht hereinschauen. In den Auslagen gibt es Kroketten aus Hühnerfleisch genauso wie die landestypischen gebratenen Brotkrumen (*migas*) mit Öl, Knoblauch, Schmalz und Pfeffer.

Ganz in der Nähe liegt die **Torre de Reloj** (Plaza Marqués de la Cadena s/n), der Uhrenturm, mit seinen gotischen Fenstern. Er ist das einzige Relikt des nicht erhaltenen Königspalasts. Schräg gegenüber ziert eine Renaissance-Fassade das Rathaus. Etwas weiter kommt man zu den kleineren Kirchen Santiago und Carmen. Die Vielzahl der Gotteshäuser auf so engem Raum zeigt, wie wichtig die Hauptstadt der aragonesischen Pyrenäen als Pilgerstation auf dem Weg vom Somport-Pass nach Santiago war. Beachtlich ist auch das Benediktinerkloster, dessen Kirche **San Salvador y San Ginés** (nahe dem Ostende der Calle Mayor, unregelmäßig geöffnet) den kunstvollen Sarkophag der im Jahr 1095 verstorbenen Doña Sancha besitzt. Sie war die Tochter des

Abends stimmungsvoll beleuchtet: die Kathedrale von Jaca

ersten aragonesischen Königs Sancho Ramírez.

Übernachten

Stilvoll – **Hotel Conde Aznar:** Paseo de la Constitución 3, Tel. 974 36 10 50, Fax 974 36 07 97, www.condeaznar.com. Weiß getünchtes Dreisterne-Schmuckhaus am Park, in das die Gäste immer wiederkommen, so gut gefällt es ihnen. Ansprechend ist auch die ortstypische Küche. DZ 110 €.
Rustikal – **Canfranc:** Avda. Oroel 23, Tel. 974 36 31 32, Fax 974 36 49 79 20 Doppelzimmer mit Balkonen, teils mit Bergblick, bietet diese behindertengerechte Dreisterne-Herberge. Familiär und sehr gepflegt. DZ 100 €.
Camping – **Peña Oroel:** Ctra. Sabiñánigo-Jaca, Tel. 974 36 02 15, geöffnet Ostern und 15. Juni–15. Sept., 700 Plätze und landschaftlich schön gelegen, pro Pers., Zelt, Auto 4,50 €.

Essen & Trinken

Gute Restaurants gibt es in der Umgebung der Kathedrale, vor allem aber rund um den Platz La Cadena.
Gourmetküche – **Lilium:** Avda. Primer Viernes de Mayo 8, Tel. 974 35 53 56, Mo geschl. Zentral gelegenes Restaurant mit typisch regionaler Küche wie Foie Gras, Reis mit Waldpilzen und Schokoladensoufflé als Nachtisch. Tagesgerichte um 25 €.
Aragonesische Küche – **Parador de Oroel:** 10 km über die A 1205 Richtung San Juan de la Peña, auf halbem Weg ausgeschildert, Tel. 974 34 80 59. Geröstete, gewürzte Brotwürfel mit Schmalz (*migas al pastor*), Kalbsfleisch und kleine Gerichte, inklusive traumhafter Aussicht auf die Pyrenäen. Es ist keine Unterkunft, wie man wegen des Namens Parador denken könnte. Kostenpunkt um die 15–25 €.

Mein Tipp

Süßigkeiten aus Aragón
Seit mehr als 100 Jahren werden Naschkatzen in der Konditorei Echeto am Kathedralenplatz in Jaca mit Süßem aus Mandelcrème und vielem mehr versorgt. Die Leckereien haben Namen wie *besitos* (Küsschen), *coronitas de Santa Orosia* (kleine Heiligenscheine der Santa Orosia) oder San Juan de la Peña (benannt nach dem nahen Kloster). Eine regionale Spezialität sind auch Frutas de Aragón, mit Schokolade überzogene Kirschen, Pfirsiche und Aprikosen.
Confitería Echeto: Plaza de la Catedral 5, www.confiteriaecheto.com

Aktiv & Kreativ

Versierte Bergführer – **Alcorce Pirineos Aventura:** Avda. Regimiento Galicia 1 (gegenüber Infozentrale), Tel. 974 35 64 37, www.alcorceaventura.com, info@alcorceaventura.com. Kompetente Führungen, Rafting, Klettern, Wandern, Canyoning und Vieles mehr.
Reiten – **Caballos de Castiello:** Carretera de Bescón s/n, Tel. 974 35 00 51, www.caballosdecastiello.es. Mit dem Wagen sieben Minuten nördlich von Jaca (ca. 6 km). Am Ortseingang von Castiello de Jaca geht es rechts, von dort ist es ausgeschildert. Nette Betreiber, geduldige Pferde, Ausritte von 1, 2 und 4 Std. In der Nähe, gleich hinter dem Fußballfeld, ein kleines öffentliches Freibad (im Sommer 11–20 Uhr).

Auf Entdeckungstour

Unterm Felsdach – zum Kloster San Juan de la Peña

San Juan de la Peña ist eines der ungewöhnlichsten romanischen Bauwerke am Jakobsweg. Im 9. Jh. entstand das Kloster unter einem gewaltigen überhängenden Felsblock (peña), der es fast zu erdrücken scheint. Eine schöne Fahrt und Aussichtspunkte erwarten die Besucher.

Reisekarte: ► T 5/6

Öffnungszeiten: tgl. 1. Nov.–15. März 10.30–14, 15.30–17.30. 16. März–31. Mai sowie 1. Sept.–31. Mai 10–14, 15.30–19, 1. Juni–14. Juli 10–14, 15–20, 15. Juli –31. Aug. 10–20 Uhr

Eintritt: 6 €

Webseite: www.monasteriosanjuan.com

Schon im 9. Jh. begeisterten sich Einsiedler für die abgeschiedene Lage. Und so entstand bald eine der beachtlichsten Kirchen am Jakobsweg. Architektonisch wertvoll sind die drei Apsiden der Oberkirche (1094), die direkt in den Stein geschlagen wurden. Und dem Kreuzgang dient ein mächtiger Steinbrocken als Gewölbe.

Vom Zentrum Jacas aus führen zwei ausgeschilderte Wege nach San Juan de la Peña. Wer sich links hält, fährt über die A 1205 den schöneren Weg (28,5 km), vorbei am Peña Oroel (1769 m) und den neueren Klostergebäuden. Das berühmte ältere Monasterium, 1 km von den neueren Gebäuden entfernt, sieht man erst im letzten Moment, so versteckt liegt es.

Von der A 1205 führt auf halbem Weg zum Kloster ein Holperweg zum Parador de Oroel. An der obigen Restaurant-Bar ist die Aussicht auf die Berge der Hochpyrenäen grandios.

Zufluchtsort und eine Reliquie mit großer Anziehungskraft

Das Kloster entwickelte sich schon bald nach der Gründung zu einem geistigen Rückgrat des christlichen Widerstands gegen die Mauren in Al Andalus – und zum Zufluchtsort für viele Mönche, die im 11. Jh. Anhänger der einflussreichen liturgischen Reformbewegung aus Cluny waren.

Die Mönche führten als eine der ersten die römisch-katholische Liturgie ein und ersetzten den bislang landesweit üblichen spanischen Ritus. Besonders wirksam aber war eine Reliquie der Extraklasse: der vermeintliche Heilige Gral. Dieser Kelch des Abendmahls lockte die Besucher über Jahrhunderte an, bis er in die Kathedrale von Valencia in Südostspanien verlegt wurde. Das Kloster hatte einen so guten Ruf, dass es die Könige aus Aragón schließlich 1134 als Ort ihrer letzten Ruhestätte auswählten.

Kuriose Bibelfiguren

Ein Besuch führt zunächst durch den Schlafsaal der Mönche in die Unterkirche von 920, an deren Apsiden noch einige mäßig erhaltene Wandbilder zu sehen sind. Sie stellen das Martyrium der Heiligen Cosmas und Damian dar, den Schutzpatronen der Ärzte. Noch schöner, meinen Kunstexperten, sind nur die Gemälde im Panteón de San Isidro in León. Oberhalb gelangt man durch einen mozarabischen Hufeisenbogen in den zur Hälfte noch erhaltenen Kreuzgang. Meisterhaft gearbeitete romanische Kapitelle an den Säulen mit Szenen der Genesis und aus dem Leben Christi verraten viel von der Gedankenwelt der damaligen Bewohner. Ein unbekannter Steinmetz meißelte die Bibelfiguren nach ganz eigener Façon: mit merkwürdig vorgewölbten Augen. Im Panteón de los Nobles wiederum, der im 18. Jh. stark renoviert wurde, sind die weltlichen Herrscher der Region in schlichten Grabnischen beigesetzt.

Ausblick bis in die Pyrenäen

Schon im Mittelalter zog es Pilger und Mönche zu einem herrlichen Aussichtspunkt ganz in der Nähe, dem **Mirador de los Pirineos** (1295 m) in der Sierra de San Juan de la Peña. Von hier reicht der Blick bis zu den 3000ern nördlich von Jaca. Auf halbem Weg zwischen San Juan de la Peña und der N 240 lohnt ein Besuch der formschönen, lombardisch-romanischen Kirche **Santa María** (tgl. 10–14, 16–19 Uhr) in **Santa Cruz de la Serós.** Die hohe Kirchenanlage aus dem 11. Jh. ist der Rest eines damals ebenfalls angesehenen, wenn auch weit weniger spektakulären Benediktinerklosters.

Abends & Nachts

Terrassenbars gibt es rund um die Kathedrale und am nachts gelberleuchteten Platz La Cadena direkt am Uhrenturm Torre de Reloj. Lebhaft ist es vor allem freitags und samstags ab 21 Uhr.
Rustikal – **La Tasca de Ana:** Ramiro 13, im September für 2 Wo. geschl. Reich an Tapas, *raciónes* und auch gut, um einfach mal einen gehaltvollen Rotwein zu trinken.

Infos & Termine

Information

Oficina de Turismo: Plaza de San Pedro 11–13, Tel. 974 36 00 98, www.jaca.com. In unmittelbarer Nähe der Kathedrale. Tipp: Stadtplan (*mapa de la ciudad*) kostenlos.

Verkehr

Bahn: Avda. Juan XXIII., im Norden der Stadt. Tgl. Verbindungen u. a. nach Huesca, Sabiñánigo, Pau und zu dem jugendstilartigen Bahnhof von Canfranc.
Bus: Avda. Jacetania Ecke Avda. Escuela. Tgl. 2 x nach Pamplona, nachmittags 1 x nach Ansó und Hecho, vormittags 1 x nach Sabiñánigo. Keine Verbindung nach San Juan de la Peña.
Autovermietung: Don Auto, Correos 4, Tel. 908 83 32 27.

Termine

Primer Viernes de Mayo: Fest zur Erinnerung an den Sieg über die Mauren: erster Freitag im Mai.
Fiestas Patronales: Fest zu Ehren der Schutzheiligen Santa Orosia: 25. Juni.
Festival Folclórico de los Pirineos: In allen ungeraden Jahren von Ende Juli bis Anfang August, das Folklorefestival findet abwechselnd mit der französischen Stadt Oloron-Sainte-Marie statt,

und es kommen Vertreter aus allen fünf Kontinenten.
Festival Internacional en el Camino de Santiago: im August, klassische Konzerte.

Die Täler Hecho und Ansó ► T 5

21 km westlich von Jaca liegt Puente la Reina de Jaca. Von dort gelangt man in die beiden schönen Täler des Hocharagón. Im Süden noch karg, werden diese *valles* (Täler) nach Norden hin immer fruchtbarer, Lavendel und Ginster blühen und häufig schweben Gänse-

Fruchtbares Grün im Valle de Hecho im Hocharagón

geier vor den Steilwänden. In früheren Zeiten gingen die Bewohner im Juni noch auf Bärenjagd, um die Herden zu schützen, doch längst sind die Tiere hier und in den Seitentälern ausgestorben. Auf die Herstellung eines kräftig-würzigen Kuhmilchkäses versteht man sich in diesem Gebiet noch genauso wie auf *fabla chesa*, einen aragonesischen Dialekt, der sich aus dem Latein hiesiger Mönche entwickelte. Manche Zeitungskolumne in der Region erscheint noch in *fabla*, mit Worterklärungen am Ende. Markant ist auch die ländliche Architektur aus Naturstein, Holzbalkonen und ungewöhnlich großen, runden Kaminen.

Wer nach Hecho (800 Einw.) kommt, wird sich aber auch über die Skulpturen aus Marmor und Metall wundern, die am Dorfrand aufgestellt sind. Im Juli und August treffen sich hier Künstler zum Ideenaustausch. Traditioneller geht es im **Ethnologischen Museum** (Juli, Aug. 11–13, 18–21 Uhr, 1,50 €) zu, das neben Trachten und Arbeitsgeräten auch alte, leicht vergilbte Fotos von Lebensweisen im Tal zeigt.

Ansó (500 Einw.) erreicht man über Berdún und die Schlucht des Río Veral kurz hinter Biniés. Der Hauptort des Tals mit seiner robusten spätgotischen Kirche und schönen Steingassen feiert am letzten Sonntag im August ein

Mein Tipp

Wandern zum Bergsee ▶ T 5
Ein schöner, nicht zu verfehlender Ausflug führt von dem ehemaligen Campingplatz **Selva de Oza** 12 km nördlich des Bergdorfs Hecho zu dem 800 m höher gelegenen Bergsee **Ibón de Acherito.** Der einfach zu gehende Weg dorthin dauert gut drei Stunden und führt zunächst an der Ruine einer Mine vorbei in Richtung des Bergs **Castillo de Acher** (2390 m), an dessen Rand ein Weg links weiterführt, bis unerwartet der Bergsee auftaucht.

Trachtenfest. Ganzjährig sind die Kostüme neben sakraler Kunst im **Museo de Arte Sacro y Costumbres Ansotanas** (Mo–Fr 10.30–13.30, 15.30–20 Uhr, 2,50 €) zu besichtigen. Weiter nördlich liegt Zuriza am Ende des Valle de Ansó in einer ausgedehnten Ebene am Rand des Naturreservats **Reserva Nacional de los Valles,** durch das mehrere Wanderwege führen.

Übernachten

Gemütlich – **Casa Blasquico:** Plaza Fuentes, Tel. 974 37 50 07, www.casablasquico.com, geschl. 7.–15. Sept. Gaby Coarasa und ihr Neffe Pepo führen ein blumengeschmücktes Landhaus mit herrlichen Ausblicken auf das Hecho-Tal. Ein guter Tipp für Naturfreunde. Sechs Doppelzimmer (mit TV). Ca. 50 €. Im Sommer reservieren.
Zelten und mehr – **Valle de Hecho:** südlich kurz vor Hecho, Ctra. Puete la Reina s/n, Tel. 974 37 53 61, www.camping hecho.com. Der landschaftlich schön gelegene Campingplatz bietet ein Schwimmbad, einen Supermarkt und mehrere Programme für Kinder und Erwachsene, beispielsweise Pilzsuchen oder im Winter Langlauf-Exkursionen. Pro Pers., Zelt, Auto 4,50 €. Komplett mit Küche eingerichtete Bungalows kosten rund 80 €.

Essen & Trinken

Wo Gaby kocht – **Casa Blasquico:** Plaza Fuentes, Tel. 974 37 50 07, geschl. 7.–15. Sept. Gaby Coarasas aragonesische Küche, darunter Crêpes mit Pilzen, ist immer eine Sünde wert – und zudem preiswert. 2002 bekam die Casa Blasquico die renommierte Auszeichnung »Beste Küche Aragóns«. Ab 15 €.

Kloster Leyre ▶ S 5

Richtung Pamplona taucht rechter Hand das Monasterio de Leyre auf. Es bietet einen weiten Blick über den gewaltigen Stausee von Yesa. Ende der 1950er-Jahre begruben bei seiner Inbetriebnahme die Wassermassen so manches geräumte Dor Heute werden seine um die 500 Mio. m^3 zu Trinkwasser aufbereitet. Wegen seiner Größe heißt der Embalse de Yesa auch ›Pyrenäenmeer‹. Hier gibt es Campinganlagen und einige Badeplätze.

Der Klosterkomplex des **Monasterio de Leyre** (Mo–Sa 10.15–13.30, 15.30–18, So 10.15–14 Uhr, Tel. 948 88 41 50, www.monasteriodeleyre.com, 2,50 €) aus dem 17./18. Jh. besitzt eine Kirche mit Zeugnissen der Romanik: die Krypta, deren Gewölbe scheinbar auf viel zu kurzen Säulen ruht, sowie das romanische Westportal, dessen Figurenschmuck es in sich hat. Denn wenn Steinmetze in der Zeit der Romanik ihre Figuren an die Kirchenportale meißelten, waren neben Demut durchaus auch Erotik und Grusel im Spiel. Entsprechend sind neben dem Heiland und den Heiligen auch seelenfressende Dämonen zu sehen und Vögel, die sich in die Krallen beißen.

Sangüesa ►S 5

Romanischen Figurenschmuck sieht man auch in dem mittelalterlichen Städtchen Sangüesa, das im 12. Jh. im Zusammenhang mit der wachsenden Bedeutung des Jakobswegs nach Santiago gegründet wurde. Kaum jemand würde das Städtchen besuchen, gäbe es da nicht die Kirche **Santa María la Real** (Mayor s/n, tgl. 10.30–13.30, 16.30–18.30 Uhr), deren figurenreiches Südportal nicht nur Kunstinteressierte fasziniert. An den fünf Archivolten sind monströse und schlüpfrige Fabelwesen zu sehen, Musikanten, Pilger, Bischöfe, Wikingerkrieger und Ritter, Posaune blasende Engel sowie die seltene Darstellung des erhängten Judas. Die hohe Qualität der Bauplastik hat der Kirche den Rang eines Nationaldenkmals eingebracht.

8 km südlich liegt in dem Ort Javier das **Castillo de Javier** (tgl. 9–12.30, 16–18.30 Uhr, 2,50 €). In der Felsenburg kam im Jahr 1506 Francisco Javier zur Welt, der ein bedeutender Missionar in Japan, China und Indien war und später heilig gesprochen wurde: der hl. Franz Xaver. Seine Heimat sah er übrigens nie wieder: 1552 starb er nahe der chinesischen Stadt Kanton.

In der Burg ist noch das original eingerichtete Gemach des späteren Heiligen zu sehen. Der wuchtige Bau ist im März Ziel der *javieradas*. Bei diesen Wallfahrten legen fromme Pilger von Pamplona aus zu Fuß 50 km bis zur Burg des Schutzpatrons von Navarra zurück.

Der Navarra-Weg

Diese Route über die Pyrenäen ist der Klassiker, die bei Jakobspilgern beliebteste Passüberquerung. Sie bietet klare Bergluft und eine fantastische Aussicht auf die umliegenden Täler und sie ist für Nicht-Motorisierte eine echte Herausforderung. Auf dem Weg von der französischen Kleinstadt Saint-Jean-Pied-de-Port nach Roncesvalles erreichen Wanderer wie Autofahrer 16 km vor dem Ibañeta-Pass das erste Dorf auf spanischer Seite: Valcarlos, das ›Tal Karls‹, wo Karl der Große einst sein Lager aufgeschlagen haben soll.

Heute reihen sich an der Durchfahrtsstraße die Läden, in denen sich vor allem die Franzosen vor der Heimreise mit preiswerten Produkten wie Geschirr, Tabak und Spirituosen eindecken. Von hier bis zum Pass müssen die Pilger den schwierigsten Aufstieg am Jakobsweg bewältigen, bevor es dann durch dichte Eichen- und Buchenwälder über den schöneren Abschnitt nach Pamplona hinuntergeht und von dort über die nordkastilische Hochebene in Richtung Santiago de Compostela. Auf dem 1057 m hohen Ibañeta-Pass umgibt häufig Nebel einen Gedenkstein, auf dem Schwert und Morgenstern abgebildet sind. Er ist Roland gewidmet, dem tapferen Paladin Karls des Großen.

Roncesvalles ►S 4

Etwas unterhalb des Ibañeta-Passes erinnert der Ort Roncesvalles (ca. 40 Einw.) an Roland, den stolzen Gefolgsmann des Königs, der hier den Tod fand. Der Sage nach – verewigt im Rolandslied – waren es ›heidnische Sarazenen‹, die die Nachhut Karls des Großen 778 aus einem Hinterhalt heraus überfielen und Roland mit seinem

Schwert Durandal in einen tödlichen Kampf verwickelten. Allerdings gilt längst als sicher, dass die königliche Nachhut nicht etwa von Mauren, sondern von ortskundigen Basken überfallen wurde, die für die Zerstörung ihrer Stadt Pamplona Rache nahmen.

Zahlreiche Denkmäler beziehen sich auf die Schlacht, darunter der an der Straße gelegene **Silo de Carlomagno**, eine Grabkapelle aus dem 12. Jh. (auch *Sancti Spiritus* genannt), wo nicht nur verstorbene Pilger ihre letzte Ruhe fanden, sondern angeblich auch die im Kampf gegen die Basken hier gefallenen Franken.

Beherrscht wird Roncesvalles von dem mächtigen, mit Metalldächern überzogenen Klosterhospiz **Real Colegiata,** das im Mittelalter von großer Bedeutung war, weil es als Erholungsort und Hospital die erschöpften Pilger aufnahm. Im dazugehörigen **Museo de Roncesvalles** (Di–So 10–14, 16–18 Uhr, 4,10 €) sind Sakralkunst, alte Handschriften, ein gotisches Schmuckkästchen und der Smaragd von einem Turban zu sehen.

Besuchenswert ist auch die gotische Stiftskirche mit ihrem Baldachin im lichten Altarraum. Im Kapitelsaal daneben befindet sich die Grabstätte des navarrensischen Königs Sancho des Starken (1150–1234). Die immerhin 2,25 m lange Liegefigur auf dem Grab soll den tatsächlichen körperlichen Ausmaßen des Königs entsprechen.

Übernachten

Anno 1612 – **La Posada:** Roncesvalles s/n, beim Kloster, www.laposadaderoncesvalles.com, Tel. 948 76 02 25. Solide, steinalte Unterkunft mit 18 Zimmern und Garten. Die Räume sind sehr schlicht eingerichtet, aber komfortabel und nicht laut. Zu dieser Unterkunft gehört auch ein Kaminzimmer, eine Cafetería und ein Restaurant (s. u.). DZ ca. 60 €.

Essen & Trinken

Gediegen – **La Posada:** In dem preiswerten, sehr geräumigen Restaurant des gleichnamigen Hotels (s. o.) gibt es zartes Lammfleisch aus dem Ofen und oft Wild und Pilzgerichte. Man sitzt an einfachen Tischen auf Holzstühlen, wichtig ist hier aber vor allem, was auf den Teller kommt. Rund 30 €.

Tänzer vor dem Rathaus von Pamplona beim Umzug der Würdenträger

Infos

Oficina de Turismo: Antiguo Molino, Tel. 948 76 03 01

Pamplona ! ► R 4/5

Normalerweise ist **Pamplona** (baskisch Iruñea, navarrisch Iruña, 200 000 Einw.) eine eher ruhige, nahezu provinzielle Stadt, die auf einem 450 m hohen Plateau über die autonome Region Navarra regiert. Nur gelegentlich machen Demonstrationen darauf aufmerksam, dass es eine historisch-kulturelle Anbindung an das Baskenland gibt, die zumindest die radikalen Basken auch politisch-administrativ verfestigt sehen wollen. Im Stadtkern am linken Ufer des Río Arga geht es ansonsten eher beschaulich zu.

Parks und Grünflächen, einige sehenswerte Baudenkmäler und die stimmungsvollen Gassen im Stadtkern machen die Partnerstadt von Paderborn am Jakobsweg zu einer besuchenswerten Metropole. Nur einmal im Jahr, vom 6. bis 14. Juli, ist es mit der Ruhe vorbei. Während der Sanfermi-

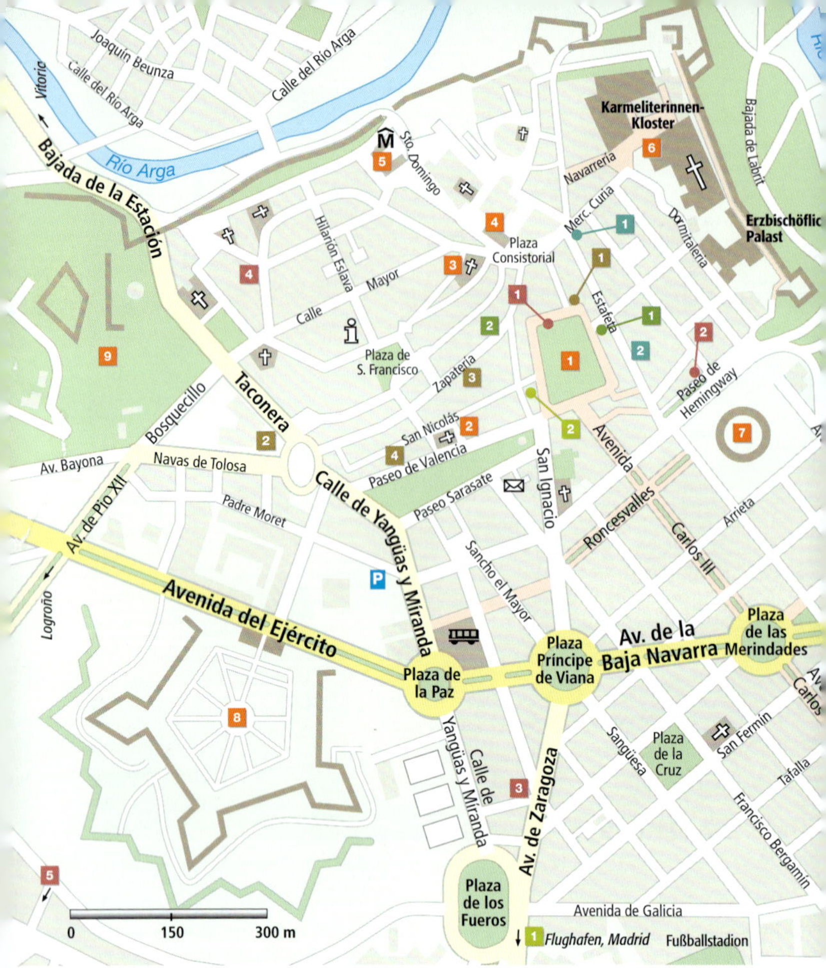

nes werden Stiere durch die Stadt gehetzt und die Parks verwandeln sich in Freiluftunterkünfte, weil die zahlreichen Hotels so viele internationale Gäste nicht aufnehmen können. Dann ist Pamplona nicht jedermanns Sache, der Müll stapelt sich, die Verletzungsgefahr ist hoch und der Alkoholkonsum erheblich.

Dennoch sind es gerade die Sanfermines, die Pamplona weltweit bekannt gemacht haben. Spätestens seit Hemingway im Jahr 1926 seinen Roman »Fiesta« (Titel in den USA: »The Sun Also Rises«) veröffentlichte, kommen die Besucher zu Tausenden, als Zuschauer oder als Teilnehmer der Stierhatz. US-Amerikaner weisen heutzutage sogar gern in ihren Lebensläufen auf ihre Teilnahme hin. Weiß gekleidete Wagemutige mit roten Halstüchern bleiben oft schwer verwundet auf der Strecke, wenn die Stiere durch die engen Gassen getrieben werden.

Pamplona

Sehenswert
- 1 Plaza del Castillo
- 2 San Nicolás
- 3 San Saturnino
- 4 Rathaus
- 5 Museo de Navarra
- 6 Kathedrale
- 7 Plaza de Toros
- 8 Ciutadela
- 9 Parque de la Taconera

Übernachten
- 1 La Perla
- 2 Tres Reyes
- 3 Bearán
- 4 Sarasate

Essen & Trinken
- 1 Café Iruña
- 2 Hartza
- 3 Enekorri
- 4 Erburu
- 5 Casa Amparo

Einkaufen
- 1 Mercado
- 2 Aznares

Aktiv & Kreativ
- 1 Estadio Reyno de Navarra
- 2 Bideak

Abends & Nachts
- 1 Toki Leza
- 2 Teatro Gayarre

Geschichte

Die Römer gründeten die Stadt auf einer keltischen Siedlung. Ihr Name soll sich von Pompeius Magnus ableiten. Mauren besetzten sie 738. Die hier lebenden Basken konnten ihre Stadt als Alliierte Karls des Großen aber schon zwölf Jahre später von den Arabern befreien.

Allerdings: Die Verbündeten verband nicht viel. Als die Basken den Kaiser bei seinem Spanienfeldzug im Stich ließen, legte dieser Pamplona in Schutt und Asche. Die Rache der Basken, verewigt im »Rolandslied«, ließ nicht lange auf sich warten: Am 15. August 778 schlugen sie die geschwächte Nachhut Karls bei Roncesvalles vernichtend.

Nach dem Wiederaufbau wurde das Stadtleben ruhiger. 905 war Pamplona bereits Hauptstadt des Königreichs Navarra, das seine Eigenständigkeit bis zur Angliederung an Kastilien 1512 behaupten konnte. Neun Jahre später wurde hier der junge Hauptmann Iñigo López de Recalde lebensgefährlich verletzt. Der als Lebemann bekannte Offizier musste den Dienst quittieren und änderte seinen Lebensstil um 180 Grad: Er ging mit dem Namen Ignatius de Loyola als Gründer des radikalfrommen Jesuitenordens in die Geschichte ein. Ab 1571 entstand die Zitadelle. Und noch ein Datum des 16. Jh. ist markant: 1591 verlegten die Stadtoberen das Stiertreiben vom Oktober auf den Juli, um so mehr Gäste empfangen zu können.

Bereits im Mittelalter war der Handel durch die zahlreichen Jakobspilger auf dem Weg nach Santiago de Compostela in Schwung gekommen, Hospitäler und Klöster waren entstanden und seit Ende des 14. Jh. die Kathedrale. Auch nach der Anbindung an Kastilien behielt Navarra eine gewisse Eigenständigkeit, die vertraglich durch Gesetze (*fueros*) festgeschrieben war. 1928 wurde hier das Opus Dei als streng hierarchische, ordensähnliche Organisation katholischer Laien gegründet. Sein Einfluss in der Stadt trug dazu bei, dass sich Pamplona im Bürgerkrieg früh auf die Seite Francos stellte. Auch die heutige Universität entstand unter der Federführung des Opus.

Stadtrundgang

Plaza del Castillo 1

Zentrum von Pamplona ist die arkadengesäumte **Plaza del Castillo** mit Schatten spendenden Bäumen, Terrassen, Cafés wie dem traditionellen Café

Iruña, Hemingways Stammhotel La Perla und einem kleinen Musikpavillon in der Mitte. Wo früher Stierkämpfe abgehalten wurden, pulsiert heute das Stadtleben. An der Südseite liegt der neoklassizistische **Palacio de Navarra** (auch Diputación Foral) aus dem 19. Jh. Darin tagt die Regierung der autonomen Region Navarra.

San Nicolás 2

Westlich der Plaza de Castillo gelangt man nach wenigen Schritten zu der Kirche **San Nicolás** (13. Jh.), deren Wehrturm der Zeit entsprechend robust ausfiel. In der unmittelbaren Umgebung hat sich Pamplonas Kneipenszene angesiedelt. Nördlich der Plaza de Castillo reihen sich bis zum Museo de Navarra weitere Kneipen aneinander, die besonders am Wochenende gut besucht sind.

San Saturnino 3 und Rathaus 4

Auf dem Weg zum Museum kommt man an der Kirche **San Saturnino** aus dem 13. Jh. vorbei, dem ältesten Gotteshaus der Stadt, das nach dem ersten Bischof Pamplonas benannt ist. Gegenüber ist das barocke **Rathaus** zu sehen, dessen Fassade die Wappen Pamplonas und Navarras schmücken.

Museo de Navarra 5

Di–Sa 10–14, 17–19, So und Fei 11–14 Uhr, Eintritt 2 €, Sa nachmittags und So Eintritt frei

Das **Museo de Navarra** ist in einem einstigen Krankenhaus aus dem 16. Jh. untergebracht. Die Ausstellung spannt einen Bogen von der Vor- und Frühgeschichte über das Königreich von Navarra bis zur zeitgenössischen Kunst. Beachtlich sind einige römische Mosaike, gotische Kirchenmalereien, die

Rollentausch in Pamplona: Stiere als Beobachter

man zum besseren Erhalt aus umliegenden Kirchen herholte, einige romanische Figurenkapitelle der 1390 eingestürzten Kathedrale und das Bildnis des Marqués de San Adrián von Francisco de Goya. Zu den Ausstellungsstücken gehört auch ein arabisches Elfenbein-Schmuckkästchen aus Córdoba.

Kathedrale 6

Diözesanmuseum, Curia s/n, www.catedraldepamplona.com, Mitte Juli–Mitte Sept. Mo–Fr 10.30–19, Sa 10.30–13.30, sonst Mo–Fr 10–13.30, 16–19, Sa 10–13.30 Uhr, Eintritt 4,50 €

Nach wenigen Gehminuten erreicht man die Kathedrale, deren klassizistische Fassade im 18. Jh. von Ventura Rodríguez entworfen wurde. Dahinter verbirgt sich ein dreischiffiger gotischer Bau. Bauherr Carlos III. el Noble ließ den Neubau nach dem Einsturz 1390 in einer schlichten, navarresischen Interpretation der Gotik erbauen. Vor dem Hochaltar ist das Alabastergrab des Königs und seiner Gemahlin zu sehen. Das Grabmal besteht aus dem liegenden Königspaar, umgeben von 30 trauernden Gästen, zu denen zwei Bischöfe gehören. Der flämische Bildhauer Janin Lomme fertigte es im 15. Jh. an. Besonders sehenswert sind der gotische Kreuzgang und das Diözesanmuseum, das zahlreiche sakrale Kostbarkeiten der Bischöfe seit dem 6. Jh. ausstellt. Auch die große Klosterküche lohnt einen Besuch, schon allein wegen ihres 27 m hohen Rauchabzugs in der Mitte.

Plaza de Toros 7

Vorbei am Marienportal der Kathedrale gelangt man zur Stadtmauer (*muralla*), die den Blick auf den Río Arga freigibt. Entlang der Mauer erreicht man Pamplonas **Stierkampfarena,** vor der Ernest Hemingway ein

Mein Tipp

Cafékultur wie zu Hemingways Zeiten

Eines der berühmtesten Jugendstilcafés Nordspaniens ist das **Café Iruña** 1 (Plaza del Castillo 44, Tel. 948 22 20 64) mit seinem gediegenen, leicht verblasstem Interieur, das sich seit Hemingways häufigen Besuchen kaum geändert hat. Von der Außenterrasse lässt sich wunderbar das Geschehen auf dem Castillo-Platz beobachten.

Denkmal gewidmet wurde. Sie ist zwar beileibe nicht die schönste Spaniens, doch mit 19 000 Plätzen ungewöhnlich groß. Tickets bekommt man am Tag und am Vortag direkt an der Arena.

Ciutadela 8 und Parque de la Taconera 9

Westlich des Zentrums liegen zwei Grünanlagen. Inmitten eines weitläufigen Parks entstand im 16./17. Jh. die Verteidigungsanlage **Ciutadela**, die einst einen fünfzackigen Grundriss hatte (Mo–Sa 7.30–21.30, So & Fei 9–21.30 Uhr). In dem schöneren **Parque de la Taconera** erwarten den Besucher Reste der Befestigungsmauer, ein tiefer gelegtes Gehege mit Hirschen, Pfauen und anderen Tieren sowie ein schattiges Terrassencafé, wo man nach einem langen Rundgang wunderbar ausspannen kann.

Übernachten

Preise für Unterkünfte steigen während des Stierlaufs (6.–15. Juli) um das Doppelte bis Dreifache.

Legendär – **La Perla** 1: Plaza de Castillo 1, Tel. 948 22 77 06, www.granhotellaperla.com. Das zentrale ›Hotel der Toreros‹ mit fünf Sternen hatte seine Stammzimmer: Nr. 217 für Hemingway, Nr. 210 für den Geiger Pablo Sarasate und Nr. 106 für den Stierkämpfer Manolete. DZ ab 250 €, während der Sanfermines sagenhafte 750 €. Auf der Homepage sind auch einige historische Bilder vom Hotel zu sehen.
Modern – **Tres Reyes** 2: Jardines de la Taconera, s/n, Tel. 948 22 66 00, Fax 948 22 29 30, www.hotel3reyes.com. Zentral gelegen mit modern eingerichteten, geräumigen und ruhigen Zimmern. Das Dreisternehaus bietet viele Extras von Garage bis Hydromassage und ist preislich eine echte Alternative zum La Perla. DZ ab 190 €.
Einfach – **Bearán** 3: San Nicolás 25, Tel. 948 22 34 28. In einer belebten Altstadtgasse gelegenes Hostal mit langer Tradition. Saubere, kleine Zimmer mit Bad/TV. Bei einem internationalen, jungen Publikum beliebt. DZ 50 €.
Günstig – **Sarasate** 4: Paseo Sarasate 30, Tel. 948 22 30 84. Nur wenige Zimmer, außerhalb der Sanfermines besonders günstig, mit ziemlich schlichter Einrichtung, dabei aber gemütlich. Hier übernachten besonders häufig Rucksacktouristen aus England und Amerika. Benannt ist es nach dem sagenhaften Geiger Pablo Sarasate, der in Pamplona 1844 zur Welt kam und in A Coruña schon mit acht Jahren sein erstes Konzert gab. DZ rund 45 €.

Essen & Trinken

Alte Cafékultur – **Café Iruña** 1: s. S. 97
Königlich – **Hartza** 2: Juan de Labrit 19, Tel. 948 22 45 68, So abends und Mo geschl. Die Schwestern Hartza sind landesweit bekannt. Auch König Juan Carlos hat schon die Gänseleberpastete probiert. Aber auch der Wolfsbarsch und das Kalbsfleisch sind ein Gedicht. 42–70 €.
Feine Küche – **Enekorri** 3: Tudela 14, Tel. 948 23 07 98, So geschl. Köstliche Seeteufelmedaillons, gedünstetes Gemüse und akzeptable Weinauswahl. Fernando Flores am Herd ist stadtbekannt und das Interieur des Restaurants schlicht und elegant. A la carte rund 70 €, *menu degustación* ca. 60 €.
Traditionell – **Erburu** 4: C/San Lorenzo 19–21, Tel. 948 22 51 69, Mo geschl. Gute Fleischgerichte in einer holzgetäfelten Taverne, die seit vielen Jahren gut besucht und sehr beliebt ist. Preiswert bis moderat. Rund 30 €, das Menü schon ab 15 €.
Frischer Fisch – **Casa Amparo** 5: Esquiroz 22, Tel. 948 26 11 62, So geschl. Frischer Fisch und gegrilltes Fleisch werden manchmal mit einer Prise Extravaganz zubereitet. Sehr familiär und nicht ganz preiswert, Tagesmenü aber schon ab 18 €.

Einkaufen

Markt – **Mercado** 1: Calle Santo Domingo. Der Markt in der Altstadt ist vormittags. Zu kaufen gibt es das ganze kulinarische Spektrum Navarras von Spargel über Schafskäse und Schinken bis zur Forelle.
Baskenmützen – **Aznares** 2: Zapatería 21, Tel. 948 22 54 94. Boinas (Baskenmützen) gibt es hier in diversen Farben, und zwar schon seit Jahrzehnten.

Aktiv & Kreativ

Für Fußballfans – **Estadio Reyno de Navarra** 1: Sadar s/n. Das Spielrund südlich der Altstadt ist Schauplatz des 1920 gegründeten Club Atlético Osasuna (www.osasuna.es) und sicher eine

der schönsten Arenen, um ein Spiel zu sehen. Die Karten kosten rund 30–50 € und sind zwei Stunden vor Anpfiff am Stadion erhältlich. Dorthin fährt Bus 5 ab der Av. Carlos III. nahe der Plaza Castilla. Übrigens: In diesem Verein spielen erstaunlich viele Jungs aus Pamplona. Schöne Grüße, FC Bayern!
Ausritte – **Bideak** 2: Plaza de Castillo 28, Tel. 948 22 17 73. Das Unternehmen bietet u. a. Ausflüge per Pferd in der Umgebung von Pamplona an.

Abends & Nachts

In den Altstadtgassen ist rund um die **Calle Nicolás** bis Mitternacht etwas los, danach geht es im Barrio San Juan in der Neustadt weiter.
Lebhaft – **Toki Leza** 1: Calderería 5, www.toki-leza.com, Mo geschl., So abends Livemusik. Baskische, längliche und simpel eingerichtete Bar mit viel Soul und Atmosphäre.
Bühne – **Teatro Gayarre** 2: Av. Carlos III. 1, Tel. 948 20 65 93, www.teatro gayarre.com. Das edle alte Theater zeigt eher leichte Stücke wie Tanzrevues und Musicals.

Infos & Termine

Information

Oficina de Turismo: Eslava 1, Ecke Pl. San Francisco, Tel. 848 42 04 20, www.pamplona.net. Infos zur Stadt, zum Jakobsweg und ebenso zur medizinischen Versorgung, die während der Sanfermines sehr gefragt ist. Gut ist das Hospital de Navarra, Irunlarrea s/n, Tel. 948 42 21 00.

Verkehr

Flug: Aeropuerto de Noain, 6 km südlich, Tel. 948 31 71 82. Mehrmals tgl. nach Madrid, Barcelona, Santiago.
Bahn: Ctra. San Sebastián s/n, Tel. 948 13 02 02. Im Nordwesten der Stadt jenseits des Río Arga gelegen, mäßige Verbindungen. 4 x tgl. nach San Sebastián (nicht über die Mittagszeit), Fahrtzeit 2 Std.
Busbahnhof: Oliveto 8, Tel. 948 22 38 54. Fast alle 2 Std. nach San Sebastián, 1–2 x tgl. nach Jaca.
Parken: Große Parkfläche an der Avda. del Ejército nahe dem Busbahnhof.

Termine

Karwoche (Semana Santa): Schweigeprozession am Samstag vor Palmsonntag und Grabprozession am Karfreitag.
Stiertreiben: 6.–14. Juli.
Fiesta San Fermín Chiquito: 25. September. Mit Viehmarkt und Feuerwerk.

Olite ► R 5/6

Wären da nicht die modernen Windkraftwerke, die die Region mit Energie versorgen, käme man sich 42 km südlich von Pamplona vor, wie von einer Zeitmaschine in eine Märchenwelt katapultiert. Denn das **Castillo-Palacio** (Juli–Aug. tgl. 10–20, sonst 10–14, 16–18 Uhr, ca. 3 €) von Olite ist eine beachtliche Burganlage mit Wehrmauern (s. S. 100). Zwischen den glänzend restaurierten, mittelalterlichen Bauten steht die gotische Kirche **Santa María la Real** (Plaza de los Teobaldos s/n, variable Öffnungszeiten) mit ihrem figurenreichen Portal an der Westfront, an dem auch die Darstellung eines Ritters in voller Montur gut erhalten ist.

Empfehlenswert sind die teils preisgekrönten Rotweine und Rosés aus den örtlichen Bodegas. Und es gibt auch ein **Museo del Vino** (Plaza de los Teobaldos 4, Tel. 948 74 12 73, www.museodelvi nodenavarra.com, Ostern–12. Okt. Mo–Sa 10–14, 16–19, So 10–14, sonst Mo–Fr

Lieblingsort

Märchenhafte Festung ► R 5/6
Mit seinen Erkern, Giebeln, Schießscharten und spitzen Türmchen wirkt die **Burg von Olite** (s. S. 99) wie aus einem mittelalterlichen Märchen entsprungen. König Carlos III. el Noble ließ die ursprüngliche Burg ab 1406 zu diesem aufwendigen Palast umbauen. Die Handwerker maurischer Herkunft gestalteten das Interieur nach andalusischem Geschmack mit bemaltem Stuck und blumengeschmückten Innenhöfen. Im ältesten Teil des Nationaldenkmals ist ein Parador untergebracht.

10–17, Sa, So 10–14, ca. 4 €). Auf drei Etagen bietet es einen interessanten Überblick über die regionale Weinkultur und den Anbau.

Übernachten

Im Palast – **Príncipe de Viana:** Plaza de los Teobaldos 2, Tel. 948 74 00 00, www.parador.es. Parador in historisch-stilvollem Ambiente eines ehemaligen Königspalasts. Mittelalterlich eingerichtete Zimmer mit modernstem Komfort, darunter Internetanschluss und TV mit Parabolantenne. Das Hotel ist so beliebt, dass man unbedingt reservieren sollte. DZ ca. 140 €.
Zentral – **García Ramírez:** Medios 1, Tel. 948 74 13 00, www.hotelgarciaramirez.com, mitten im Zentrum gegenüber der Burg gelegen, mit 14 ordentlich eingerichteten Zimmern, TV, Internetzugang und Klimaanlage. DZ 70 €.
Spartanisch – **Alberge de Beire:** Aragón 1, Tel. 948 74 00 41, www.beire.com. Die Herberge 3 km südlich von Olite hat Mehrbettzimmer und einfache Doppelzimmer für rund 20 €. Rechtzeitig buchen, da im Sommer oft belegt.
Zelten – **Ciudad de Olite:** Ctra Tafalla-Peralta, Tel. 948 74 10 14, www.campingdeolite.com. Ein gut ausgestatteter Platz gleich westlich von Olite, auch Bungalows für zwei bis fünf Personen (30–75 €). Mit Schwimmbad und Tennisplatz. Pro Pers., Zelt, Auto 4,50 €.

Essen & Trinken

Traditionell – **Casa Zanito:** Rua Mayor 10, Tel. 948 74 00 02, www.casazanito.com. Dieses mitten im Ortskern gelegene Restaurant ist sehr beliebt. und serviert so Herzhaftes wie Kalbsfleisch (*chuletón de buey*) und Milchlamm (*cordero*). Menü rund 25 €.

Infos & Termine

Information

Oficina de Turismo: Plaza de los Teobaldos 10, Tel. 948 74 17 03, www.olite.es

Verkehr

Bus: Das Unternehmen Tafallesa bietet stündlich Verbindungen zwischen Pamplona und Olite.

Termine

Fiestas Medievales: Am letzten oder vorletzten Aug.-Wochenende verkleiden sich die Bewohner ganz im Stil des Mittelalters, mit viel Musik und Ritterturnieren.
Fiesta de la Vendemia: Weinerntefest mit Verkostung der besten Tropfen und Traubenstampfen am ersten Sept.-Wochende, selten auch schon am letzten Aug.-Wochenende.

Puente la Reina ►R 5

Der Name der kleinen Ortschaft Puente la Reina heißt übersetzt ›Brücke der Königin‹. Wahrscheinlich war es Doña Mayor, die Gemahlin von König Sancho Garcés III., welche die sechsbogige **Brücke** (*puente*) im 11. Jh. über den Río Arga bauen ließ. Eine schönere gebe es am ganzen Jakobsweg nicht, behaupten die 2000 Bewohner nicht ganz zu Unrecht. Vor Ort vereinen sich die beiden Routen aus den Pyrenäen zu einem einzigen Weg nach Santiago, dem *camino francés.*

Alle Sehenswürdigkeiten des charmanten Orts liegen an der mittelalterlichen Calle Mayor, die von der Brücke durch den Ort führt. Bei einem kurzen Spaziergang sieht man zwischen wappen- und balkongeschmückten Adelshäusern die teils noch romanische **Kirche Santiago** (12. Jh.) sowie die **Kirche**

Crucifijo (13. Jh.). Sie ist nach einem Gabelkruzifix benannt, das ein Rheinländer unter enormer Kraftanstrengung bis hierher getragen haben soll.

Infos & Termine

Information

Oficina de Turismo: Mayor 105, Tel. 948 34 11 90, www.puentelareina-gares.es

Verkehr

Bus: fast stdl. nach Pamplona und Estella.

Termine

Fiestas de Santiago: 24.–30 Juli. Fest zu Ehren des heiligen Santiago mit Stierläufen und viel Folklore.

Cirauqui ►Q 5

Auf dem Weg von Puente la Reina nach Estella (22 km) lohnt ein Halt in dem kleinen Cirauqui mit seinen urigen Gassen, Mauerresten zwischen Brombeerhecken und den beiden gut erhaltenen Pfarrkirchen. Den Ort legten die damaligen Bewohner vor über 1000 Jahren um eine Hügelkuppe an und nannten ihn – auf Baskisch – ›Nest der Kreuzotter‹. Keine Angst, Gefahr durch Giftschlangen besteht nicht.

Estella ►Q 5

Aimeric Picaud, Autor des mittelalterlichen Pilgerführers »Codex Calixtinus«, wusste in seinem Buch eine Menge über hinterhältige Diebe und vergiftetes Trinkwasser zu berichten. Bei Estella (auf Baskisch: Lizarra) allerdings geriet er richtig ins Schwärmen: »Das Brot ist gut, der Wein exzellent, Fleisch und Fisch reichlich und Glückseligkeiten gibt es in Hülle und Fülle«, schrieb der französische Geistliche um 1150. Rund 60 Jahre zuvor hatte Navarras König Sancho Ramírez den Ort am Río Ega zur Stadt direkt am Camino de Santiago erhoben, damit dem Reichtum den Weg geebnet und der Stadt den populären Namen Estella (Stern) gegeben, wie er auch bei Santiago de Compostela als Teil des Stadtnamens auftaucht. Schon bald entstanden beiderseits des Flusses anspruchsvolle Kirchen und Klöster, ein Judenviertel und eine Siedlung zugezogener Franken. Wirtschaftlich konkurrierte die Stadt am Jakobsweg mit Pamplona und Burgos, die Köche machten sich selbst im benachbarten Kastilien einen Namen und Estella wurde immer ansehnlicher. Weil es sich so gut reimt und auch noch stimmte, bekam Estella fortan den Beinamen ›la Bella‹ (die Schöne). Weder glückselig noch schön waren in Estella la Bella jedoch die Krawalle zwischen den Bevölkerungsschichten, die 1323 darin gipfelten, dass ein Pogrom die gesamte *judería* vernichtete. Erhalten ist noch das fränkisch-französische Viertel rund um die Plaza de San Martín.

Mein Tipp

Vögel beobachten ►R 6
Gut 10 km südöstlich von Olite machen Störche, Wildenten und Fischreiher an der **Laguna de Pitillas** Station. Fernrohre gibt es beim Beobachtungszentrum (*observatorio de aves*) am Rand des kleinen Binnensees.
Observatorio de Aves: Juli–Sept. tgl. 10–14, 17–20, sonst Sa und So 10–14, 16–18 Uhr, www.lagunadepitillas.org.

Lieblingsort

Geheimnisvoll und einsam – Santa María de Eunate ► R 5
Auf dem Weg nach Estella zweigt kurz vor Puente la Reina eine Straße nach Campanas ab, die zur **Ermita de Eunate** führt. Die geheimnisvolle Kapelle liegt völlig abgeschieden inmitten von Kornfeldern und zieht durch ihre ganz eigene Atmosphäre den Besucher augenblicklich in den Bann. Der harmonische, unregelmäßig achteckige Bau hat einen Durchmesser von nur 11 m und ist von einem offenen Arkadengang aus dem 11./13. Jh. umgeben.
Dieses Kleinod am Jakobsweg gibt Rätsel auf: Möglicherweise hatten es Templer nach dem Vorbild der Jerusalemer Grabeskirche errichtet. Vielleicht entstand der Bau aber auch als winziges Pilgerhospital der Johanniter. Jedenfalls fand man in den Gräbern um die Ermita noch erhaltene Jakobsmuscheln, das Symbol des Jakobswegs. Sie waren doppelt durchbohrt, damit man sie am Mantel befestigen konnte.

Palacio de los Reyes und Museum

www.museogustavodemaeztu.com, Di–Sa 11–13, 17–19, So und Fei 11–13 Uhr, Eintritt frei

An der Plaza de San Martin liegt der außergewöhnliche Palast der Könige von Navarra, der **Palacio de los Reyes.** Auf einem der unteren Kapitelle an seiner Prunkfassade ist der legendäre Kampf Rolands mit dem maurischen Riesen Ferragut inszeniert: Pferde, Lanzen, Schwerter, Speere und Keulen hat ein in der Inschrift genannter Bildhauer namens Martin von Logrofio äußerst gekonnt gemeißelt.

Der Palacio de los Reyes gehört zu den ganz wenigen romanischen Profanbauten Spaniens. Er beherbergt neben dem Tourismusamt auch das **Museum Gustavo de Maeztu y Whitney** mit Werken des baskisch-englischen Malers (1887–1947). Er konnte sich bei weitem nicht so gut vermarkten wie ein Dalí oder Picasso, immerhin war er seit den 1920er-Jahren aber ein angesehener Porträtist und Mitbegründer der ›Vereinigung baskischer Künstler‹.

San Pedro de la Rúa

San Nicolás 2, www.estellalizarra.com, geöffnet zu den Gottesdiensten

Schräg oberhalb des Palastes erhebt sich die romanische Kirche **San Pedro de la Rúa** mit ihrem hoch aufragenden Turm. Eine Treppe führt zu der Kirche hinauf und macht deutlich: Spazieren gehen ist in Estella eine recht schweißtreibende Angelegenheit: Oberhalb des Flusses gilt es, viele Steigungen zu überwinden.

Von dem schönen Kreuzgang der Kirche sind nur noch zwei Flügel erhalten. Als man im 16. Jh. die benachbarte Burg sprengte, zertrümmerten die Felsbrocken Teile des Kreuzgangs (weiter oben am Hang sieht man das große Kloster Santo Domingo, heute ein Altenheim).

San Miguel

Mayor 46, geöffnet zu den Gottesdiensten

Zu den baulichen »Glückseligkeiten in Hülle und Fülle« gehört auch die wuchtige Kirche **San Miguel** (12.–14. Jh.) auf der anderen Flussseite. Von hier aus eröffnet sich ein weiter Blick auf das Zentrum Estellas. San Miguel zeigt an seinem romanischen Nordportal ausdrucksstarke biblische Szenen, darunter die Kindheit Christi, die Flucht nach Ägypten, Weihrauch schwenkende Himmelswesen und den Erzengel Michael, wie er ziemlich selbstbewusst einen Drachen ersticht.

Übernachten

Praktisch – **Irache:** in Aregui, 3 km südwestl. Richtung Logroño, Avda. del Prado 7, Tel. 948 55 11 50, www.hotelirache.com. Komfortables, funktionales Dreisternehaus unweit des gleichnamigen Klosters. Auch bei Wanderern beliebt. DZ ab 110 €, oft Sondertarife (s. Webseite).

Solide – **Yerri:** Solide –Avda. Yerri 5, Tel. 948 54 60 34, www.hotelyerri.es. Nahe dem Río Egro und der Stierkampfarena. Modernes Hotel mit schönen Stein- und Parkettböden, Kabel-TV im Zimmer und Parkplatz. DZ rund 76 €.

Zelten – **Lizarra:** Ordoiz s/n, Tel. 948 55 17 33, www.campinglizarra.com. Groß und relativ zentral gelegen, die vielen Bäume bieten Schatten und es gibt ein kleines und ein großes Schwimmbad. Pro Pers., Auto, Zelt je rund 5 €, Bungalows 70–85 €.

Essen & Trinken

Rustikal – **Navarra:** Gustavo de Maeztu 16, Tel. 948 55 00 40, So abends und Mo geschl. Die hohe Kochkunst und die

Wer auf dem Jakobsweg wandert, sieht ab und zu nistende Störche

mittelalterliche Ausstattung haben ihren (angemessenen) Preis. Zu den Spezialitäten zählen Lammfleisch, Spargel und leckere Nachtische. Menü ca. 22 €.
Klassiker – **La Cepa:** Plaza de Fueros 18, Tel. 948 55 00 32. Gutbürgerlich mit Spezialitäten wie Spargel, Spanferkel und der Anisschnaps *mistela*. Das Mittagsmenü gibt es in der Woche schon für rund 15 €, am Wochenende für rund 23 €.
Günstig – **Izarra:** Calderería 20, Tel. 948 55 06 78. Einfaches Restaurant über einer Bar mit guten Tapas und Bocadillos (belegte Baguettes). Mittags und abends kostet das Menü inklusive Getränk und Brot unter 12 €.

Infos & Termine

Information

Oficina de Turismo: San Nicolás 1, Tel. 948 55 63 01, www.estella-lizarra.com. Die Angestellten führen durch die Kirchen des Orts.

Verkehr

Bus: Rund 7 x tgl. nach Logroño und nach Pamplona.

Termine

Fiesta Patronal de San Andrés: Eine Woche ab dem ersten Freitag im Aug. wird gefeiert, u. a. mit Stiertreiben und Livebands.

Richtung La Rioja

Auf dem Weg durch hügelige Weinfelder zwischen Estella und Logroño (50 km) taucht an den Ausläufern des Berges Montejurra nach 2 km eines der ältesten Benediktinerklöster Navarras auf: **Santa María la Real de Irache** (Mi–

Auf Entdeckungstour

Zu Winzern und Bodegas im Herzen der Rioja

»Diese Geschmeidigkeit, diese Tiefe, diese Eleganz,« schwärmt José Peñín, der Weinpapst Spaniens, wenn er von Rioja-Weinen spricht. Schauen wir uns vor Ort doch einfach mal um.

Reisekarte: ► O/P 5

Museo de la Cultura del Vino Dinastía Vivanca: Ctra. N-232, km 442, in Briones, Tel. 902 32 00 01, www.dinastiavivanco.com, Juni–Sept. Di–So 10–20, sonst 10–18 Uhr, Eintritt je 8 €.

Bodega Marqués de Riscal: Torrea 1, in Elciego, Tel. 945 18 08 88, www.marquesderiscal.com, Di–So nach Voranmeldung, Visite auch auf Deutsch und Englisch, 10 € pro Person, mit einer kleinen Weinprobe.

Bodegas Muga: Av. de Vizcaya s/n, in Haro, Tel. 941 30 60 60, www.bodegasmuga.com. Mo–Sa nach Voranmeldung, Visite auch auf Englisch für 6–8 € pro Person, mit einer kleinen Weinprobe.

Alles dreht sich in der gut 5000 km² kleinen Region La Rioja und den angrenzenden Weinfeldern Navarras und des Baskenlands um *vino tinto*, um Rotwein. Vom Weinbau und -handel lebt das Gros der Anwohner. Aber auch Rosés und Weißweine garantieren die Lebensgrundlage.
Schon Roms Legionäre hatten im Riojaanbaugebiet gelegentlich einen gehörigen Schwips, wenn sie nach anhaltendem Gehorsam mit rotem Rebsaft entlohnt wurden. Den Mönch Gonzalo de Berceo dagegen inspirierte der Wein im Kloster San Millán de Suso zu glasklaren Höhenflügen: Er löste sich, angeregt wie er sagte, vom Latein und schrieb die ersten Verse in kastilischer Sprache. Nichts wiederum beunruhigte den amtierenden Bürgermeister von Logroño 1635 mehr als die Fuhrleute, die direkt an den Weinkellereien vorbeifuhren. Er verbot es, damit die »Erschütterung durch diese Karren den Wein nicht verdürbe«. In Logroño, der Haupstadt der Rioja, lässt sich bei ein paar Tapas in den alten Tavernen der Altstadtgasse Laurel (Lorbeer) wunderbarer Rotwein probieren.

Riscal-Wein unterm Titandach

Zu entdecken gibt es aber noch viel mehr – fantastische Bodegas, ein gutes Museum und vor allem einen Weinhersteller, der seine Tropfen sozusagen architektonisch untermalt: **Marqués de Riscal** mit einem kuriosen Gebäude, das kein Geringer als Frank Gehry entwarf, der Architekt des Guggenheim-Museums in Bilbao.

Knapp 25 km nordwestlich von Logroño und nur 6 km von dem kleinen Winzerort Laguardia entfernt glitzert die Ciudad de Vinos, die ›Stadt des Weins‹ schon aus weiter Ferne. Als der Graf von Riscal hier Mitte des 19. Jh. und nach langem Aufenthalt in Frankreich sein Unternehmen gründete, hätte er sich wohl nicht träumen lassen, dass er einmal die modernste Bodega-Anlage Spaniens haben würde: Das Fünfsternehotel Marqués de Riscal hat ein in sich verschachteltes Dach aus Titan, das silbrig-rötlich im Sonnenlicht glitzert. Stararchitekt Gehry soll sich lange gesträubt haben, dieses Projekt in Angriff zu nehmen und so musste er – heißt es hier werbewirksam – mit einem Gran Reserva aus dem Jahr 1929 bestochen werden, aus seinem Geburtsjahr. Das wirkte. Sein Kollege Santiago Calatrava baute die Bodegas Ysios im nahen Laguardia und Rafael Moneo die Bodegas Julián Chivite in Citruénigo südöstlich von Logroño.

Bei der gut einstündigen Besichtigung (auch auf Deutsch, 10 €, inkl. zwei Glas Wein) erfährt man, dass hier ausschließlich Reservas und Gran Reservas produziert werden. Sie lagern mindestens zwei Jahre in Fässern aus vorwiegend amerikanischem Eichenholz und dann noch einige Jahre in der Flasche. Das macht sie schwerer, wuchtiger und hochprozentiger (bis maximal 14 %). Dafür sind sie später aber auch ein Vierteljahrhundert haltbar ...

Vom König eingeweiht

Seine Majestät Juan Carlos weihte im Jahr 2004 auch das 20 km westlich gelegene **Museo de la Cultura del Vino Dinastía Vivanca** ein, zwei Jahre vor der Fertigstellung des Hotels Riscal. Das weitflächige Museum mit seinen historischen Traubenpressen und so manchem steinalten Fass bietet Führungen auf Deutsch sowie Audioguides. Es verrät viel über die Weinkultur und in einem angeschlossenen Areal namens Bacchus wachsen Dutzende Rebsorten. Zum Museo gehört ein gutes Restaurant. Beim Rundgang lernt man, dass in der Gegend schon lange vor 1860 die ersten großen Weinkellereien entstanden, denn es war bekannt, dass sich in der fruchtbaren Flussebene des Ebro hervorragender Wein produzieren lässt. Den Winzern, veranschaulicht das Museum, gelingt ein besonders wertvoller Rebsaft, weil die Gebirgsmassive im Süden und Norden ihre Felder schützen. Zahlreiche Güter teilen sich heute die Anbaugebiete Rioja Alta, Rioja Alavesa und Rioja Baja. Auf über 48 000 ha Weinland allein in der Rioja-Region entsteht qualitätssicherer Wein, der pro Jahr zu gut einem Drittel exportiert wird. Neben der Rebsorte Tempranillo bewirken auch Garnacha und Graciano die besondere Harmonie und Frische.

Tischwein oder Spitzenklasse

Nur knapp 10 km sind es vom Museum zum Hauptort des Riojaweins: dem schmucken Städtchen **Haro** mit seinen wappengeschmückten Palästen und Kirchen. Es hat sich schon seit Generationen einen Namen als Quelle edler Tropfen gemacht. Am 21. September lockt in der gesamten Region das Erntedankfest San Mateo. Und in Haro selbst tobt schon am 29. Juni eine regelrechte Weinschlacht auf dem nahen Monte de Bilbio, bei dem ca. 100 000 l Rotwein verspritzt werden. Für die einen eine Riesengaudi, für die anderen eine unsägliche Verschwendung. Ruhiger geht es in den kühlen Bodegas zu.

Besonders erfolgreich ist die Weinkellerei **Bodegas Muga** (Besichtigung ab Espacio Torre Muga, 6–8 €, inkl. kleiner Weinprobe). Sie liegt in Bahnhofsnähe nahe dem schönen Alstadtkern und ist vor allem für den feinreifen, zeitlosen Spitzenwein Prado Enea Gran Reserva bekannt. Spaniens berühmter Weintester José Peñín ist von diesem Tropfen begeistert, auch Robert Parker, sein amerikanisches Pendant, gibt ihm regelmäßig mehr als 90 von 100 Parker-Punkten. Solche Flaschen kosten ab rund 40 €. Aber es geht auch deutlich günstiger. Denn in Haro selbst und in Briones und Laguardia locken einfache Restaurants mit Mittagsmenüs für kaum 20 €, bei dem ein Tischwein dazugestellt wird. Nicht prämiert, meist sogar ohne Etikett, aber mit der beste Tafelwein, den man in Spanien bekommen kann.

Die Fässer sind oft noch aus amerikanischer Eiche hergestellt

So 9.30–13.30, 17–18 Uhr, Di nur vormittags, Mo geschl., Eintritt frei). Seit dem Jahr 945 lebten hier Mönche und im 16. Jh. dienten die Räume als erste Universität Navarras. Kaum 200 m von der Klosterkirche hat die Weinkellerei Irache für die Jakobspilger werbewirksam einen Weinbrunnen eingerichtet, wo man kostenlos *vino tinto* zapfen kann. Über **Los Arcos** geht es zur Kapelle des Heiligen Grabs, **San Sepulcro** (12. Jh.). Das Bauwerk in dem Dörfchen **Torres del Río** hat wie das in Eunate einen achteckigen Grundriss. Auch hier liegen der genaue Ursprung und Sinn im Dunkeln. Ein besonders schönes Beispiel für die Übernahme maurischer Baustilelemente ist die Kuppel der kleinen Totenkapelle, deren Rippen nicht durch die Mitte führen, sondern sich wie bei den islamischen Vorbildern um die Mitte kreuzen. Der letzte Ort in Navarra, bevor es in das Rioja-Gebiet geht, heißt **Viana**. In dem von einer Mauer umringten 3500-Einwohner-Nest mit einer gotischen Pfarrkirche treten am Sonntag nach dem 8. September Amateurstierkämpfer beim Patronatsfest auf.

Logroño ▶ P 5

Die Stadt am Río Ebro ist eine ganz durchschnittliche Kleinstadt mit Neubauvierteln, die nach ästhetischen Minimalansprüchen hochgezogen worden sind. Gleichzeitig aber ist die Hauptstadt der Rioja (140 000 Einw.) auch das Zentrum des bekanntesten spanischen Weinbaugebietes. Rioja kann man besonders gut an der geschäftigen **Plaza Espolón** oder in den fast dörflich wirkenden Gassen **Laurel** und **San Agustín** der Altstadt probieren, wo sich die meisten der Tapa-Bars niedergelassen haben. Wenige Schritte entfernt liegen die ehemalige Klosterkirche **Santa María del Palacio** (Marqués de San Nicolás 33, Eintritt frei) mit dem aufwendig geschnitzten Renaissance-Altar, die romanische Kirche **San Bartolomé** (Rodríguez Paterna s/n, Eintritt frei) mit dem Mudéjar-Glockenturm und die hohe, dreischiffige Kathedrale **Santa María de la Redonda** (Porlales s/n, Eintritt frei). Ihre gotischen Türme finden die Bewohner so spitz, dass sie ihnen den Namen *agujas* gaben, Nadeln.

Mein Tipp

Feuchtfröhliche Rotwein-Schlacht

▶ O 5

Im Winzerort **Haro,** nordwestlich von Logroño, tobt am 29. Juni eine Weinschlacht. Bei dieser *batalla de vino* spritzt qualitativ hochwertiger Rotwein in alle Himmelsrichtungen, daher vorsichtshalber alte Kleidung anziehen. Zu anderen Terminen vermittelt das Tourismusamt (Anfahrt ausgeschildert) den Besuchern wesentlich zivilisiertere Bodega-Führungen (s. S. 108).

Museo de la Rioja

Plaza San Agustín, Di–Sa 10–14, 16–21, So 11.30–14 Uhr, Eintritt frei

Wer durch die Altstadt und zum Ebro bummelt, hat vielleicht noch Zeit für einen Besuch im **Museo de la Rioja.** In dem herrschaftlichen, aber leicht düster wirkenden Gebäude aus dem 18. Jh. ist ein Sammelsurium aus archäologischen Funden und religiösen Gegenständen zu sehen, darunter auch hölzerne Kruzifixe mit Wurmlöchern und farbenfrohe gotische Tafelmalereien. Besonders wertvoll ist das Porträt des heiligen Franzisco von El Greco.

Übernachten

Topadresse – **Marqués de Vallejo:** Marques de Vallejo 8, Tel. 941 24 83 33, www.hotelmarquesdevallejo.com. Geboten werden kleine, komfortable Zimmer und man ist nur 25 m von der Kathedrale entfernt. Dafür ganz groß in Sachen Stil. Ein echtes Designerhotel mit drei Sternen, viel Stahl und Glas. DZ 65 bis rund 135 €.
Günstig – **Hostal Sebastián:** San Juan 21, Tel. 941 24 28 00. Saubere, helle, aber auch etwas hellhörige Zimmer, aber dennoch wird dieses Hostal gern von Rucksacktouristen und Studenten besucht. DZ ab 35 €.
Zelten – **La Playa:** Tel. 941 25 22 53. Dieser Campingplatz liegt gegenüber der Altstadt am Ebro-Ufer. Man erreicht ihn auch über eine Fußgängerbrücke. Vorteil im Sommer: Es gibt viele schattige Plätze und nebenan ein Schwimmbad. Juni–Sept. Pro Pers., Zelt, Auto rund 5 €.

Essen & Trinken

Viele gemütliche Tavernen mit Tapas und hauseigenen Rioja-Weinen liegen in der Gasse Laurel (zu deutsch: Lorbeer).
Beliebt – **Las Cubanas:** San Agustín 17, Tel. 941 22 00 50, www.lascubanas.net. Sa abends und So geschl. Preiswerte Gerichte wie Gemüseeintöpfe, Spargel, rote Paprikaschoten mit Fleischfüllung und Kabeljau in Weinsauce. Gut besucht, daher besser früh da sein. 25 €.
Top-Tortillas – **Tortilla Mere:** Travesia de San Juan 2, Tel. 941 23 07 16. Es gibt Leute, die halten die Tortillas hier für die besten weit und breit, weil die Mischung aus Kartoffeln und Eiern einfach perfekt sei. Wer sie schärfer will, kann eine *tortilla picante* bestellen, aber Vorsicht, das fördert erheblich den Konsum von Kaltgetränken! Tapas und *raciónes* 6–15 €.

Einkaufen

Logroños Einkaufsmeile ist die breite Gran Vía del Rey Juan Carlos I. Natürlich sind viele Läden hier auf Wein spezialisiert.
Markt – **Mercado de Abastos:** In der Art-déco-Halle an der Calle Peso gibt es vormittags für Selbstversorger frische Ware aus der Umgebung, darunter Meeresfrüchte, knackige Äpfel und frisches Gemüse.

Aktiv & Kreativ

Heißluftballon – **Arco Iris:** El Mazo 12, El Haro, Tel. 941 32 02 99, www.globosarcoiris.com. Über der Rioja zu schweben, kostet pro Person zwar fast 100 €, ist aber ein einmaliges Erlebnis. Der Ausflug führt von Logroño 45 km nordwestlich nach Haro; auch per Bus ab Logroño erreichbar.

Infos & Termine

Information

Oficina de Turismo: Paseo del Espolón s/n, Tel. 941 29 12 60, www.logroturismo.org

Verkehr

Bahn: Plaza de Europa s/n, Tel. 941 24 02 02. Tgl. fahren Direktzüge nach Barcelona und Bilbao, mehrmals tgl. Züge über Miranda de Ebro nach Pamplona und San Sebastián, 5 x nach Haro, 3 x nach Bilbao und Burgos, 1 x nach A Coruña.
Bus: Avda. De España 1, Tel. 941 23 59 83. Gute Verbindungen, u. a. alle 1,5

Std. nach Burgos sowie 5 x tgl. nach Haro (45 km) und Pamplona und 9 x nach Santo Domingo de la Calzada.

Termine
San Bernabé: Stadtfest zu Ehren des Stadtpatrons am 11. Juli.
Fiesta de la Vendimia: ab 20. Sept., einwöchiges, feuchtfröhliches Weinfest mit Traubenstampfen am Paseo del Espolón, Stiertreiben und Livemusik.

Burgruine Clavijo ▶ P 6

Gut 15 km südlich von Logroño thront über den Feldern der Rioja die imposante Burgruine **Clavijo**, von deren Zinnen sich ein weiter Blick über das gesamte Hügelland und das Ebro-Becken bietet. Hier kam es 844 – von Historikern nicht bestätigt – zu einer dramatischen Schlacht zwischen dem asturischen König Ramiro I. und seinem maurischen Widersacher aus Córdoba, Abd ar-Rahman II.

Der Legende nach ging es um Frauen. Der Emir soll seine Truppen geschickt haben, weil König Ramiro sich offenbar weigerte, ihm den jährlich anstehenden Tribut von hundert schönen Jungfrauen zu entrichten. Während des blutigen Gemetzels erschien den christlichen Truppen der hl. Jakob und führte sie auf einem weißen Pferd zum Sieg. Erst 33 Jahre zuvor (eine wichtige Zahl in der Christenheit, Jesus starb in diesem Alter und Kirchenarchitekten spielten oft mit der 33) war die Entdeckung seines Grabs im fernen Galicien bekannt geworden. Ab jetzt hieß der erschienene Reiter nicht mehr nur Santiago, sondern ehrfurchtsvoll ›Santiago, der Maurentöter‹ (*matamoros*). Die Felsenburg selbst stammt nicht aus dieser Zeit. Sie wurde erst im 10. Jh. errichtet und bietet eine fantastische Aussicht auf das weite Ebro-Tal mit seinen bunt verschachtelten Gemüse- und Weinfeldern.

Briones ▶ P 5

Der bei uns nahezu unbekannte Ort kuschelt sich malerisch auf einem Hügel oberhalb des Río Ebro. Winzige Gassen, wappengeschmückte Adelshäuser und die Dorfkirche sind an einem Wochenende im Juni (variabel) Kulisse für ein Mittelalterfest. Dann verkleiden sich alle 400 Bewohner als Köche, Krieger und Kunsthandwerker und kurioserweise stehen manche Häuser den Besuchern offen.

In Spanien ist der Ort aber seit wenigen Jahren nicht mehr unbekannt, dank des hochmodernen Weinmuseums **Museo de la Cultura del Vino Dinastía Vivanca** (Ctra. N-232, km 442, Tel. 902 32 00 01, www.dinastiavivanco.com, Juni–Sept. Di–So 10–20, sonst 10–18 Uhr, Museum und Bodega je 8 €). Das weitflächige Museum bietet auch Führungen auf Deutsch sowie Audioguides und verrät viel über die Weinkultur. Entsprechend finden sich in einem angeschlossenen Areal namens Bacchus Dutzende Rebsorten. Zum Museo gehört auch ein gutes Restaurant.

Einkaufen

Guter Tropfen – **Bodega Miguel Merino:** Ctra. de Logroño 16, Tel. 941 32 22 63, www.miguelmerino.com. Die Bodega liegt unterhalb des Hügels von Briones. Die Trauben wachsen auf einer winzigen Fläche, trotzdem hat der Winzer mit seinen Rotweinen schon einige Preise gewonnen. Auch in dem renommierten Weinführer Guía Peñin werden die Jahrgangsweine oft positiv bewertet.

Auf Entdeckungstour

Bilbaos Guggenheim-Museum

Es ist im wahrsten Sinne des Wortes das Glanzstück Bilbaos, ein metallisch schimmerndes Bauwerk, das eher einem gelandeten Ufo als einem Museum gleicht. Der Rundgang im Guggenheim Bilbaos lohnt …

Reisekarte: ▶ O 3

Infos: Av. Abandoibarra 2, Metrostation Moyúa; www.guggenheim-bilbao.es. Infos Stadt www.bilbao.net.

Öffnungszeiten: Juli/Aug. tgl. 10–20, sonst Di–So 10–20 Uhr, 24. und 31 Dez. nur bis 17 Uhr, 25 Dez. und 1. Jan geschl.

Eintritt: 11–13 € inkl. deutschsprachigem Audioguide, bis 12 J. gratis, Sonderausstellungen kosten extra.

Führung: 11, 12.30, 16.30 und 18.30 Uhr, 90 Min., im Preis inbegriffen.

Zugegeben, Bilbao (baskisch: Bilbo) befindet sich nicht an der Hauptroute des Jakobswegs, dem Camino Francés. Doch nirgendwo sonst ist ein so modernes architektonisches Gebäude zu sehen, auch wenn das Museum für Moderne Kunst in León durchaus viel Qualität hat. Per Zug, Bus und Pkw gut erreichbar, liegt Bilbao 125 km nördlich von Logroño. Die Fahrt über die Autobahn AP 68 dauert knapp 1,5 Stunden. Parkplätze gibt es im nahen Parkhaus Parking Plaza Pío Baroja.

Stahl, Glas, Kalkstein und Titan

Das von Frank O. Gehry entworfene Guggenheim-Museum aus Stahl, Glas, Kalkstein und Titan hat der einst molochartigen Industriestadt am Atlantik ein völlig neues Image gegeben. Direkt am Fluss Nervión in der Altstadt wirkt das 1997 eröffnete Museo, als sei es gerade aus einer fernen Galaxie gekommen und versehentlich hier gelandet. Gehrys Bauten gelten als »dekonstruktivistisch«. Sie wirken wie im Fluss, gekrümmt und adimensional, wie man es auch in Boston, Prag und im Düsseldorfer Hafen bewundern kann. Der kalifornische Architekt bedient sich bei den Entwürfen eines Computerprogramms aus der Raumfahrt, um die Krümmungen besser berechnen zu können. Seine Ideen entstehen aber nach eigenen Worten schlichter: Gehry findet zu seinen Entwürfen, indem er Bauklötze in der Hand dreht, um die räumliche Wirkung zu testen.

Das hat sich gelohnt, denn herausgekommen ist hier in Bilbao eine kuriose, silbern glitzernde Hülle, die auf 24000 m^2 Raum für Werke renommierter Künstler des 20. Jh. und der aktuellen Szene zeigt. Längst ist Geschichte, dass die baskische Terrororganisation ETA mit Bomben drohte, da der Architekt kein baskisches Blut in sich trüge. Doch auch der bornierteste Kritiker wird zugeben müssen, dass Bilbao und das Baskenland insgesamt sehr von dem Museum profitiert haben.

Puppy wacht am Eingang

Bevor man das Museum betritt, begrüßt einen das Maskottchen des Museums: ein mit Blumen übersätes, übergroßes Hündchen namens Puppy. Diese Skulptur des amerikanischen Künstlers Jeff Koons freut auch die städtischen Gärtner, den sie ist ausgesprochen pflegebedürftig. Und sie ist lustiger als die ebenso gigantische Spinnenskulptur auf der Rückseite des Museo, die die französische Bildhauerin Louise Bourgeois wohl nicht ohne Hintergedanken »Mama« nannte.

Innen entfaltet sich dann eine unorthodoxe Räumlichkeit, die sich von außen schon andeutet. Ausgestellt sind auf den verschiedenen, verschachtelten Stockwerken die Gemälde der Spanier Salvador Dalí, Joan Miró und Juan Gris. Doch die Liste geht noch weiter und klingt beachtlich: Marc Chagall, Andy Warhol, Antoni Tápies und Emil Nolde, um nur einige zu nennen, abgesehen von den Sonderausstellungen. Viele der Kunstwerke hängen in einem spektakulären, 130 m langen Galerieschlauch.

Künstlerische Schwergewichte

Eine Besonderheit des Guggenheim-Museums ist sicherlich die gigantische, begehbare Stahlschlange »Snake«. Sie besteht aus drei geschwungenen, langen Platten und wurde beim Bau des Museums vom Künstler Richard Serra 1997 hier aufgestellt. Die metallischen Wellen sind dreißig Meter lang, vier Meter hoch und haben den Charme einer Industrieanlage. Das dürfte wohl einer der größten Einzelwerke eines Künstlers in einem öffentlichen Museum sein. Und sicher auch eines der schwersten, denn die engen Stahlplatten, durch die zu laufen ein mulmiges Gefühl hinterlässt, wiegen rund 40 Tonnen das Stück. Stahl, so scheint es fast, ist in Bilbao museal geworden. Denn die Schlange erinnert auch daran, dass Bilbao früher einmal eine Stadt der Metaller und der Schiffsbauer war, bevor es zur einer massiven, strukturellen Krise in der Stahlindustrie kam, von der sich die baskische Metropole erst in jüngerer Zeit wieder richtig erholen konnte. Mäzen Salomon Guggenheim hatte die hier ausgestellte Sammlung schon seit dem Jahr 1960 nach und nach vervollständigt. Ergänzt wird sie heute durch zahlreiche Sonderausstellungen. Der gut sortierte Museumsshop bietet über 2000 Buchtitel zur modernen Kunst in verschiedenen Sprachen, handgemalte Keramiktassen und kunstvoll designte Ohrringe.

Der Guggenheim-Effekt

Das nördlich des Jakobswegs gelegene Bilbao erlebte nicht nur durch das Guggenheim-Museum einen regelrechten Kulturboom. Die Hauptstadt der baskischen Provinz Vizcaya modernisierten neben Gehry noch andere namhafte Architekten. Santiago Calatrava erneuerte den Flughafen und baute ganz in der Nähe des Guggenheim-Museums die geschwungene, weiße Zubizuri-Brücke, Federico Soirana baute den Kongresspalast und Sir Norman Foster die futuristisch wirkende neue U-Bahn. Ihre Eingänge sind Elefantenrüsseln nicht ganz unähnlich.

Nach soviel Hypermodernem macht es Spaß, sich in den Altstadtgassen Siete Calles (Sieben Straßen) zwischen Santiago-Kathedrale (14. Jh.) und Nervión-Fluss als Ausklang ein paar gute Appetithäppchen zu gönnen, ob Garnelen, Schnecken oder Tortillastücke. Aber natürlich hat auch das Museum selbst ein Restaurant (www.restauranteguggenheim.com). Und was für eins. Es gehört dem baskischen Starkoch Martín Berasategui. Auch seine Küche, loben die Kritiker, sei avantgardistische Kunst. Nur für den Gaumen eben.

Ob es sich bei dieser Skulptur von Jeff Koon wohl um Tulpen handelt?

Nájera ►P 6

27 km hinter Logroño, hinter dem kleinen Ort Navarrete mit seinem spätromanischen Friedhofsportal und einigen Töpferwerkstätten, geht es direkt in das historische Nájera. Der Stadtkern dieses stimmungsvollen Orts zählt zu den schönsten am Jakobsweg. Unübersehbar drängt sich der Klosterkomplex Santa María la Real an ein schroffes Felsmassiv. Flankiert wird er von mittelalterlichen Gassen, die sich zum Fluss Najerilla hin verästeln. Beim näheren Hinsehen erkennt man in den Felsen einige kleine Höhlen, die den Menschen früher als natürliche Vorratskammern dienten.

Mein Tipp

Reiten bei Navarrete ►P 6
Der Reiterhof **Centro Hípico de Navarrete** liegt idyllisch zwischen Weinbergen und dem kleinen Ort am Jakobsweg. Die deutsch-spanischen Besitzer bieten Reitausflüge unterschiedlicher Länge ab 15 € pro Stunde und Person.
Centro Hípico de Navarrete: Término los Bustales s/n, 26370 Navarrete, Tel. 941 74 00 78, mobil 617 35 48 73.

Kloster Santa María la Real

Plaza de Santa María s/n, Di–Sa 9.30–13.30, 16–19, So 9.30–12.15, 16–18.45 Uhr, Eintritt 3 €
In Nájera residierten einst Könige und einer von ihnen, nämlich García (1035–1054), gründete das Kloster. Der Legende nach soll er bei der Jagd an dieser Stelle eine Marienstatue entdeckt haben, vor der sein Falke in trauter Eintracht mit einem soeben noch verfolgten Rebhuhn saß. Zwei Jahre vor seinem Tod stiftete García an Ort und Stelle das Kloster, in dem Benediktinermönche bald durch den gotisch-plateresken Kreuzgang flanierten und Besucher von weit her die prunkvollen Grabdeckel der Könige, Herzöge und Infanten in der Königsgruft bewunderten.

In der Mitte der Gruft steht der romanische Sarkophag der Königin Blanca von Navarra (1136–1156), dessen Reliefs auch eine künstlerisch wertvolle Sterbeszene zeigen: Dabei nehmen Engel die Seele der 20-jährig im Kindbett verstorbenen Herrscherin in Empfang. Von der gotischen Klosterkirche aus führt ein schmaler Gang zu der winzigen Mariengrotte am Fels.

Napoleons Truppen und die Enteignung 1835 hinterließen sichtbare Spuren, einige Nischen sind leer, manchen Statuen fehlt der Kopf. Zeitweilig diente das Kloster im 19. Jh. als Abstellraum und Soldatenlager, zu dem zeitweilig auch eine Tanzbar gehört haben soll. Inzwischen kümmern sich Mönche in der etwas lauten, dreistöckigen Gemeindeherberge neben dem Kloster wieder um erschöpfte Pilger.

Ausflug nach San Millán de Cogolla ►M 6

Wer noch frisch ist, sollte von **Nájera** einen Ausflug ca. 25 km nach Südwesten unternehmen. In dem von der UNESCO zum Weltkulturerbe erklärten Ort **San Millán de la Cogolla** gibt es gleich zwei berühmte Klöster.

Monasterio de Suso

Zona Monasterios, Di–So 10.30–13.30, 16–18.30 Uhr, Eintritt 4 €
Im 10. Jh. entstand am Berghang das **Monasterio de Suso** über dem Höhlengrab des 574 verstorbenen Einsiedlers San Millán. Der Heilige war sagenhafte 101 Jahre alt geworden. Westgotische und vom maurischen Stil beeinflusste

Steinmetze hatten die schlichte, kleine Anlage ausgeschmückt. Die damaligen Ordensbrüder hinterließen die ersten schriftlichen Zeugnisse in spanischer Sprache. Sie hatten an den Rand der dickleibigen lateinischen Bücher moderne Randnotizen geschrieben, wenn sie Passagen erläutern wollten oder nicht ganz verstanden. Diese Buchstaben gelten als die ersten, die im spanischen Castellano geschrieben wurden. Wenn die Mönche bloß geahnt hätten, welche linguistische Initialzündung das war! Heute sprechen über 400 Mio. Menschen Spanisch.

Monasterio de Yuso

Agustinos Recoletos, tgl. 10.30–13.30, 16–18.30 Uhr, Eintritt 4 €
Ein Jahrhundert nach dem Monasterio de Suso begann man den Bau des **Monasterio de Yuso** am Dorfrand, den die Bauherrn vom 16.–18. Jh. so großzügig anlegten, dass er in Anspielung an die gigantische Klosterkirche bei Madrid den Spitznamen ›Escorial der Rioja‹ bekam. Kunsthistorisch wertvoll sind neben den Kreuzgängen San Agustín und San Millán vor allem die wertvollen Handschriften in der Bibliothek.

Essen & Trinken

Gegrilltes – **El Buen Yantar:** Mártires 19, Najéra, Mo geschl. Herzhaftes aus der Rioja, darunter Grillfleisch, leckeres Gemüse und ein beachtlicher Hauswein, der der Region alle Ehre macht. Das Tagesmenü dieses Asadors gibt es schon für 10 bis 15 €.

Infos

Oficina de Turismo: Plaza San Miguel 10, Tel. 941 36 00 41, www.aytonajera.es

Santo Domingo de la Calzada ►O 5

Kaum ein Ort am Jakobsweg ist so berühmt wie Santo Domingo. Der Grund: die **Kathedrale** aus dem 12.–18. Jh. Benannt ist der 6000-Seelen-Ort nach dem Einsiedler Domingo, der im 11. Jh. immer wieder verirrten Pilgern den Weg erklären musste, bis er begann, Wege und Pflasterstraßen (*calzadas*) anzulegen. Dem Einsiedler sagte man zu Lebzeiten nach, er könne Wunder vollbringen (z. B. Erhängte am Leben erhalten). Bald war der Ort in ganz Europa bekannt. Aus einem kleinen Hospital für Pilger wurde einer der schönsten Paradore Spaniens und aus der kleinen Kirche die heutige Kathedrale.

Kathedrale

Eingang über die Straße Calle del Cristo, Mo–Sa 10–13, 16–18.30 Uhr, So nur beim Gottesdienst, Eintritt 4 €
Neben Altar und Kreuzgang gibt es in dieser Kathedrale einen Hühnerstall. Darin leben, scharren und gackern eine lebendige weiße Henne und ein ebenso weißer Hahn. Zwar geht es den Hühnern im Gotteshaus besser als in einer Legebatterie, doch gibt es kaum Licht. Daher wird das Federvieh alle fünf bis sechs Wochen ausgetauscht und verbringt die sonstige Zeit in einem lichten Metallstall der örtlichen Pilgerherberge. Dort polterte eine junge Pilgerin, das Vieh habe ihr in der Nacht zuvor gründlich den Schlaf geraubt. Auf die Frage, ob die Hühner nach dem Kathedralendienst im Kochtopf landen, zeigten sich die Herbergsverwalter entsetzt: »Sie sterben bei uns eines natürlichen Todes!«

Ursache für den kuriosen Kathedralenstall ist wie so oft am Jakobsweg eine Legende: Ein junger Pilger hatte die erotische Annäherung einer Magd derart ignoriert, dass das Mädchen ihm stocksauer einen silbernen Kelch unterschob und ihn des Diebstahls bezichtigte. Der Mann wurde gehenkt, doch überlebte er in der Schlinge Tag für Tag. Als dies dem Landrichter zu Ohren kam, der gerade eine gebratene Henne und einen gebratenen Hahn auf dem Teller hatte, rief er: Der Bengel kann so wenig atmen wie das Vieh auf meinem Teller fliegt. Worauf Hahn und Henne Flügel wuchsen und sie laut gackernd vom Teller abhoben.

Übernachten

Günstige Herbergen liegen rund um die Plaza Mayor.

Gediegen – **Parador de Santo Domingo:** Plaza del Santo 3, Tel. 941 34 03 00, Fax 941 34 03 25, www.parador.es. Viel Charme hat diese ehemalige Pilgerherberge mit ritterlichem Ambiente gleich neben der Kathedrale. Man fühlt sich um Jahrhunderte zurückversetzt, dabei ist der Komfort ganz up to date. DZ rund 150 €.

Essen & Trinken

Hausmannskost – **El Rincón de Emilio:** Plaza de Bonifacio Gil 7, Tel. 941 34 09 90, Di abends und im Februar geschl. Hier wird die Rioja-Kochkunst von der Gemüsesuppe bis zum zarten Lammfleisch auch auf der Terrasse serviert. Seit vielen Jahren beliebt. DZ 15–35 €.

Infos & Termine

Information

Información de Turismo: Mayor 70, Tel. 941 34 12 30, www.santodomingodelacalzada.org

Mein Tipp

Zu den singenden Mönchen ▶ N 7

60 km südöstlich von Burgos liegt das Benediktinerkloster **Santo Domingo de Silos** (11.–18. Jh.), über dem ab und an die Gänsegeier aus der nahen Yecla-Schlucht kreisen. Die hiesigen Mönche sind so gastfreundlich wie musikalisch. Mit ihren gregorianischen Gesängen haben sie schon Preise gewonnen und unfreiwillig Mitte der 1990er-Jahre die spanischen Pop-Charts gestürmt: Discos hatten die Lieder als ›Rausschmeißer‹ berühmt gemacht. Vor Ort singen die Mönche zu den Messen Mo–Sa um 19 Uhr und So um 12 Uhr. Im Klosterladen sind die CDs natürlich auch erhältlich. Führungen Di–Sa 10–13, 16.30–18 Uhr, Eintritt 3 €.

Verkehr

Bus: 8 x tgl. nach Logroño über Nájera, 5 x nach Burgos.

Termine

Dia del Santo Domingo de la Calzada: Stadtfest zu Ehren des heiligen Domingo: 10.–15. Mai; Prozessionen am Haupttag, dem 12. Mai.

Burgos! ▶ M/N 6

Dass ein ungemütlich kalter Wind aus dem kantabrischen Gebirge durch Burgos fegen kann, merkten baskische Bauern und andalusische Flüchtlinge, als sie ab 884 die neu gegründete Siedlung bezogen. Immerhin liegt Burgos an einer Biegung des Río Arlanzón in fast 900 m Höhe. Da behauptet mancher scherzhaft, der Sommer dauere

Kastilisches Flair: der Arco de Santa María in Burgos

nur vom Tag des Apostels bis zum Tag der heiligen Anna, also vom 25. bis zum 26. Juli. Doch das wechselhafte Wetter kann die Attraktivität der kastilischen Metropole nicht schmälern.

Burgos liegt unterhalb einer Burgruine, die nach einem Feuer 1739 nicht wieder aufgebaut wurde. Die Stadt glänzt mit prachtvollen Bauten, mittelalterlicher Romanik sowie platanengesäumten Promenaden. Schick sind die Läden am Paseo del Espolón, auf dem Studenten, Mönche und Militärs flanieren. Eine gewisse kastilische Strenge strömt nicht nur der graue Granit der historischen Altstadt aus, sondern auch die Geschichte der Stadt.

Geschichte

Als Standbild steht er in Flussnähe, sein Leichnam liegt in der Kathedrale: El Cid (1034–1099) ist ein spanischer Nationalheld und Stoff für Literatur und Dramen. ›El Cid‹, der Herr, nannten ihn die Araber, ›El Campeador‹, der Kämpfer, die Christen. Doch eigentlich hieß

der Abenteurer aus Vivar bei Burgos Rodrígo Díaz. Mal kämpfte er für, mal gegen die Mauren und Letzteres machte ihn schließlich berühmt. Er nahm Toledo, dann Valencia ein. Und selbst als Toter gewann er noch Schlachten: Sein Leichnam, auf ein Pferd gebunden, soll die entsetzten Mauren vor Valencia in die Flucht geschlagen haben.

Der Cid steht auch für die wechselhafte Geschichte von Burgos, das im Zuge der Reconquista gegründet worden war. Bereits zu Lebzeiten galt er neben dem Apostel Jakob als Symbolfigur der christlichen Rückeroberung. Die Tugenden des Nationalhelden sind allerdings frei erfunden. Obwohl der Glücksritter für Geld ab und an im Dienst des maurischen Taifafürsten von Zaragoza kämpfte, machte ihn schon das Heldenepos »Cantar de Mío Cid« (um 1140) zum makellosen Heroen in den Schlachten gegen die Mauren. Und auch Hollywood-Regisseur Anthony Mann stellte ihn noch 1961 in seinem Film mit Charlton Heston und Sophia Loren in den Hauptrollen so verkitscht dar, dass einem die Tränen kommen. Historiker entlarvten den historischen Cid dagegen als erbarmungslosen Killer und Dieb, der auch Kirchen plünderte. Unstrittig ist aber, dass der Cid die Mauren schließlich weit in den andalusischen Raum zurückdrängte. Dadurch blühte Burgos am Jakobsweg wirtschaftlich auf.

Ein Weiteres tat die Merinowolle der steinreichen Schafzüchter. Händler brachten sie an die Häfen des Atlantik und verschifften sie gewinnbringend nach England und Flandern. Mit dem Geld konnte seit 1221 die gewaltige Kathedrale entstehen und die Mesta, der mächtige Interessenverband des Schafe züchtenden Landadels, machte Burgos zum Königshof und Finanzzentrum einer neuen Region. Bislang hatte das urspanische nördliche Königreich Asturien die größte Bedeutung, trat nun aber mehr und mehr in den Hintergrund. Das Land der Burgen (*castillo* = Burg) nahm seinen Platz ein und prägte zudem auch die Landessprache (*castellano* = Spanisch). General Franco sah hier deshalb die Keimzelle des Spanisch-Nationalen. Konsequenterweise machte er die Stadt im Bürgerkrieg (1936–1939) zum Regierungssitz der Nationalisten, was ihr bis heute nicht eben den Ruf einer liberalen Metropole beschert: Eine Plakette

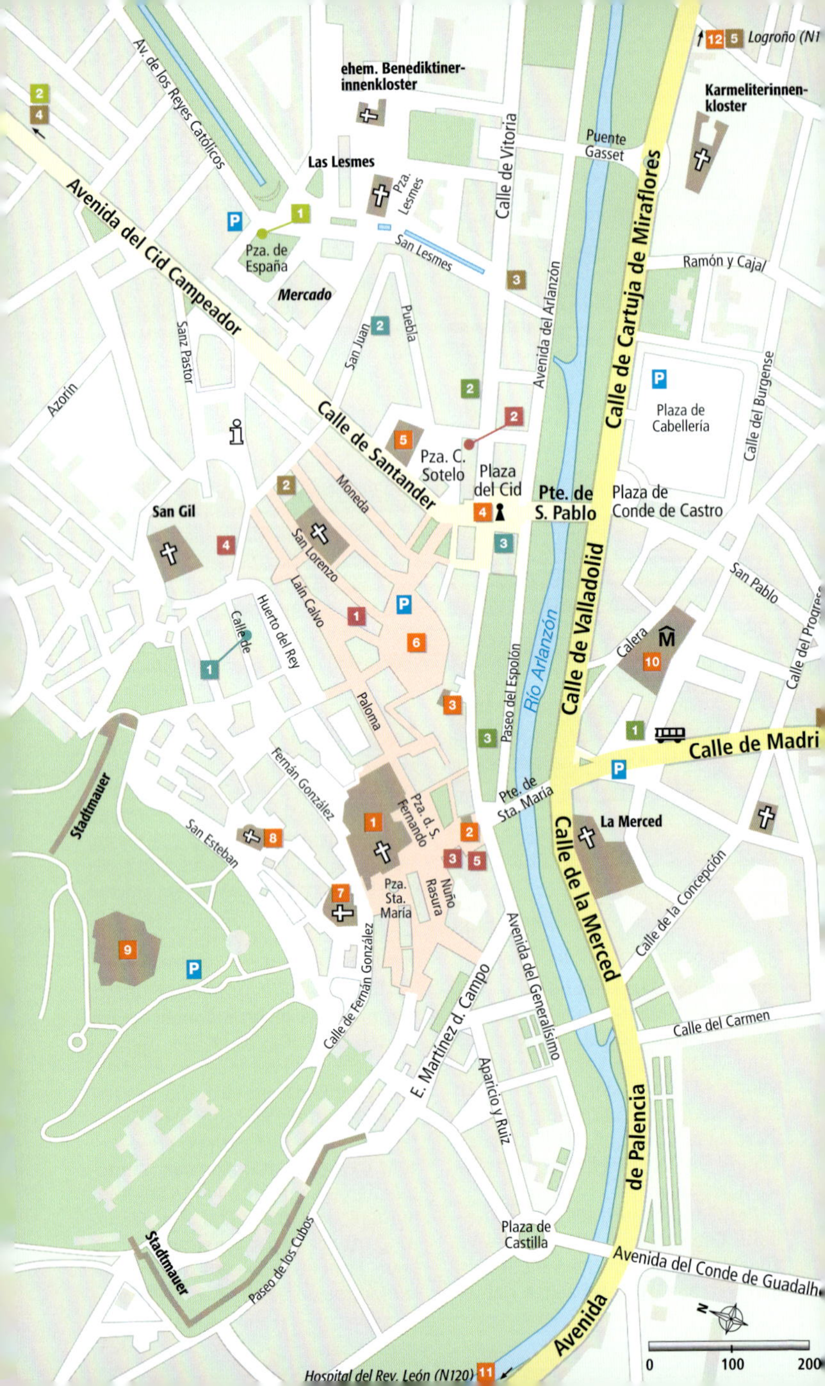

ehem. Benediktinerinnenkloster
Karmeliterinnenkloster
12 5 Logroño (N1
2 4
Av. de los Reyes Católicos
Las Lesmes
Pza. Lesmes
Calle de Vitoria
Puente Gasset
Calle de Cartuja de Miraflores
1
Pza. de España
San Lesmes
Ramón y Cajal
Avenida del Cid Campeador
Mercado
3
Avenida del Arlanzón
2
Puebla
San Juan
Sanz Pastor
Azorín
2
2
Plaza de Cabellería
Calle del Burgense
Calle de Santander
5
Pza. C. Sotelo
Plaza del Cid
Pte. de S. Pablo
Plaza de Conde de Castro
2
Moneda
San Gil
4
4
3
San Lorenzo
Laín Calvo
San Pablo
Calle de Valladolid
1
6
Huerto del Rey
Calle de
1
Calera
10
Calle del Progreso
Río Arlanzón
Paseo del Espolón
3
Paloma
3
1
Calle de Madri
Stadtmauer
Fernán González
Pte. de Sta. María
La Merced
1
Pza. d. S. Fernando
2
San Esteban
8
3
5
Calle de la Merced
Pza. Sta. María
Nuño Rasura
7
Calle de la Concepción
9
Avenida del Generalísimo
Calle de Fernán González
E. Martínez d. Campo
Calle del Carmen
Aparicio y Ruiz
de Palencia
Plaza de Castilla
Avenida del Conde de Guadalh
Stadtmauer
Paseo de los Cubos
Avenida
N
0
100
200
Hospital del Rey. León (N120)
11

Burgos

Sehenswert
1 Kathedrale
2 Arco de Santa María
3 Rathaus
4 Reiterstandbild El Cid
5 Casa del Cordón
6 Plaza Mayor
7 San Nicolás
8 San Esteban
9 Castillo
10 Museo de Burgos
11 Huelgas Reales
12 La Cartuja de Miraflores

Übernachten
1 Corona de Castilla
2 Norte y Londres
3 Manjón
4 Albergue Juvenil
5 Fuentes Blancas

Essen & Trinken
1 Casa Pancho
2 Casa Ojeda
3 Don Nuño
4 La Favorita
5 Mesón de los Infantes

Einkaufen
1 Mercado Sur
2 Ojeda
3 Librería Sedano

Aktiv & Kreastiv
1 Bicibur
2 Balneario Bienestar

Abends & Nachts
1 La Negra Candela
2 Europa Azul
3 Teatro Principal

am einstigen Hauptquartier Francos an der Plaza Alonso Martínez erinnert immer noch an den ›Caudillo‹ und seinen Mitverschwörer Mola. Dabei lebt man in Burgos heute keineswegs nur auf die Vergangenheit bezogen. In Sachen Mode, Musik und Ausstellungen kann man sich mit den Trends aus Madrid durchaus messen, und das samstägliche Nachtleben rund um die Kathedrale ist Lebenslust pur.

Rundgang

Burgos besitzt einen Industriegürtel mit Chemie-, Metall- und Lederproduktion und einen attraktiven Stadtkern. Wer mit dem Auto ankommt, fährt am besten gleich zum zentralen Parkhaus unter der Plaza Mayor, von wo aus ein Rundgang besonders einfach möglich ist.

Kathedrale 1

Plaza Santa María, Sommer 9.30–19.15, sonst 10–18.45, Eintritt 4 €

Unbestrittener Höhepunkt und unübersehbar ist die **Catedral Santa María.** Sie ist nach der in Sevilla und in Toledo die drittgrößte Spaniens. Das gotische Schmuckstück aus Stein hat die Metermaße 108, 61, 27 (lang, breit, hoch). Mit ihren zahlreichen Türmchen, hohen Strebepfeilern, dem skulpturengeschmückten Kreuzgang, Spitzenornamenten und Figuren an den Fassaden gehört sie zum Besten, was gotische Architektur in Spanien zu bieten hat. Es ist nicht einfach, ein solches Bauwerk zu fotografieren. Und so versucht es der ein oder andere aus dem obersten Stockwerk eines Wohnhauses, wenn ein freundlicher Bewohner dies erlaubt. Andere wiederum sind froh, ein 17-mm-Weitwinkelobjektiv dabei zu haben.

Seit 1221 arbeiteten neben Einheimischen auch französische und deutsche Baumeister aus dem Rheinland an dem Langzeitprojekt. Zu ihnen gehörte Hans von Köln (Juan de Colonia), der im 15. Jh. für die 84 m hohen Zwillingstürme an der Hauptfassade verantwortlich war. Sein heutiges Aussehen bekam der dreischiffige Bau aber erst im 17. Jh.

Hoch, etwas düster und geräumig wirkt der kühle Innenraum, wo der Chor mit seinem zierlich geschnitzten Nussbaum-Gestühl sofort ins Auge fällt. An der Vierung von Mittel- und Querschiff ist unter einem prachtvollen Kuppelgewölbe der Ritterheld El Cid mit seiner Gemahlin Doña Jimena begraben. Nur ein Unterarmknochen des Kriegers liegt heute noch im silbernen Reliquiar des Rathauses, wo die Überreste des Leichnams bis 1921 aufbewahrt wurden.

Zu den Besonderheiten der Kathedrale gehören die Kapellen, vier davon in der Größenordnung kleinerer Landkirchen. Die mächtigste und schönste, die **Capilla del Condestable,** gestaltete ein weiteres Mitglied der Kölner Baumeisterdynastie, Simon von Köln, 1494 auf sechseckigem Grundriss. Die Buntglasfenster sind nur hier noch original. Doch wie so oft ist nicht das künstlerisch besonders Wertvolle anziehend, sondern das besonders Kuriose: Eine Berühmtheit ist in der Kathedrale – im linken Seitenschiff bei der **Capilla Santa Tecla** – die koboldhafte Figur einer Spieluhr von 1519: Bei jedem Glockenschlag reißt sie den Mund auf. Ob sie dabei eher die Zeit verkündet, ihre Betrachter nachahmt oder nach Fliegen schnappt, muss jeder selbst entscheiden. Der Volksmund hat sich schon geeinigt und nennt die Figur *papamoscas*: Fliegenfresser. In der Südwestecke der Kathedrale befindet sich die **Santísimo Cristo-Kapelle** mit einer weiteren Attraktion: Die Figur des ›allerheiligsten‹ (*santísimo*) Christus aus dem 13. Jh. ist mit Büffelleder, menschlichen Haaren und Fingernägeln ausgestattet, um einem echten Leichnam möglichst ähnlich zu sehen. Das tut sie.

Arco de Santa María 2

Wenige Schritte zum Arlanzón-Fluss hin erhebt sich das einstige Stadttor **Arco de Santa María**. Im 16. Jh. ist dort nach einem lokalen Aufstand der Triumphbogen als Zeichen königlicher Macht entstanden. In der Skulpturengalerie befindet sich neben der Figur von König Carlos I. und dem Gründer der Grafschaft Kastiliens, Fernán González, natürlich auch die des Cid. In der Reihe darunter ist Diego Porcelo zu sehen, der Gründer der Stadt Burgos.

Rathaus 3

Östlich des Stadttors liegen im **Casa Consitorial,** dem Rathaus, noch eine Abschrift des Heldenepos »Cantar del Mío Cid« und eine Nachbildung seines Schwerts Tizona, das so legendär geworden ist wie die Waffe Durandal des Roland aus dem »Rolandslied«.

Auch der vermeintliche Unterarmknochen des Kriegers wird hier in einem silbernen Reliquiar bewahrt. Die Wassermarken an der Casa Consistorial erinnern an eine Flutüberschwemmung im 19. Jh., welche die gesamte Flaniermeile Paseo del Espolón mit ihren Bänken und Grünflächen unter Wasser setzte. Auch die Brücke San Pablo weiter nördlich wurde in Mitleidenschaft gezogen.

Reiterstandbild El Cid 4 und Casa del Cordón 5

Franco 1955 höchstpersönlich enthüllte 1955 das monumentale **Reiterstandbild des El Cid**. Die Bewohner nennen es wegen des wehenden Umhangs aus Stein *el murcielago* (die Fledermaus). Die **Casa del Cordón** unweit der Statue an der Plaza Calvo Sotelo ist heute Sitz eines Geldinstituts. Einst war das Sandsteingebäude mit der Kordel (*cordón*) am Portal erste Adresse für Empfänge: Die Katholischen Könige begrüßten hier Christoph Kolumbus nach seiner zweiten Amerikareise.

Plaza Mayor 6

Gleich mehrere Cafés unter Laubengängen an der **Plaza Mayor** laden zu einer Pause ein, bevor es weiter Richtung Burgruine geht. Der weitflächige Platz ist nicht nur für neugierige Besucher da, er ist vor allem auch ein wichtiges Zentrum der Stadt, beliebt bei

Lichtdurchflutet: die Kathedrale von Burgos

den Bewohnern und Schaubühne während der zahlreichen Stadtfeste. Vor allem Ende Juni, Anfang Juli beim Fest San Pedro y San Pablo ist hier eine Menge los.

San Nicolás 7

Fernán González s/n, Sommer 11–13, 17–19 Uhr, im Winter derzeit nur während der Abendmesse

Am Hang neben dem Westportal der Kathedrale liegt die Kirche **San Nicolás** aus dem 15. Jh. mit einem gigantischen Altaraufsatz aus Alabaster. Sie wurde 1505 übrigens von dem Künstler Franz von Köln erschaffen. Insgesamt 465 Figuren stellen hauptsächlich Szenen aus dem Neuen Testament dar. Die um 1500 entstandene Altarwand ist entsprechend eine der größten der Welt.

San Esteban 8

San Esteban s/n, Museo de Retablo im Sommer Di–So 10–14, 17–20 Uhr, Eintritt 2 €

Eine ganze Sammlung von Altaraufsätzen vor allem aus dem 16. und 17. Jh. findet sich in der Kirche **San Esteban** mit ihrem gotischen Kreuzgang. Dazu gehört ein kleines Museum für Altarwände aus der gesamten Provinz, die aus der Zeit vom Mittelalter bis zum Barock stammen. Aber auch Goldschmiedearbeiten und religiöse Gemälde sind hier zu sehen.

Castillo 9

Von der Kirche San Esteban aus führt ein Pfad direkt zum **Castillo**, das im 18. Jh. Feuer fing und seitdem nur noch eine Ruine ist. Doch der Weg hinauf

Grabmal der Eltern von Isabella der Katholischen in der Kartause von Miraflores

lohnt sich, denn die Aussicht vom Burgberg aus reicht bei klarem Wetter über das Zentrum von Burgos bis sehr weit hinaus in die Meseta.

Museo de Burgos 10

Miranda 13, www.museodeburgos.com. Sommer Di–Sa 10–14 und 17–10, sonst 10–14, 17–19 Uhr, So nur vormittags, Eintritt 2 €

Auf der anderen Seite des Flusses beherbergen zwei Adelspaläste das **Museo de Burgos**. In der Archäologischen Abteilung sind neben anderen Kostbarkeiten prähistorische Sicheln, keltischer Schmuck und römische Mosaike zu sehen, während die Abteilung der Schönen Künste vor allem spanische Malerei aus den letzten 600 Jahren zeigt.

Ausflug zum Kloster Huelgas Reales 11 ▶ M 6

zu Fuß 15 Min. den Fluss nach Westen, sonst ab Ausfallstraße nach León beschildert, Ramón y Cajal s/n, Di–Sa 10–13, 15.45–17.30, So 11–13.15 Uhr, Eintritt 5 €

Im westlichen Stadtbereich liegt das Zisterzienserkloster **Huelgas Reales**.1187 gegründet, diente es den ersten kastilischen Königen als Alterssitz und Grablege. Die Anlage mit dem spätromanischen Kreuzgang besitzt eine beachtliche Sammlung. Dazu zählen eine maurische Standarte und gewebte Hemden mit arabischen Zeichen. Eine Jakobsstatue mit beweglichem Schwertarm wiederum hatte im Mittelalter eine ganz praktische Funktion: Sie diente zum Ritterschlag und zur Aufnahme in den Templerorden.

Ausflug zum Kloster La Cartuja de Miraflores 12 ▶ M 6

Carretera de la Cartuja s/n, Di–Sa 10.30–15, 16–18, So 11–15, 16–18 Uhr, Eintritt frei

4 km östlich von Burgos entstand nach Plänen des Hans und Simon von Köln das Kloster **La Cartuja de Miraflores**. Hier befindet sich das königliche Alabaster-Grabmal der Eltern von Isabella der Katholischen. Am Hauptaltar der einschiffigen Klosterkirche kam 1498 erstmals erbeutetes Gold aus Amerika zum Einsatz, das Christoph Kolumbus nach Spanien gebracht hatte.

Übernachten

Praktisch – **Corona de Castilla 1**: Madrid 15, Tel. 947 26 21 42, www.hotelcoronadecastilla.com. Am südlichen Altstadtrand gelegenes Viersternehotel nahe dem Busbahnhof, im Stil der 1970er mit schweren Vorhängen und eher schlichten Möbeln eingerichtet. Es gibt eine Garage und erfreulicherweise freien Internetzugang in den Zimmern. DZ 120–150 €.

Gemütlich – **Norte y Londres 2**: Plaza Alonso Martínez 10, Tel. 947 26 41 25, www.hotelnorteylondres.com. Schmuckes, traditionelles Mittelklassehotel nahe der Tourismusinformation, an der Rezeption erklärt man gerne den nahen Weg ins Parkhaus unterhalb der Plaza Mayor (sinnvoll). Schöne, aber auch etwas knarrende Holzdielen. Also vielleicht Ohrenstöpsel dabeihaben. DZ 75–95 €.

Schlicht – **Manjón 3**: Conde Jornada 1, Tel. 947 20 86 89. Sauberes Hostal im siebten Stock, gute Lage, manche Zimmer mit eigenem, aber relativ kleinem Bad. Ein eher junges Ambiente, hier lernt man schnell Leute kennen. DZ ab ca. 45 €.

Jugendherberge – **Albergue Juvenil 4**: Avda, General Vigón s/n, Tel. 947 22 03 62. Die einfache Herberge fungiert gleichzeitig als Studentenwohnheim, daher ist sie nur Juli bis Mitte August geöffnet. Der relativ moderne, dreistöckige Bau liegt rund 1 km nordöstlich des Zentrums und ist bei Rucksackreisenden besonders beliebt.

Zelten – **Fuentes Blancas** 5: Carretera Burgos–Cartuja de Miraflores, www.campingburgos.com. 4 km östlich des Zentrums, geöffnet April–Sept. Pro Pers., Auto, Zelt rund 5 €. Campingplatz mit über 300 Parzellen und geräumigem Restaurant, relativ schattig. Erreichbar mit Bus Nr. 26 und 27 ab Plaza de España.

Essen & Trinken

Regionalküche – **Casa Pancho** 1: San Lorenzo 13, Tel. 947 20 34 05. Zur großen Weinauswahl werden z. B. serviert: Blutwurst mit Reis (*morcilla de Burgos*) oder gebratene Wachteleier mit scharfer Paprikawurst (*cojonudos*). Tagesgerichte 15–30 €.

Urgroßmutters Rezeptur – **Casa Ojeda** 2: Vitoria 5, Tel. 947 20 90 52. So abends geschl. Hier gibt es, was schon die Urahnen Kastiliens mit größter Lust verschlangen: Lammbraten (*cordero*) aus dem Holzofen. Auch die Weinauswahl ist nicht schlecht. 15–30 €.

Beliebt – **Don Nuño** 3: Nuño Rasura 3, Tel. 947 20 03 73. Auch dieses Restaurant bietet köstliches gebratenes Milchlamm an, aber auch Steak Tartare und leckere, selbst gemachte Desserts, in Hörweite der Kathedralenglocken. 15–40 €.

Tapas en masse – **La Favorita** 4: Avellanos 8, Tel. 947 20 59 49, www.lafavorita-taberna.com. Ziegelwände, Holztische und Schinkenkeulen an der Decke. La Favorita nahe der Kirche San Gil gibt sich mit seinem bunten Schriftzug durchaus traditionell. Das Tapa-Angebot ist fast schon unschlagbar, die Weine sind gut ausgesucht und die Bedienung ist richtig nett. Wer nur auf ein Glas Wein und ein paar Oliven oder Sardellen vorbeikommen möchte, geht einfach an die lange Theke. Das Menü im Speisebereich kostet zwischen 10 und 15 €.

Rustikal – **Mesón de los Infantes** 5: Paseo de la Isla 2, Tel. 947 27 95 42. Durch eine Seitengasse neben dem Stadttor Arco de Santa María kommt man in diese durch und durch rustikale Taverne. Schon außen an der Fassade steht, was drinnen in urigem Ambiente serviert wird: typische kastilische Hausmannskost vom Milchlamm (*cordero*) über gegrillte Ferkel (*cochinillo asado*) bis hin zu Linsengerichten (*lentejos*). Menü 12–18 €.

Einkaufen

Frisches vom Markt – **Mercado Sur** 1: Mo–Sa vormittags an der Calle Miranda nahe dem Busbahnhof. Zu den lokalen Spezialitäten in der hochmodernen Markthalle, die Ende 2009 neu eröffnet wurde, gehören der Frischkäse Queso de Burgos genauso dazu wie leckere Früchte, Gemüse und die typischen Würste.

Feinkost – **Ojeda** 2: Vitoria 5, Ecke Plaza del Cordón. Delikatessen aus der ganzen Region rund um Burgos, von Wurst bis Wein.

Karten und Bücher – **Librería Sedano** 3: Paseo de Espolón 6, Tel. 947 20 22 20. Kleiner, aber sehr angesehener Laden mit vielen Reiseführern vor allem einer großen Auswahl an Land- und Wanderkarten.

Aktiv & Kreativ

Radfahren – **Bicibur** 1: Tel. 627 20 50 48, www.bicibur.es oder aytoburgos.com. Gegen eine Grundgebühr von 3 €, die man bei der Caja Burgos einzahlt, gibt es einen ansonsten kostenlosen Fahrradverleih. Das genaue Prozedere erklärt das Infoamt. Räder verleiht übrigens auch Bikeextrem, www.bikeextrem.com, wobei die Tagesgebühr bei rund 15 € liegt.

Therme – **Balneario Bienestar 2:** Avda. Cantabria 69, Tel. 947 22 07 62, www.balneariobienestar.com, tgl. 10–22 Uhr, ab 20 €. Thermalbad mit vielen Extras.

Abends & Nachts

Zwischen dem Fluss, der Kathedrale und der Plaza de España liegen zahlreiche Bars und Diskos, vor allem in den Straßen San Lorenzo und Huerto del Rey.

Angesagt – **La Negra Candela 1:** Plaza Huerto del Rey 18. Eine der besten Musikbars mitten im Ausgehviertel Las Llanas. Vor allem Freitagnacht wird es hier ziemlich voll. Zu voll? Dann ist im gegenüberliegenden, ebenfalls sehr beliebten Mondrian vielleicht noch Platz ...

Barklassiker – **Europa Azul 2:** San Juan 30. Umgeben von vielen anderen Kneipen, aber eine der ältesten in der gesamten Straße. Im Sommer sitzt man besonders gut auf der Terrasse draußen, wo ab und zu Livemusik läuft. Lockeres Ambiente, nette Leute und an den Wochenenden erst zur später Stunde gut besucht.

Große Bühne – **Teatro Principal 3:** Plaza de Mío Cid, Tel. 947 28 88 40. Der Prachtbau aus dem 19. Jh. beherbergt das größte Theater der Stadt. Das Ensemble gehört zum Besten, was Kastiliens Bühnen zu bieten haben und neben Theaterstücken stehen hier auch immer wieder hochkarätige Ballettaufführungen und Konzerte auf dem Programm. Über den aktuellen Spielplan informiert Burgos offizielle Webseite www.aytoburgos.es.

Infos & Termine

Information

Oficina de Turismo: Plaza Alonso Martínez 7, Tel. 947 20 18 46, www.turismoburgos.org. Hier gibt es auch die Burgoscard (www.burgoscard.com), mit der man kostenlosen Zutritt zu den Sehenswürdigkeiten hat (Tageskarte 13 €, für zwei Tage 17 €).

Verkehr

Bahn: Plaza de la Estación s/n, Tel. 902 24 02 02, u. a. 5–7 x tgl. nach León, 3 x tgl. nach Logroño, 1 x tgl. nach A Coruña. Tickets verkauft z. B. das Renfe-Büro in der Altstadtstraße Moneda 21 nahe dem Busbahnhof, Tel. 947 20 91 31.

Busbahnhof: Miranda 4, Tel. 947 28 88 55, 1–2 x tgl. nach León, Lugo und Santiago. Die genauen Abfahrtszeiten erfährt man auf der Webseite www.turismoburgos.org (in der Rubrik *como llegar*).

Termine

Karwoche (Semana Santa): Umzug mit vermummten Büßern, die Heiligenfiguren tragen.

San Pedro y San Pablo (Peter und Paul): 29. Juni– 8. Juli, Burgos Hauptfest mit Musik, Stierkampf, Umzügen.

San Lesmes: Fest zu Ehren des Stadtpatrons am Sonntag, der dem 30. Jan. am nächsten ist. Nach dem Festakt geht es auf den Plätzen San Juan und España mit viel Musik und Kulinarischem weiter.

Festival Electrosonic: www.electrosonicfestival.com. Ende Aug. zieht dieses Musikfestival in Fuentes Blancas jeweils an die 100 Rockmusiker und bis zu 25 000 Besucher aus dem In- und Ausland an.

Romería de la Virgen Blanca: Letztes Mai-Wochenende Wallfahrt zu Ehren der heiligen Jungfrau ab der Kirche San Pedro de la Fuente.

Das Beste auf einen Blick

Von Frómista bis Santiago

Highlights !

León: Die Köche sind gut, die Altstadt ist idyllisch und es gibt legendäre Bars. Aber auch die lichtdurchflutete gotische Kathedrale ist sehenswert. S. 136

Astorga: Gaudí hat hier einen ziemlich kitischigen Bischofspalast hingebaut, direkt an der römischen Stadtmauer. Und die »schützt« heute so manchen Schokoladenhersteller. S. 148

Auf Entdeckungstour

Einfach köstlich: auf Tapa-Tour durch León: Barrio Húmedo, »feuchtes Viertel« heißt die Ausgehzone der Leonesen, in der es so viele Bars gibt, dass Neugründungen fast aussichtslos sind. S. 140

Zu den Minen von Las Medulas: Besuch der bizarren Landschaft, in der früher Tausende Arbeiter das Gold für die Bezahlung von Roms Legionären schürften. S. 152

Kultur & Sehenswertes

Fromista: Die wertvolle romanische Kirche San Martín hat viele Kapitelle unter dem Dach – mit Fratzen, Tierköpfen, Musikern und einer kleinen Obszönität. S. 132

Museo de Arte Contemporáneo: Leóns hypermodernes Museum für Moderne Kunst bietet einen fantastischen Kontrastpunkt zum historischen Stadtkern. S. 146

Aktiv & Kreativ

Ausflüge in die Umgebung Leóns: Die Agentur Mundileón bietet englischsprachige Exkursionen ins Umland an, darunter zu Bodegas und zur Tropfsteinhöhle Valporquero. S. 148

Genießen & Atmosphäre

Monasterio San Zoilo: Einfach mal ausspannen in einem über 1000 Jahre alten Benediktinerkloster etwas außerhalb von Carrión de los Condes. Und abends im Restaurant u. a. das frisch gezogene Gemüse aus dem Klostergarten probieren. S. 135

Abends & Nachts

El Capitán: In der plüschigsten Bar von León sitzt man gemütlich beim Drink und amüsiert sich über die Deko im Retrostil. Wer will, sogar bis zwei Uhr morgens. S. 148

Höhepunkte im Verlauf des Jakobswegs sind neben der mittelalterlichen Kirche von Frómista die bizarre Minenlandschaft aus der Römerzeit Las Médulas, Leóns stimmungsvolle Altstadt und Astorgas umstrittener Gaudí-Palast. Ab und zu lohnt auch ein kleiner ›Umweg nach Santiago‹: etwa über das eher stille Palencia südlich von Frómista. Zur sonnengetränkten Mittagszeit hört man dort häufig nur die Störche klappern.

Frómista ►L 6

Fast verloren wirkt der kleine Ort an einer Straßenkreuzung zunächst, doch die Kirche **San Martín** (Plaza San Martín s/n, 10–14, 16.30–18, im Sommer bis 20 Uhr, 1 €) macht schnell klar, dass hier einmal ein Pilgerzentrum erster Güte war. Auf Fotos sieht man dem Gotteshaus nicht an, dass es zu den frühen Großbauten des Mittelalters zählt. Der harmonische Bau ist im 11. Jh. als klassisches Kunstwerk der Hochromanik entstanden, mit Tonnengewölbe, schmalen Treppenrundtürmen, achteckigem Vierungsturm, drei Apsiden und immerhin über 300 Konsolsteinen unter dem Dach. Sie stellen Fabelwesen, Fratzen, Tierköpfe und menschliche Figuren dar. Seltenheitswert hat die eine erotische Figur am Giebel des nördlichen Querschiffs: ein kleiner Mann mit Phallus.

Infobox

Internet

www.spain.info: Das Internetportal von Turespaña bietet nützliche Infos zu den wichtigsten Orten Kastiliens. Auch auf Deutsch.

Fremdenverkehrsämter

Zentrale Anlaufstellen an diesem Abschnitt des Jakobswegs sind die Oficinas de Turismo in León (S. 148), Astorga (S. 151) und Santiago (S. 181).

Anreise und Weiterkommen

Über Madrid oder Barcelona kann man León und Santiago anfliegen. Busverbindungen von Bilbao, Madrid und Barcelona aus nach León oder Santiago bietet die Busgesellschaft Alsa (www.alsa.es). Generell gilt: Busse sind schneller und günstiger als der Zug.

Übernachten

Familiär – **San Telmo:** Martín Veña 8, Tel. 979 81 10 28. Das ansprechende Landhaus mit schönem Innenhof hat Zimmer mit und ohne Bad, auch für Rollstuhlfahrer geeignet. Dabei etwas hellhörig, aber der Preis ist ok. DZ ab 40 €.

Essen & Trinken

In der Umgebung der Kirche San Martín liegen ein paar einfache Bar-Restaurants, die preiswerte Mittagsgerichte anbieten.

Kastilische Kost – **Hostería de los Palmeros:** Plaza San Telmo/Mayor 4, Tel. 979 81 00 67, Di geschl. Kastilisches Rind und Wolfsbarsch aus dem Ofen werden in diesem einstigen Pilgerhospiz gereicht. Sehr geräumig, sympathische Besitzer und eine erstaunlich gute Weinauswahl. À la carte ca. 30 €.

Infos

Oficina de Turismo: Paseo Central, Tel. 979 81 01 80, www.fromista.com

Viel Ruhe und wenig Tourismus in Palencia

Palencia ► L 6/7

Dass die Provinzhauptstadt am Carrión-Fluss kaum Besuch bekommt, wird an den fehlenden Souvenirständen und Terrassencafés vor der gewaltigen **Kathedrale** (Plaza de la Inmaculada s/n, tgl. 10–13.30, 16.30–19 Uhr) deutlich. Sie liegt 40 km südlich des Jakobswegs, etwas abseits, doch genau das macht sie so reizvoll.

Die Kathedrale entstand im 14. Jh. als gotischer Bau über dem Grab des hl. Antolín, dem einzigen bekannten westgotischen Märtyrer der Christenheit. Weite Parkanlagen, zahlreiche Storchennester und die stillen Gassen der Altstadt sind Markenzeichen dieser sonnenverwöhnten Stadt, einer keltiberischen Gründung. Im dazugehörigen Museo Catedrálico (Mo–Sa 10–13.30, 16.30–19.30, So 11.15–13, 16–20 Uhr, 3 €) gibt es neben einigen Wandteppichen und Heiligenstatuen ein sagenhaftes Porträt von Karl V. Gemalt hat es im 16. Jh. wahrscheinlich Lucas Cranach der Ältere. Es ist ein Trickbild, denn von vorne betrachtet wirkt es wie eine surreale Traumwelt. Erst von der Seite aus erkennt man das Gesicht des Königs.

Besonders lebhaft geht es rund um den Hauptplatz **Plaza Mayor** zu, der Schaubühne der knapp 80 000 Einwohner. Unter den Säulengängen wird alles ganz ohne Nepp angeboten, vom Milchkaffee bis zum Spanferkel.

Übernachten

Guter Preis – **Plaza Jardinillos:** Eduardo Dato 2, Tel. 979 75 00 22. Mit frischen Farben dekorierte Unterkunft, die Zimmer sind teils geräumig und alle erstaunlich günstig. Die beste Wahl weit und breit. DZ ab 40 €.

Essen & Trinken

Rund um die Plaza Mayor gibt es gleich mehrere Tavernen zur Auswahl.
Köstlich – **La Traserilla:** San Marcos 12, Tel. 979 74 54 21, www.latraserilla.es. Schickes Ambiente. Auf der wunderbaren Speisekarte stehen z. B. Seekrakensalat, frisches Gemüse oder Kaninchen mit Schnecken sowie hausgemachte Nachtische. Dazu munden die im Eichenfass gereiften Rotweine. Tagesgerichte um die 30 €.

Infos & Termine

Information
Oficina de Turismo: Plaza Mayor 105, Tel. 979 74 00 68, www.palenciaporsu puesto.com

Verkehr
Der Bahnhof und Busbahnhof liegen nahe dem Norden der Calle Mayor.
Bus: 4 x tgl. nach Burgos und Frómista.
Zug: 12 x tgl. nach León, 4 x tgl. nach Frómista.

Termine
Tag des hl. Antolín: 2. Sept., auf der Plaza Mayor treten Livebands auf.

Ampudia ► K 7

Knapp 30 km südwestlich von Palencia (zunächst Richtung León fahren) führt eine Straße durch flaches Land an ein paar fast ausgestorbenen Dörfern, Weizenfeldern und einem monumentalen Zisterzienserkloster vorbei zur **Burg Ampudia** (Besuch nur am Wochenende vormittags 10–14 Uhr je nach Laune der Besitzer, Tel. 629 76 82 47). Steif, grobschlächtig und ziemlich wehrhaft wirkt sie, wie so viele der mittelalterlichen Burgen (*castillos*), die den Namen Kastilien prägten. So manches verfallene *castillo* südlich des Jakobswegs haben staatliche Fördergelder inzwischen gerettet. Häufig sind junge Architekten und Ausbilder mit dem Erhalt der historischen Objekte betraut, die ihren Lehrlingen die zweijährige Ausbildung zum Schreiner und Steinmetz an wahrlich stimmungsvollen Arbeitsplätzen ermöglichen.

Der zur Burg gehörende Ort gleichen Namens ist ein verträumtes Nest mit Holzarkaden, Dorfplatz und einem ungewöhnlich hohen Kirchturm. Auffällig sind die kleinen Steinerhebungen mit Fensterchen rund um die Burg. Wie winzige Schornsteine ragen sie aus dem Boden.

Diese *luceras* dienten der Lichtzufuhr darunter liegender, weitläufiger Natur-Bodegas. Wein wird dort nicht mehr gelagert, stattdessen unbemerkt so mancher erste Kuss ausgetauscht. Am 8. September gibt es in den Höhlen übrigens eine Fiesta zu Ehren der örtlichen Schutzheiligen namens Alconada. Mit Folklore, Lagerfeuer und viel *vino tinto* …

Laguna de la Nava

► K 6

Westlich von Palencia liegt das Feuchtgebiet Laguna de la Nava, wo fast 3000 Vogelarten gezählt worden sind. Viele, wie die Kraniche, machen im Frühjahr und Herbst auf dem Weg von und nach Afrika hier Station. Andere, wie die Rotfußfalken, sind das ganze Jahr über da. Wer Seidenreiher, Drosselrohrsänger, Schwarzstörche und all die anderen der Vogelschar von Nahem sehen will, sollte leichte, aber mückendichte Kleidung tragen (Anfahrt: Von Palencia über die N-610 Richtung León zum Ausgangsort Fuentes de Nava. Führung über das ausgeschilderte Infozentrum, Mayor 17, Tel. 979 84 25 00, Mi–Fr 17–20, Sa und So 11–14, 17–20 Uhr, Spenden sind erwünscht).

Carrión de los Condes ►L 5/6

Endlose Weiten, von der Landflucht entvölkert, ein paar Weizenfelder, ab und an eine Schafherde, Häuserreste, da taucht in einer kleinen Senke plötzlich Carrión de los Condes auf. Das Ortsbild prägen ein Klarissinnenkonvent, Kirchen und Tavernen. Der gleichnamige Fluss Carrión bietet bei der heißen, sommerlichen Luft eine fantastische Abkühlung. Das fanden auch schon die Grafen (*condes*), die hier lebten. Zwei von ihnen heirateten – so berichtet es zumindest das Heldenepos »Cantar de Mío Cid« – Töchter des Cid, doch ließ der Ritter die Männer gleich nach der Hochzeit wutentbrannt erstechen. Sie hatten angeblich ihre Bräute misshandelt. Wie weit es mit der Gleichstellung der Geschlechter im Mittelalter her war, zeigt auch das Bogenfeld am Südportal der Kirche **Santa María del Camino** (12. Jh.). Thema ist der Jungfrauentribut, bei dem jährlich 100 *señoritas* an die Mauren ausgeliefert wurden. Doch auf dem Portal zumindest haben die Mädchen Glück. Denn wilde Stiere beschützen sie.

Übernachten

Klösterlich – **Monasterio San Zoilo:** Obispo Souto s/n, Tel. 979 88 00 50, www.sanzoilo.com. Originelle Unterkunft in und an einem 1000 Jahre alten Benediktinerkloster. Betten gibt es in gut möblierten Mönchszellen oder preiswerten Zweipersonenhäuschen.

Mein Tipp

Köstlich – Pilgertorte aus lokalen Konditoreien ►M 6
In dem kleinen Ort **Castrojeriz** zwischen Burgos und Frómista stellen Klarissinnen die *tarta del peregrino* her, eine kalorienreiche Leckerei aus Mehl, Zucker, Eiern, Butter, Mandeln, Zimt und süßem Sherry. Die Nonnen beliefern viele Konditoreien in der Umgebung.

Das Restaurant mit 230 Plätzen bietet oft Rebhuhn, Lamm und frisches Gemüse aus dem Klostergarten (drei Gänge à la carte rund 30 €. Etwas außerhalb. DZ rund 85 €.
Zelten am Fluss – **El Edén:** N-120/Ctra. Logroño–Vigo, bei km 200, Tel. 979 88 00 50. Der gut 500 m außerhalb des Orts schattig am Carrión-Fluss gelegene Campingplatz ist im Hochsommer sehr gut besucht. Pro Pers., Auto, Zelt je rund 3,50 €.

Sahagún ►K 5

Es gibt schönere Orte am Jakobsweg, keine Frage. Eine gewisse Trostlosigkeit strahlen die Straßen des provinziellen Städtchens aus, das vor allem vom Fernverkehr auf der N-120 geprägt ist. Für Liebhaber maurisch anmutender Backsteinkirchen ist Sahagún jedoch eine Fundgrube. **San Tirso** (11. Jh.) mit seinen Hufeisenbögen besitzt einen hohen Vierungsturm, der an die berühmten Minarette in Sevilla und Marrakesch erinnert. Auf dem Hügel dahinter ist die Ruine des Franziskanerklosters **La Pelegrina** (Die Pilgerin) zu sehen. Auch **San Lorenzo** und **La Trinidad** (13. Jh.) wurden aus Backstein erbaut. Arabische Handwerker im Dienst der Christen verhalfen Sahagún einst zu beachtlichen Zeugnissen des Mudéjar-Stils. Allerdings ist so manches Gotteshaus verfallen. **San Facundo** etwa, einst das mächtigste Benediktinerkloster Spaniens, besitzt nur noch einen Turm und einen Torbogen, durch den heute keine Mönche kommen, sondern Pkw fahren.

Kurz hinter Mansilla de las Mulas, erreicht man ein weiteres Kloster, dessen Baustil einen Vergleich mit den Bauten Sahagúns lohnt. Während in Sahagún islamische Baumeister wirkten, gründeten aus Córdoba vertriebene Mönche hier das Kloster San Miguel de Escalada aus dem 10. Jh. (ab Mansilla de las Mulas ausgeschildert, Sommer Di–Sa 10.30–13.45, 16.30–20, So und Fei 10–13.45, sonst Di–Sa 10.30–13.15, 16.30–18, So und Fei 10.30–13.15 Uhr, Eintritt frei). Auch sie brachten maurische Elemente ins Spiel, etwa die Bogengalerie. Das gedämpfte Licht in dem schmucklosen Kircheninneren erinnert an die Atmosphäre in einer Moschee. Mozaraber hat man die Christen genannt, die wie diese Mönche unter islamischer Herrschaft im Süden Spaniens lebten.

Infos & Termine

Information
Oficina de Turismo: Arco 87, Tel. 987 78 21 17, www.sahagun.org

Verkehr
Zug: Bahnhof, Ronda de la Estación s/n, etwa alle zwei Stunden fahren Züge in 30 Min. nach León.

Termine
Fiestas de San Juan: Mitte Juni, Höhepunkt: Männer treiben Jungstiere durch die Gassen.

León! ►J 5

Nicht jedem war die heutige Universitätsstadt mit ihrer attraktiven Altstadt gleich rundherum sympathisch. Ein französischer Pilger notierte im Jahr 1704, sie sei »arm, klein und langweilig« und der niederländische Autor Cees Nooteboom stellte fest: »bäuerlich, nicht mondän«. Dabei hat die Universitätsstadt (140 000 Einw.) an den

Flüssen Torío und Bernesga ein keineswegs museales, sondern ein junges Ambiente. Und wer am Wochenende abends durch das legendäre Barrio Húmedo, das ›Feuchte Viertel‹ läuft, hört überall lebhaftes Stimmengewirr. Die Tavernen und Bars sind gut besucht.

Geschichte

Obwohl er sogar im Stadtwappen verewigt ist: Nicht ein Löwe (*león*) gab der alten Römerstadt ihren Namen, sondern die VII. Legion des Servius Sulpicius Galba, die hier im Jahr 68 n. Chr. ihre Lagerstadt errichtete, um die nördlichen Bergregionen besser zu kontrollieren. Im 10. Jh. machte Ordoño II. die Stadt zum Königssitz Asturiens; 2010 feierte sie den 1100sten Geburtstag des Reino de León. Doch noch einmal ein Blick zurück: León erholte sich nach den Verwüstungen maurischer Truppen 988 schnell und war mit dem Königshof über zwei Jahrhunderte lang die wichtigste Stadt im christlichen Spanien, bis es im Jahr 1230 zur Vereinigung mit Kastilien kam. Damals hatten die Arbeiten an

Einladend: die Fußgängerzone der Universitätsstadt León

León

Sehenswert
- 1 Plaza de San Marcelo
- 2 Casa de Botines
- 3 Palacio de los Guzmanes
- 4 Kathedrale
- 5 San Insidro und Panteon de los Reyes
- 6 Hostal de San Marcos
- 7 Museo de Arte Contemporáneo

Übernachten
- 1 Hostal de San Marcos
- 2 La Posada Regia
- 3 Ríosol
- 4 Londres
- 5 Europa

Essen & Trinken
- 1 Nuevo Rácimo de Oro
- 2 Adonías Pozo
- 3 Casa Lorenzo
- 4 El Flechazo
- 5 El Latino
- 6 El Rebote
- 7 La Pitanza

Einkaufen
- 1 Mercado
- 2 Don Queso
- 3 El Escribano

Aktiv & Kreativ
- 1 Mundileón

Abends & Nachts
- 1 El Capitán
- 2 Auditorio

der Kathedrale gerade begonnen. Das Gotteshaus entstand genau an der Stelle, wo in der Römerzeit Legionäre in den Thermen badeten und später König Ordoño Gäste in seinen über den Resten der Thermen erbauten Palast zu großen, aufwendigen Festessen einlud. Ob mittelalterliche Pestepidemien oder Aufstände der Minen- und Erzarbeiter im 19. Jh., nie erlebte die Pilgerstation am Jakobsweg so gelassene und friedliche Zeiten wie heute. Die Provinzhauptstadt von Kastilien-León wacht über ein weitflächiges, dünn besiedeltes und annähernd baumloses Gebiet.

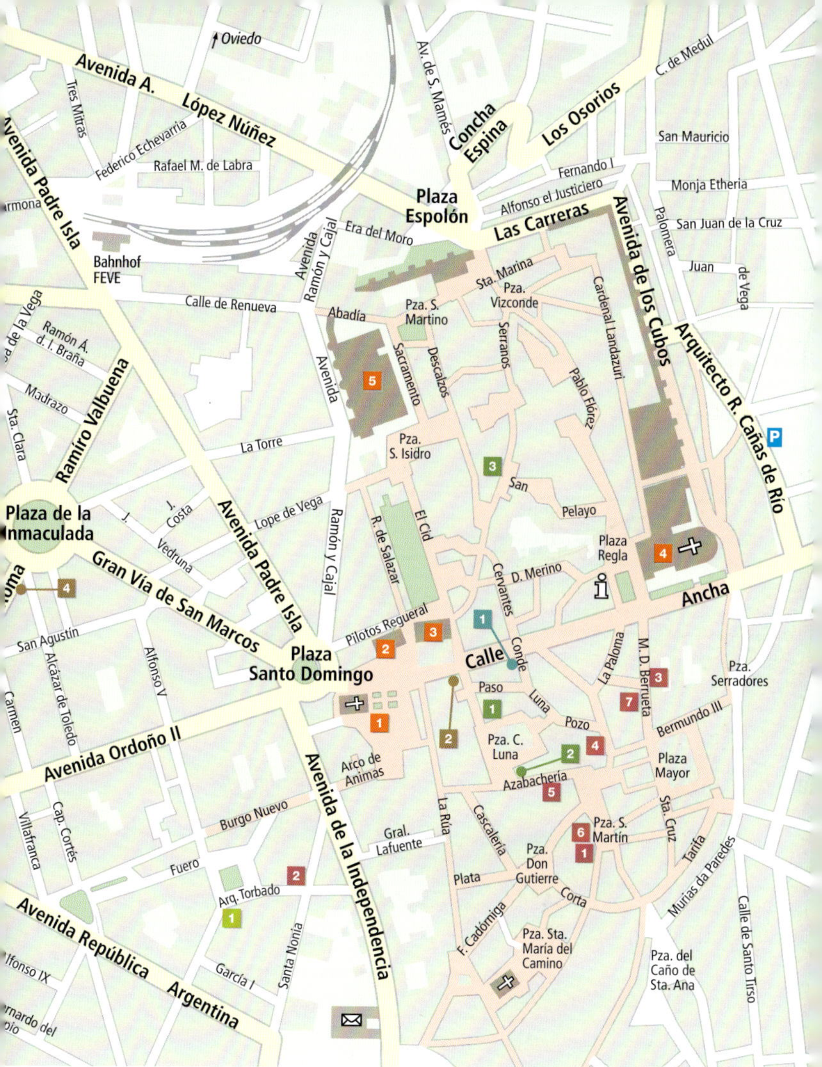

Orientierung

Zentraler Platz und Drehscheibe zwischen Neu- und Altstadt ist die **Plaza de San Marcelo** 1 (Parkhaus für Autofahrer) mit dem markanten Backsteinturm der gleichnamigen Märtyrerkirche (13.–16. Jh.) und dem Renaissance-Rathaus von 1585. Richtung Bernesga-Fluss und seinen grünen Promenaden geht es durch ein lautes Geschäftsviertel. In entgegengesetzter Richtung – zur Kathedrale hin – führt die breite Einkaufsstraße Ancha (bis vor kurzem hieß sie noch Generalíssimo Franco) geradewegs in den historischen Kern

Auf Entdeckungstour

Einfach köstlich: auf Tapa-Tour durch die Bars von León

Nicht nur an den Wochenenden zeigt sich die Altstadt von León von ihrer kulinarischen Seite. Die Tavernen mit den leckeren Appetithäppchen im Viertel Húmedo sind im ganzen Land bekannt.

Tapa-Bars: s. Essen & Trinken

Geschirr klappert. Kellner schneiden mit ihren langen Messern hauchdünne Scheiben von den Schinkenkeulen, Espressomaschinen dampfen und aus der Küche weht der Geruch von Champignons, Knoblauch, Gambas und Sardellen.

Vamos de cortes, heißt die Lieblingsfrage der Leonesen, gehen wir auf ein ›Kleines‹? Gemeint sind die kleinen Weingläser, aus denen auch Bier getrunken wird. Doch im Grunde geht es um etwas viel Größeres: um die Tapas. Faustregel zum Mitmachen: Ein Glas Wein kostet 1, höchstens 2 € und zu jedem Cortes wird eine Tapa gratis gereicht. *Tapear*, auf Streifzug durch die Bodegas gehen, ist aber auch besonders wegen der Atmosphäre eine Entdeckungstour für die Sinne.

Besonders Leóns 16 000 Studenten prägen das Ambiente. Ursprünglich erfanden die Andalusier die Tapas als kleine Baguettescheiben mit etwas darauf, um den Inhalt der Sherry-Gläser vor Insekten zu schützen. Das machte landesweit die Runde, doch in León ist *tapear* etwas ganz Besonderes. Schon in den 1920er-Jahren waren die Tavernen hier über die Stadtgrenzen hinaus bekannt und bis heute zeichnen sie zwei Dinge aus: Jede Taverne hat ihre eigenen, leckeren, oft großzügigen Spezialitäten, die man gratis dazu bekommt. Das ist der Unterschied zu vielen der Bars in Burgos, Pamplona und Santiago.

Das berühmteste Tapa-Viertel am Jakobsweg

León hat mehrere Ausgehviertel im Stadtkern, vor allem das Barrio Romántico nördlich der großen Straße Ancha zur Kathedrale hin und das Barrio Húmedo, das sogenannte feuchte Viertel, südlich davon. Es ist der richtige Ort, um einmal ganz wie die Spanier den Abend zu genießen. Ab 20 Uhr füllen sich die Bars, in den kleinen Gassen kommt langsam Hochbetrieb auf und dann gibt es nur noch eins: Sich einfach unter das Volk mischen, treiben lassen, mitmachen. Die Bodegas sind so zahlreich, dass weder neue Handyanbieter noch Billigmärkte irgendeine Chance haben, eine Lizenz zu bekommen. Das gilt vor allem für die Gassen rund um die Plaza San Martin, wo die Tavernendichte ganz besonders hoch ist. Und auch deshalb ist das Barrio Húmedo das unbestritten berühmteste Tapa-Viertel am gesamten Jakobsweg.

Gambas oder Kroketten?

Von der **Kathedrale** aus geht es nach Süden hin zur **Plaza Mayor,** und auf dem Weg dorthin gleich zu einer der legendärsten Bars. In der Straße **Manuel Domínguez Berrueta** liegt hinter einer schlichten Holzfassade die **Casa Lorenzo** 3. Sie bietet zum Wein die typischen Pfefferwürstchen. Früh füllt sich die Bar, die Insider und echte Tapa-Spezialisten auch wegen der tollen Stimmung für eine der besten halten. Auf der Plaza Mayor ist am Samstag Vormittag Markt und nachts in den Bars die Hölle los.

In den Gassen westlich der Plaza, vor allem rund um die **Plaza de San Martín,** hat man nun die Qual der Wahl, und die Entscheidung fällt der Magen. Dicke, selbstgemachte Kartoffelchips mit scharfem Paprikapulver serviert **El Flechazo** 4. Im **El Latino** 5 gibt es vor allem frische Gambas und im **El Rebote** 6 reichhaltige Kroketten aller Art. Nur eine der Tavernen schlägt etwas aus der Art, das **La Pitanza** 7: Hier ist der Wein tatsächlich noch beliebter als die Tapas. Es gibt die erlesenen Tropfen aus den Anbaugebieten Tierra de León und El Bierzo.

von León: Rechter Hand erstrecken sich die Plaza Mayor und die Gassen des Ausgehviertels Barrio Húmedo, linker Hand die besser erhaltene Gegend rund um die Basilika de San Isidro und die Reste der römischen Stadtmauer.

Rundgang

Casa de Botines 2 und Palacio de los Guzmanes 3

Gegenüber vom Rathausplatz hat der katalanische Architekt Antoni Gaudí 1891 bis 1893 den neogotischen Palast **Casa de Botines** erbauen lassen. Das Haus, von einer Leoneser Sparkasse in Auftrag gegeben, gibt einen kleinen Vorgeschmack auf Gaudís modernistischen Bischofspalast im nahen Astorga. Sein Werk in León befindet sich in guter Gesellschaft, denn gleich daneben liegt der **Palacio de los Guzmanes**, ein 1560 begonnener Renaissance-Bau mit schönem Innenhof, in dem heute die Provinzverwaltung tagt. Einst lebte hier die Dynastie der Guzmanes, die auf einen der Helden der Reconquista aus dem 13. Jh. zurückgeht: Guzmán el Bueno.

Kathedrale 4

Plaza Regla s/n, Sommer Mo–Sa 8.30–13.30, 16–20, So und Fei 8.30–14.30, 17–20, sonst tgl. 8.30–13.30, 16–19 Uhr Eintritt für den Kreuzgang 1 €, für Museum und Kreuzgang 4 €.

Bereits von weitem sind die über 60 m hohen Türme der **Kathedrale Santa María de Regla** zu sehen. Auf den zahlreichen weiteren Türmchen des frühgotischen Baus sitzen an manchen Tagen ganze Kolonien von Störchen. Die Kathedrale ist ein schlanker, ockerfarbener Steinbau mit großen Fensterrosen an der West- und Südfassade. Das durch und durch französisch inspirierte Bauwerk aus dem 13. Jh., dessen erste Bauphase Meister Enrique leitete, ist eine Symphonie aus Glas: 1800 m² Fensterfläche, zum größten Teil noch original, filtern das Licht mal in sattem Gelb, mal in tiefem Blau, mal in warmem Rot. Das oft lichtdurchflutete Innere prägen nicht nur das Chorgestühl aus Nussbaum und der Hochaltar mit den Tafelbildern, sondern vor allem die Luftigkeit der hohen Konstruktion. Durch den Kreuzgang geht es ins **Museo Catedralico y Diocesano de Arte Sacro,** das Kathedralenmuseum. Zu seinen Schätzen gehören u. a. wertvolle

Fensterrosetten zieren die Fassaden der frühgotischen Kathedrale Leóns

Handschriften, eine Sammlung romanischer Sitzmadonnen und eine westgotische Bibel aus dem 10. Jh.

San Isidro und Panteon de los Reyes 5

Plaza de San Isidro 4, Juli und Aug Mo–Sa 9–20, So 9–14, sonst Mo–Sa 10–13.30, 16–18.30, So 10–13.30 Uhr, Eintritt 4 €, Do nachmittags Eintritt frei

Nordwestlich der Kathedale liegt, verbunden durch ein gut 600 m langes Stück mittelalterliche Stadtmauer, die Königliche Stiftskirche **Basílica de San Isidro.** Sie gilt als Musterbeispiel spanischer Frühromanik und birgt die Reliquien von Isidro, dem Kirchenlehrer und seit dem Jahr 600 ersten Erzbischof von Sevilla. Im Hochmittelalter wurden die Gebeine des Heiligen hierher gebracht und fortan kamen auch viele Pilger. Wer besonders krank war, konnte an der ›Puerta del Perdón‹ (Pforte der Vergebung) schon jetzt, und nicht erst im noch weit entfernten Santiago, den lang ersehnten Ablass für seine Sünden bekommen.

Lieblingsort

Antonios Laden

Antonio Suárez Gordón (rechts im Bild) ist ein angesehener Künstler aus León, der nicht nur geschmackvolle Urkunden, Gravuren und mittelalterliche Motive auf Pergament herstellt, sondern auch diesen schönen Laden führt. Mit ihm unterhält sich Evi Miguelez, die ich hier kennengelernt habe und die als Reiseleiterin eine versierte Stadtkennerin ist. Wir treffen uns seither öfter hier, wenn ich mal wieder vor Ort bin.

El Escribano **3**: Fernando González Regueral 6, www.elescribano.com.

Ein separater Zugang führt westlich der dreischiffigen Kirche zu der königlichen Grablege **Panteón de los Reyes** mit elf Königen, zwölf Gemahlinnen und mehreren Infanten. Um das Jahr 1160 herum sind in der sogenannten ›Sixtinischen Kapelle der spanischen Romanik‹ einzigartige Gewölbemalereien entstanden, die zum kunsthistorisch Schönsten gehören, was man entlang des Jakobswegs sehen kann. Zum Glück ließen die napoleonischen Soldaten, die in dem niedrigen kleinen Raum mit seinem Kreuzgratgewölbe sämtliche Grabbeigaben plünderten, die farbintensiven Wandmalereien unversehrt. Die Motive der gut erhaltenen und restaurierten Fresken zeigen Christus mit den Evangelisten (die nach ihren jeweiligen Attributen mit Löwen- oder auch Stierkopf dargestellt sind) und regelrecht zechende Apostel beim üppig gedeckten Abendmahl. Zu sehen sind aber auch Alltagsszenen, darunter Darstellungen von zeitgenössischen Hirten. Die Bilder an den Kapitellen orientieren sich wieder ganz an der Bibel: Sie zeigen u. a. Moses mit der Gesetzestafel und Daniel in der Löwengrube.

Vom Pantheon der Könige geht es durch den Kreuzgang eine Treppe hoch in das **Museum**, in dem neben einem Achatkelch und arabischen Schmuckkästchen der silberne Reliquienschrein von Isidro steht, während die Bibliothek kalbslederne Bibeln und 1000 Jahre alte Chorbücher verwaltet.

Hostal de San Marcos 6

Plaza de San Marcos s/n, Museum Di–Sa 10–14, 17–20, So und Fei 10–14 Uhr, Eintritt 2 €

Eine Viertelstunde Fußweg ist es von der Basilica San Isidro bis zum **Hostal de San Marcos** (weitgehend 16. Jh.) am Ufer des Bernesga. Hinter der 300 m breiten Fassade des Klosters schliefen einst erschöpfte Pilger unter alten Wolldecken auf Holzpritschen. Heute lässt hier ein Fünfsterneparador mit allem Komfort keine Wünsche mehr offen. Auch wer nicht Gast ist, kann sich in der Hotelbar des Prunkbaus einen Kaffee gönnen und durch den Kreuzgang spazieren. In der ehemaligen Sakristei des Komplexes ist das Stadtmuseum **Museo de León** eingerichtet. Die Betreiber haben es vor allem mit religiösen Wertgegenständen aus nahen Klöstern bestückt: Dazu gehören beispielsweise ein mozarabisches Kreuz und ein kurzbeiniger Elfenbein-Christus aus dem 11. Jh.

Museo de Arte Contemporáneo (MUSAC) 7

Av. De los Reyes Leoneses, Di–So 11–15, 16–21 Uhr, www.musac.es, Eintritt frei

Das **Museum für moderne Kunst,** entworfen von den Architekten Luis Mansilla und Emilio Tuñón, hat mehrere Preise für seine herrliche Gestaltung bekommen. Sie lässt die Wechselausstellungen regelrecht zur Nebensache werden. Der originelle, würfelförmige Bau besteht aus Stahl und Buntglas, Letzteres in Anlehnung an das viele Glas der Kathedrale. Auf 21 000 m² werden moderne Foto-, Video- und Bildprojekte gezeigt und es sind auch diverse Lesungen sowie Musik zu hören. Unter anderem treten hier beim Purple Weekend jedes Jahr im Dezember Musiker im Stil der 1060er-Jahre auf.

Übernachten

Herrschaftlich – **Hostal de San Marcos** 1: Plaza de San Marcos 7, Tel. 987 23 73 00, www.parador.es. In dem schmucken Renaissance-Bauwerk am Río Bernesga war früher ein Pilgerhospiz untergebracht. Heute bietet der Fünfsternepalast geräumige Zimmer für einen vergleichsweise guten Preis. Zu Fuß sind es rund 15 Minuten bis zur Kathedrale. DZ ca. 190 €.

Historisches Flair – **La Posada Regia** 2: Regidores 11, Tel. 987 21 31 73, www.regialeon.com. Altes Mauerwerk aus dem 14. Jh. und rustikale Holzbalken charakterisieren diese Unterkunft. Die Zimmer teils mit Dachluke sind dezent eingerichtet. Auf Fotos sieht man noch, wie heruntergekommen es hier früher aussah. Beeindruckend, was der Besitzer daraus gemacht hat, wenn auch etwas überladen dekoriert. DZ 70–120 €.

Komfortabel – **Ríosol** 3: Avda. de Palencia 3, Tel. 987 21 68 50, Ansprechendes, wenn auch äußerlich kastenartiges Mittelklassehotel in Fußnähe zur Kathedrale. In dieser Kategorie ist es eines der besten der Stadt. DZ ab ca. 90 €.

Funktional – **Londres** 4: Avda. de Roma 1. Tel. 987 22 22 74. Funktionale Zimmer mit Bad, TV und Telefon. Etwas verlebt, aber immer noch empfehlenswert. DZ ab 52 €.

Schlicht – **Europa** 5: Avda. de Roma 26, Tel. 987 22 22 38. Bad im Flur, in einer Straße mit mehreren einfachen Hostals dieser Art. Für den kleinen Geldbeutel, schlicht, aber sauber. DZ ab 35 €.

Essen & Trinken

Herzhaft – **Nuevo Rácimo de Oro** 1: Plaza de San Martín 8, Tel. 987 21 47 67, So geschl. In der Bodega mit rustikalem Stil gibt es neben Dörrfleisch in hauchdünnen Scheiben (*cecina*) vor allem Milchlamm. 35–50 €.

Für die Sinne – **Adonías Pozo** 2: Santa Nonia 16, Tel. 987 20 67 68, So geschl. Hier kann man eine anspruchsvolle und marktorientierte Kochkunst rund um Fisch und Fleisch genießen. Tagesgerichte gibt es um 35 €.

Tapas variadas – **Casa Lorenzo** 3: Manuel Domínguez Berrueta 7, Preiswerte Tapa-Bar, beliebt wegen der guten Happen von den Pfefferwürstchen bis zur Tortilla. Menü rund 15 €.

Junges Ambiente – **El Flechazo** 4: Cardinales Platerías, Ecke Escallería. Angesagt wegen der Tapas in Form von selbstgemachten Kartoffelchips. Menü rund 15 €.

Sehr beliebt – **El Latino** 5: Plaza de San Martín 10, großzügige Tapas an der Bar. Der Hit sind Gambas. Im angeschlossenen Restaurantbereich leckere Steaks und Spinat mit Schinken. Menü rund 25 €.

Traditionell – **El Rebote** 6: Plaza San Martín 9, Ziegelsteinwände, lichte Bar, auf diverse, herzhafte Kroketten spezialisiert. Eine der beliebtesten Tapa-Bars und vor allem an Wochenenden gut gefüllt. Menü 15–30 €.

Gute Weine – **La Pitanza** 7: Manuel Domínguez Berrueta 6, Weintaverne in einer der beliebten Tapa-Gassen von León. Zum *vino tinto* (Rotwein) bestellen die Gäste besonders gern eine Ration Serrano-Schinken. Das Menü kostet ca. 25 €.

Einkaufen

In dieser Straße Ancha gibt es die meisten Geschäfte.

Frisches vom Markt – **Mercado** 1: Die Markthalle an der Plaza Conde de Luna ist werktags bis gegen 14 Uhr geöffnet.

Käsespezialitäten – **Don Queso** 2: Azabachería 20. Hier gibt es wahrlich nicht nur kastilischen Manchego-Käse, sondern so ziemlich jeden des ganzen Landes.

Kunsthandwerk – **El Escribano** 3: S. 143.

Aktiv & Kreativ

Erkundung der Umgebung – **Mundileón 1**: Villa Benavente 4 Tel. 987 21 22 66, www.mundileon.com. Die Agentur bietet für Gruppen ab vier Personen englischsprachige Exkursionen ins Umland an, darunter zu Bodegas und zur Tropfsteinhöhle Valporquero.

Abends & Nachts

Belebt sind die Bars und Tavernen rund um die Altstadtplätze San Martín und Don Gutierre vor allem freitags und samstags ab den späten Abendstunden.

Plüschig – **El Capitán 1**: Ancha 8, 12–2 Uhr morgens. Verspiegelt, mit Samtvorhängen und viel Kerzenlicht, eine kitschig-kultige Bar im Retro-Stil. Die Drinks sind nicht gerade preiswert.

Konzerte und Tanz – **Auditorio 2**: Av. Reyes Leoneses 4, www.auditoriociudaddeleon.net. Im hochmodernen Auditorio sind regelmäßig gute Konzerte, Modern Dance und Theaterstücke zu sehen.

Infos & Termine

Information

Oficina de Turismo: Plaza de Regla 4, Tel. 987 23 70 82, www.leon.es

Verkehr

Bahnhof: Avda. de Astorga, auf der dem Zentrum gegenüberliegenden Seite des Flusses, Tel. 987 27 02 02, wwww.renfe.es. 4 x tgl. nach Burgos, tgl. bis zu 3 x nach Santiago, A Coruña und Vigo.

Busbahnhof: Avda. Ingeniero Sáenz de Miera s/n, Tel. 987 21 10 00, stdl. nach Astorga, alle 2 Std. nach Oviedo, mindestens 1 x tgl. nach Burgos, 4 x tgl. nach A Coruña.

Termine

Semana Santa: Umzüge während der Karwoche mit Heiligenfiguren.

San Juan y San Pedro: Großes Stadtfest zwischen den Feiertagen San Juan (24. Juni) und San Pedro (29. Juni).

San Froilán: Patronatsfest am ersten Okt.-Wochenende mit Mittelalterfest, keltischer Musik und Tanz.

Purple Weekend: www.purpleweekend.com. Musik-Sessions an einem Wochenende im Dezember (variabel) lassen die 1960er wieder aufblühen, u. a. im Museo de Arte Contemporánea, in Bars und Cafés.

Astorga ! ▶ H 5

Drei Dinge fallen in der 13 000-Einwohner-Kleinstadt am Fuß der Berge von León auf: die römische Mauer, der von Antoni Gaudí geschaffene Bischofspalast und die benachbarte Kathedrale. Die Kleinstadt, 40 km westlich von León, ist deshalb so reich an Sehenswertem, weil sie strategisch günstig liegt. Die Römer kontrollierten von hier aus ihre nahen Erzminen im westlichen Bierza-Gebiet. Dieses Erz war das A und O für das in Rom so geschätzte Gold und Silber. Von Asturica Augusta, dem späteren Astorga, führte die Heer- und Handelsstraße Ruta de la Plata (Silberroute) nach Süden bis Sevilla und im Norden an die Atlantikküste.

In Ost-West-Richtung wiederum verlief Jahrhunderte später der Jakobsweg – und in Astorga fanden die Pilger aus Nordeuropa und Südspanien in bis zu 25 Hospizen einen Unterschlupf, so viele wie in der damals zehnmal größeren Stadt Burgos. Astorga war der letzte größere Ort zum Verschnaufen, bevor es über den strapaziösen Pass nach Santiago ging.

Die Fuhrleute, die für die Warentransporte in alle vier Himmelsrichtungen zuständig waren, lebten in der nordwestlichen Bergregion Maragatería. Nach diesen *maragatos* heißt eine berühmte Spezialität aus Astorga: der *cocido maragato,* ein deftiger Eintopf aus Schweineohren, Blutwurst, Zwiebeln und Kichererbsen.

Palacio Episcopal

tgl. 9.30–12, 16.30–18 Uhr, Pilgermuseum Di–Sa 11–14, 15.30–18.30 Uhr, Eintritt 2,50 €

Der 1889 begonnene **Palacio Episcopal** ist ein Werk von Antoni Gaudí, der zeitgleich an der weltberühmten Sagrada Familia im fernen Barcelona arbeitete. Der neogotische Bischofspalast ist weniger verspielt und organisch, als man es von dem Katalanen sonst kennt. Andererseits wirkt das schlossartige Bauwerk mit seinen Spitztürmen, schmalen Fenstern und Erkern eher wie eine Unterkunft für Schneewittchen statt für einen Ordinarius. Eben deshalb gab es 1893 auch handfesten Ärger. Als der auftraggebende Bischof starb, monierte sein Nachfolger die hohen Baukosten und ließ durchblicken, dass er die in seinen Augen geschmacklich durchwachsene Residenz niemals beziehen wolle. Kritik am Baustil wurde lauter. Gaudí, längst nur noch Lob und Hochachtung gewöhnt, tobte vor Wut. Er trat von dem Projekt zurück und so konnte es erst zehn Jahre später von einem anderen Architekten beendet werden. Tatsächlich hat bis heute niemals ein Bischof in dem märchenhaften Bau aus hellem Granit gewohnt.

Stattdessen beherbergt er im Erdgeschoss das **Museo de los Caminos.** In dem Museum der Pilgerwege sind Erinnerungsstücke von Wallfahrern zu sehen, darunter Kürbisflaschen, Pilgerstäbe oder Jakobsmuscheln aus verschiedenen Materialien.

Kathedrale Santa María

Plaza de la Catedral s/n, Diözesanmuseum Mo–Sa 10–14, 16–20 Uhr, Eintritt 4 € (Kombiticket mit dem Pilgermuseum)

Neogotisch ist der Bischofspalast, spätgotisch die **Kathedrale Santa María** nebenan. Auch wenn das Querhaus fehlt, das dreischiffige Langhaus wirkt für den kleinen Ort sehr mächtig. Die Bischofskirche entstand seit dem 15. Jh. und bekam später noch eine Renaissance-Fassade aus rötlichem Sandstein. Im ganz von der Spätgotik bestimmten Innern fällt ein Chorgestühl mit 97 Nussbaumsitzen auf, das Hans von Köln zugeschrieben wird. Angeschlossen ist ein kleines **Diözesanmuseum.** Zu sehen sind hier neben Juwelen und kirchlichen Gegenständen u.a. ein 1000 Jahre alter Kristallkelch und ein wertvoller Reliquienkasten.

Museo del Chocolate

José María Goy, Di–Sa 11–14, 16.30–20, So 11–14 Uhr, Eintritt 2 €, Kombiticket mit Römischem Museum 3 €

Als ›süßer‹ Abschluss der Besichtigung bietet sich das Schokoladenmuseum an. Es erinnert mit Geräten und Produkten an die Kakaofabriken Astorgas aus dem 18. und 19. Jh. Natürlich gibt es auch einen Direktverkauf für die leckere Schokolade.

Museo Romano

Plaza de San Bartolomé, Di–Sa 11–14, 16–18, So 11–14 Uhr, 2,50 €

Das **Römische Museum** ist in einem Tunnel über dem einstigen Forum nahe dem Rathaus errichtet worden. Einst ein römisches Gefängnis, bietet es heute einen Überblick über die Zeit der römischen Besatzung in Astorga.

Astorga ist neben der Römermauer vor allem für Gaudís Bischofspalast berühmt

Übernachten

Familiär – **Cuca la Vaina:** Jardín s/n, Castrillo de los Polvares, Tel. 987 69 10 78, www.cucalavaina.es, knapp 7 km westlich von Astorga in einem hübschen, leonesischen Dorf mit alten Steinhäusern gelegen. Die Unterkunft ist geschmackvoll eingerichtet und bietet eine gute, regionaltypische Küche sowie wertvolle Tipps zum Wandern, Reiten und Fischen in der Umgebung. Besonders für Familien sehr geeignet. DZ 60–70 €.

Essen & Trinken

Hausmannskost – **La Peseta:** Plaza de San Bartolomé 3, Tel. 987 61 72 75. Außer im Aug. So und Di abends geschl. Preiswerter Klassiker kastilischer Hausmannskost, u. a. Wildplatte, Bohnen mit Mandeln (*alubias con almejas*) und Milchreis (*arroz con leche*). Den regionale Eintopf *cocido maragato* gibt es im Winter immer samstags oder auf Vorbestellung. Tagesgerichte ab 20 €.

Große Auswahl – **Parillada Serrano:** Portería 2, Tel. 987 61 72 75. Das ge-

räumige Restaurant bietet eine große Auswahl, von der Fischsuppe bis zum Steak. Das Tagesmenü (*menú del día*) gibt es schon für knapp 10 €.

Einkaufen

Süßes – **Mantecadas Alonso:** de los Sitios 12. Hier bekommt man neben der heimischen Schokolade auch die ausgesprochen kalorienreiche Astorga-Leckerei *mantecadas* aus Weizenmehl, Eiern und Zucker.

Infos & Termine

Information

Oficina de Turismo: Glorieta Eduardo de Castro s/n, Tel. 987 61 68 38, www.ayuntamientodeastorga.com

Verkehr

Bahnhof: Plaza de la Estación s/n, Tel. 987 61 65 63, etwas ungünstig am nördlichen Stadtrand gelegen (zu Fuß ins Zentrum 20 Min.). 7 x tgl. nach León und A Coruña.

Busbahnhof: Avda. de las Murallas 54, Tel. 987 61 91 00. 7 x tgl. nach Ponferrada, doppelt so oft nach León.

Termine

Fiesta Santa Marta: Ende Aug., mit den Volkstänzen und Blaskapellen ein ziemlich gediegenes Stadtfest.

Über den Rabanal-Pass ▶ G 5

»*Se venden cerezas*« (»Kirschen zu verkaufen«) steht im Frühsommer oft auf den Schildern am Straßenrand, wo fliegende Händler Kirschen an die Pilger verkaufen. Hier, gleich hinter Astorga, geht es in die raue Landschaft Maragatería auf den Rabanal-Pass zu. In der Gegend lebten einst die *maragatos*. Als Fuhrleute mit dunklen Pluderhosen beförderten sie Waren zum Atlantik. Bis heute halten sich die Gerüchte, diese offenbar etwas düsteren Menschen am Rande der Zivilisation stammten von den Berbern oder Germanen ab. Mitten in der Maragatería liegen kleine leonesische Ortschaften wie Muria und Castrillo de los Polvazares. Mit ihren ursprünglichen Gassen und malerischen Natursteinhäusern wirken sie so herausgeputzt, als würde dort jeden Moment ein Werbefilm für

Auf Entdeckungstour

Zu den Minen von Las Médulas

Einst haben die Römer im Gebiet von Las Médulas Gold geschürft, viel Gold. Und dabei eine weitflächige, bizarre Landschaft hinterlassen, die man heute mit Führung durchwandern kann.

Reisekarte: ► F 5

Geführte Touren: ab dem Centro de Recepción de Visitantes, April–Sept. tgl. 11.30, 12, 17, 17.30, Okt–März 11.30 12, 16, 16.15 Uhr, 4 €.

Aula Arqueológico: April–Sept. tgl. 10–13.30, 16–20, Okt–März Sa 10–13.30, So 10–14 Uhr, 2 €.

Web: www.fundacionlasmedulas.org

25 km südwestlich von Ponferrada beginnt eine zerklüftete, bizarre Landschaft mit Höckern, Stümpfen und Höhlen. Sie enstand vor 25 Mio. Jahren und ist 1997 von der UNESCO zum Weltkulturerbe erklärt worden. Das Areal gleicht einer rotbraunen Mondlandschaft und ist nicht etwa eine Laune der Natur, sondern eine Hinterlassenschaft der Römer aus dem 1. Jh.

Fast 5000 kg Gold

Wer die eigentümlichen Gesteinsformationen von **Las Médulas** besucht, sollte zunächst einen Blick in die **Archäologische Aula** *(aula arqueológico)* am Ortseingang werfen, um sich einen Überblick zu verschaffen. Sie erzählt mit ihren Schautafeln und Plänen viel davon, wie wichtig diese Mine für Rom damals war. Bis zu 4000 asturische Arbeiter trieben tiefe Schächte in die Erde, sorgten für ein 100 km langes Kanalsystem und förderten im Verlauf der Jahre insgesamt fast 5000 kg Gold. Historiker gehen deshalb davon aus, dass Las Médulas die wohl wichtigste Mine des gesamten römischen Imperiums war.

Ein weiterer Beweis für ihre Bedeutung ist auch, dass im nahen Astorga eine Schutzmauer errichtet wurde und eine schlagfertige Garnison auf mögliche Überfälle vorbereitet war. Mit dem Gold konnte Rom einen Großteil der Heeresbesoldung gewährleisten. Die Arbeiter, wird in dem Museum deutlich, lebten in castro-Dörfern vor allem von den proteinreichen Esskastanien. Die Bäume hatte Rom anpflanzen lassen, damit ihre so wichtigen Minenarbeiter stark genug blieben. Dabei konnten sie nicht ahnen, wie wichtig diese Maßnahme noch für die ferne Zukunft sein würde. Denn als im 19. Jh. in der Gegend drastische Hungersnöte ausbrachen und Emigration oft der einzige Ausweg war, überlebte die verarmte, zurückgebliebene Landbevölkerung hier ausschließlich dank dieser Bäume. Sklaven, wie so oft behauptet, waren die Goldminenarbeiter übrigens nicht, denn sie durften frei wohnen, Gemüse anbauen, heiraten und Kinder zeugen.

Eine Wanderung zu den Goldminen

Von dem ausgeschilderten **Centro de Recepción de Visitantes de Las Médulas** bietet sich ein rund 1,5-stündiger Spaziergang in das Herz des Gebiets an, dorthin also, wo einst geackert und geschuftet wurde – zu den Stollen **La Cuevona** und **La Encantada.** Die geführte Tour auf Englisch und Spanisch geht mitten durch die zerklüftete Landschaft mit ihren teils noch erhaltenen Kanälen. Sie entstanden, weil die Minenarbeiter die Berge aushöhlten und dann fluteten, wodurch sie in sich zusammenbrachen. Mit Goldwaschrinnen ging es dann ans Wesentliche – an das Herausfiltern des Edelmetalls.

Weiter Blick über das Areal

Das Beste an dem Besuch aber ist ein Blick von dem Mirador aus auf das rötlich schimmernde Zeugnis römischer Industriegeschichte, das mitten im satten Grün der Umgebung liegt. Zum Aussichtspunkt führt ein 1,5 km langer, nicht gerade reifenfreudlicher Schotterweg. Wer gut zu Fuß ist, sollte das Auto besser stehen lassen. Der Panoramablick lohnt, vor allem am Nachmittag, wenn das Farbenspiel noch intensiver wird. Vom Mirador aus können Wanderer in gut drei Stunden noch einen ausgeschilderten Rundweg zurücklegen, bei dem man wieder an den Höhlen und Stollen vorbeikommt und der nicht allzu schwer zu gehen ist.

den Fremdenverkehr gedreht. In Castrillo heben Pilger einer langen Tradition nach einen Stein auf und tragen ihn – vorbei an dem rustikalen Steindorf Rabanal del Camino und dem halb verfallenen Foncebadón – hinauf zum oft von Nebel verhüllten Eisenkreuz Cruz de Ferro. Unter dem Kreuz auf dem Rabanal-Pass (1504 m) hat sich entsprechend ein gigantischer Steinhaufen angesammelt. Übrigens: Es gibt Pilger, die einen kleinen Stein sogar von zu Hause mitbringen und bis hierher tragen.

Ponferrada ► F 4/5

Umgeben von Kohlebergwerken und den dunklen Schlackenhalden der Montes de León liegt die Industriestadt Ponferrada (60 000 Einw.). Ihr weit sichtbares Markenzeichen ist die formschöne **Templerburg** (Castillo de los Templarios, Di–Sa 10–14, 17–20, So 11–14 Uhr, Eintritt 2,50 €) auf dem Schieferplateau am Altstadtrand. Mit einem Grundriss von 160 mal 90 m, Steinbrücke, Zinnen und Türmen wirkt sie wie eine überdimensionale Spielzeugburg. Sie diente im Mittelalter als Schutz für die Pilger, die hier über eine Eisenbrücke (*pons ferrata*) weiter nach Santiago liefen. Im ehemaligen Bahnhof ist ein **Eisenbahnmuseum** (Museo Ferrocarril, Via Nueva 7, Do-Sa 11–14, 17–19, So 11–14 Uhr, Eintritt 2,50 €) untergebracht, in dem alte Locks zu sehen sind. Mehr zur lokalen Geschichte zeigt das eher eintönige **Museo El Bierzo** (Reloj 5, selbe Öffnungszeiten, 2,70 €), darunter römische Münzen und alte Webstühle. Neben einer Visite der ruhigen Altstadtgassen sind vor allem Ausflüge in das römische Goldminengebiet **Las Médulas** und zu der attraktiven mozarabischen Steinkirche **Peñalba de Santiago** interessant.

Übernachten

Auf alt gemacht – **El Temple:** Av. de Portugal 2, Tel. 987 41 00 58, Fax 987 42 35 25. In den 1970er-Jahren erbauter Hotelblock mit vier Sternen, dessen Interieur mittelalterlich gestylt ist. Die 114 Komfort-Doppelzimmer kosten jeweils rund 90 €. In der Hauptsaison besser reservieren.

Abends & Nachts

Cool – **Sala Tararí:** Reloj 17, www.salatarari.com. Musikbar mit jeder Menge Rock, Folk und Jazz, Mi und Do ab 22 Uhr oft Livekonzerte.

Infos & Termine

Information

Oficina de Turismo: Gil y Carrasco 4, Tel. 987 42 42 36. www.ponferrada.org

Verkehr

Bus: Av. Libertad 15, mehrmals tg. nach León, Lugo und Santiago.

Termine

Freakland: Beliebtes Rockfestival während der Ostertage.

Peñalba de Santiago ► F/G 5

20 km südlich von Ponferrada liegt der fast ausgestorbene Weiler an den Ausläufern der Montes Aquilanos. Wer die engen Serpentinen zu dem abgelegenen Dorf fährt (1 Std.), wundert sich, dass hier überhaupt jemals ein Mensch leben konnte, zumal die wenigen Bewohner im Winter von der Außenwelt abgeschnitten sind. Erst seit 1977 gibt

es in dem ›Tal des Schweigens‹ (Valle de Silencio) elektrisches Licht, doch schon seit 909 eine ebenso kleine wie berühmte Kirche mit einem schlichten Kreuzgrundriss und mozarabischen Stilelementen. Der doppelte Hufeisenbogen am Portal und die Hufeisenformen im Innern blieben im Original erhalten. Die Kirche ist ein Juwel der Frühromanik in einer wahrhaft herb schönen Landschaft. In den Steinhäusern verkaufen die wenigen Bauern zudem fantastischen, selbst gemachten Honig (*miel*). Das Bergdorf ist auch bei Wanderern beliebt. Auskünfte erteilt das kleine Infoamt.

Infos

Oficina de Turismo: Gil y Carasco 4, Tel. 987 41 42 36; www.ponferrada.org

Villafranca del Bierzo ▸ F 4

Das Bierzo-Gebiet ist für seinen Wein bekannt, und so finden sich außer im Etappenort Cacabelos vor allem in Villafranca einige Bodegas, die mit gutem Rotwein, Rosé und Weißwein handeln. Doch auch geräucherte Paprika und in Likör eingelegte Kastanien gehören zu den Spezialitäten des Orts.

Villafranca ist der letzte größere Ort vor Galicien und besticht durch sein wuchtiges Kastell (15. Jh., Privatbesitz), die lebhafte **Plaza Mayor** mit den wappengeschmückten Adelshäusern und die hoch gelegene romanische Santiago-Kirche, einem schlichten Gotteshaus, das für die Pilger aber in früheren Zeiten eine große Bedeutung hatte. Kranken unter ihnen erteilte man ähnlich wie in León an der **Puerta del Perdón** (Pforte der Vergebung) bereits die Absolution, wenn sie es voraussichtlich nicht mehr bis Santiago schafften.

Übernachten

Preiswerter Parador – **Villafranca del Bierzo:** Avda. de Calvo Sotelo s/n, Tel. 987 54 01 75, www.parador.es. Einfache Variante der Parador-Hotelkette, dabei aber mit deren klassischem Komfort ausgestattet. Die relativ günstigen Doppelzimmer zwischen 95 und 115 € sind ein weiteres Plus.

Einkaufen

Gute Tropfen – **Bodega Palacio de Arganza:** Avda. Díaz Ovelar 17. Sehr gute Weine vom Erzeuger, die hier weit günstiger zu haben sind als bei uns.

Infos

Oficina de Turismo: Avda. Diez Ovelar 10, Tel. 987 54 00 28. villafrancadel bierzo.org

O Cebreiro ▸ E/F 4

Von Villafranca aus haben Jakobspilger den immerhin fast 1300 m hohen Pass von Cebreiro vor sich, bevor es leicht abwärts nach Santiago geht. Das gleichnamige 100-Einwohner-Dorf besteht aus urigen *palloza*-Hütten, die nach keltischem Vorbild als Rundbauten und mit weit heruntergezogenen Strohdächern entstanden. Noch vor wenigen Jahrzehnten fanden hier Mensch und Tier Unterschlup Nun bringt der Tourismus Geld ein und, gut restauriert, haben sich die Häuschen in Andenkenläden, Unterkünfte (Casa

Mein Tipp

Seekrake vom Feinsten ▶ D 3

Die alteingesessene **Pulpería Ezequiel** in Mélide, der letzten größeren Stadt vor Santiago am Jakobsweg, ist ein Unikat in Galicien. Gleich hinter dem Eingang werden hinter dem Tresen die rötlichen Oktopusse gekocht und zubereitet. Viele Leute kommen hierher, um eine *ración* mit nach Hause zu nehmen wie bei uns einen Döner vom Türken. Begonnen hat alles in einer Garage, heute ist der weitflächige Raum beliebt, und das nicht nur bei den Anwohnern. Auch Mitglieder des Königshauses waren schon da, um *pulpo* auf Holztellern zu verspeisen, garniert mit Meersalz, Paprikapulver und Olivenöl. So gut wie hier ist das beliebte galicische Gericht selten. Daneben sind auch Pasteten, leckeres Brot und süffiger Ribeiro-Weißwein im Angebot.

Pulpería Ezequiel e Hijos: Ctra. de Lugo 48 (im Ortskern von Mélide an der Durchgangsstraße), mittags und abends geöffnet, Tel. 981 50 52 91, *raciónes* 8–15 €.

Carola, Casa Valiña) und ein kleines Volkskundemuseum verwandelt. Seit Bestehen des Jakobswegs gab es zunächst ein großes Kloster mit Spital, wo sich die erschöpften Pilger ausruhen konnten. Geblieben ist die frühromanische **Iglesia Santa María la Real,** in deren Innenraum ein Hostienteller und ein Kelch zu sehen sind. Sie waren um das Jahr 1300 ›Zeugen‹ eines Wunders, als sich bei einer Messe Brot und Wein in Fleisch und Blut verwandelt haben sollen.

Übernachten

Charmant – **San Giraldo de Aurillac:** im Ort. Tel. 982 36 71 25. Charmant. Hier bekommt man ein Gespür dafür, wie Pilger früherer Generationen übernachteten. Sehr familiär und urig. Und wohl die beste Unterkunft Cebreiros. DZ ca. 55 €.

Samos ► E 4

Auf dem Weg nach Portomarín liegt in der Ortschaft Samos das Benediktinerkloster **San Xulián** (Mo–Sa 10–12.30, 16.30–18.30, So 12.45–13.30, 16.30–18.30 Uhr, Eintritt 2 €). Die mächtige, barock-klassizistische Anlage hat im 18. Jh. ein Mönch des Klosters selbst entworfen, und das an traditioneller Stelle: denn die Geschichte des Klosters begann schon im 7. Jh. Berühmt sind die beiden Kreuzgänge, der eine gotisch, der andere klassizistisch. Letzterer ist zweistöckig und hat mit seinem Garten die sagenhaften Maße 54 m x 54 m. Einen größeren *claustro* gibt es am ganzen Jakobsweg nicht. Eine langweiligere Führung, das muss man hier mal sagen, allerdings auch nicht. Ein Rundgang ist nur mit einem Benidiktiner möglich, der in der Regel über zwei Stunden lang jedes Detail beschreibt, bis hin zu den vielen historischen Schinken, darunter ein mäßiges Porträt von Diktator Franco.

Portomarín ► D 3/4

Wenn der Wasserstand des türkisgrünen Belesar-Sees niedrig ist, ragen noch die Überreste von Alt-Portomarín aus der spiegelglatten Oberfläche. Das Dorf wäre in den 1960er-Jahren fast dem neuen Stausee am Miño-Fluss zum Opfer gefallen. Doch dann kam die rettende Entscheidung, die wichtigsten Gebäude abzutragen und Stein für Stein weiter oberhalb wieder aufzubauen. Wie gut dies gelungen ist, lässt sich am neu errichteten Altstadtplatz **Plaza Mayor** erkennen, um den sich die zum zweiten Mal gebauten Kirchen **San Pedro, San Nicolás** und einige Adelshäuser gruppieren. Teilweise sind sogar noch die Nummern auf den Steinen der Fassaden zu sehen, die für den Wiederaufbau notwendig waren. Im Schatten der Arkaden liegen mehrere sympathische Cafés und Restaurants.

Vilar de Doñas ► D 3

Außergewöhnliches schmückt das Innere der romanischen Kirche **San Salvador** (Di-So 11–14, 16–18 Uhr, Führung nach Voranmeldung unter Tel. 981 22 37 30): gut erhaltene, in Nordwestspanien einzigartige gotische Wandmalereien aus dem 14. Jh. sowie zwei Sarkophage mit Ritterfiguren und Wappen der Jakobskrieger, die damals im Kampf gegen die Mauren ums Leben kamen. Der winzige Ort liegt rund 6 km vor **Palas de Rei.** Fotografen sollten ein Stativ dabei haben, denn im Innern ist es relativ dunkel.

Das Beste auf einen Blick

Santiago de Compostela

Highlight!

Santiago de Compostela: Ja, Santiago ist ein berühmtes Pilgerziel. Vor allem die Kathedrale ist immer einen Besuch wert. Aber die Stadt bietet mehr: schöne Tavernen, einen stimmungsvollen Markt, so manchen Gourmettempel, Parks und Museen. Um den 25. Juli quillt die Altstadt fast vor Besuchern über. Denn dann wird zu Ehren des heiligen Jakob ein beeindruckendes Kulturprogramm geboten, mit viel Musik, Feuerwerk und Ausstellungen. S. 160

Auf Entdeckungstour

Rundgang zu den Kuriositäten der Jakobs-Kathedrale: Eine Wurzel am Eingangsportal, die man nicht mehr berühren darf. Ein Heiliger, der für gute Schulnoten sorgt. Und ein Schatten, der einem Pilger ziemlich ähnlich sieht. S. 168

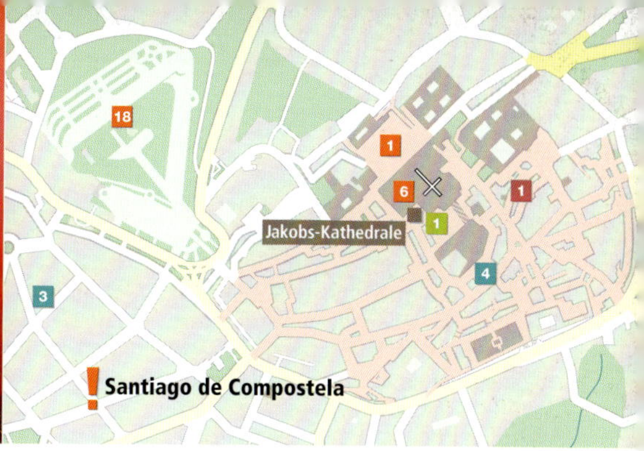

Kultur & Sehenswertes

Praza do Obradoiro: Der gewaltige Platz wird flankiert vom Parador-Hotel, dem Rathaus und vor allem der himmelstürmenden, barocken Fassade der Kathedrale. Hier ruhen sich die Pilger von ihrem langen Weg aus. 1 S. 162

Parque Carballeira de Santa Susana: Der Stadtpark im Osten der Altstadt ist nicht nur schattig und baumbewachsen, er bietet auch den besten Blick auf die Kathedrale. Ein »Must-Knips« für Fotografen. 18 S. 173

Aktiv & Kreativ

Auf das Kathedralendach: Über das Dach der Kathedrale und die Dächer der Altstadt aus der Vogelperspektive sehen. Selbst bei Regen lohnt der Aufstieg, der einen grandiosen Blick über Santiago ermöglicht. 1 S. 179

Genießen & Atmosphäre

Xantar Bierzo: In der urigen, verschachtelten Taverne genießt man Köstlichkeiten aus Galicien und León, bei schönem Wetter auch auf der Terrasse. Wunderbar. 1 S. 167

Abends & Nachts

Liberty: Die In-Disco in der Neustadt spielt ein breites Repertoire von spanischem Flamenco-Pop bis Salsa und Rumba. 3 S. 180

Paraíso Perdido: Im höhlenartigen Verlorenen Paradies mitten im Altstadtkern trifft sich ein buntes Publikum, und das seit Jahrzehnten. 4 S. 180

Santiago de Compostela! ► B/C 3

Santiagos Altstadt gleicht einer steinernen Theaterkulisse, in der die Besucher und Bewohner ihre Rollen nie auswendig lernen mussten: Schnell unter die Arkadengänge und in die Cafés, wenn der Regen einsetzt, und ebenso schnell wieder auftauchen, sobald das fantastische Granit-Ensemble neues Sonnenlicht reflektiert. Regie jedenfalls führt nur einer: Apostel Santiago.

Zuerst die gute oder die schlechte Nachricht? Beginnen wir mit der schlechten: Es regnet in Santiago durchschnittlich an 165 Tagen im Jahr. Und jetzt die gute: Der Regen ist gar kein Regen. Er ist Champagner. Das jedenfalls behaupten die 95 000 Bewohner. Regen sei hier kein nervendes Nass, sondern ›Champagner des Alltags‹. Kein barocker Bau, keine Kirchenfassade, kein schmucker Adelspalast käme so gut zur Geltung, würde der edle Tropfen dem Gemäuer nicht diesen unverwechselbaren Schimmer verleihen. Und deshalb, heißt es, sei sogar der Regen selber Kunst: »la lluvia es arte«. Die Compostelaner erzählen das, ohne eine Miene zu verziehen, und gehen noch weiter: Es sei gar nicht falsch, wenn man im sonnenverwöhnten Andalusien behaupte, Galicier kämen schon mit einem Regenschirm zur Welt. »Wir sind eben etwas praktischer veranlagt als die da unten im Süden.«

Wenn auch nur mit einem Flügel – der Blick vom Dach der Kathedrale ist genial

Natur-Champagner gibt es allerdings vor allem in den Wintermonaten und so ›muss‹ man im Sommer mit zahlreichen sonnigen Tagen rechnen.

Ob Schauer oder nicht, Santiagos Altstadt ist immer einen Besuch wert. Die Stadt verdankt dem heiligen Jakob fast alles: ihren Namen, ihren Ursprung, ihren Ruf und ihre perfekt erhaltene Altstadt aus Granit. Sie wurde mit Rom und Jerusalem im Mittelalter nicht nur eine der drei wichtigsten Stätten der Christenheit, sie ist inzwischen auch politisches Zentrum Galiciens und eine ausgesprochen quirlige Universitätsstadt. Ihr Kern ist ein traumhaftes romanisches Gebilde mit barockem Überbau und einer der bedeutendsten Kathedralen der Welt. Das gesamte Ensemble hat die UNESCO folgerichtig zum Weltkulturerbe bestimmt.

Infobox

Internet

www.santiagoturismo.com: Umfangreiches Internetportal der Stadt Santiago. Auch auf Deutsch.

www.turgalicia.es: Gut und auch auf Deutsch.

Fremdenverkehrsämter

Zentrale Anlaufstelle ist die Oficina Turística Municipal, Rúa do Vilar 63, nicht zu verwechseln mit dem regionalen Infoamt in der Rúa do Vilar 43.

Anreise und Weiterkommen

Santiagos Flughafen Lavacolla (www.aena.es) liegt 13 km vom Stadtzentrum entfernt. Wichtige Fluglinien sind Ryanair, Airberlin und Iberia. Schnellzüge halten am Bahnhof östlich des Stadtkerns, Busse wiederum am Busbahnhof nördlich der Kathedrale. In der Tageszeitung El Correo Gallego stehen ausführlich die aktuellen Abfahrtszeiten. Mit dem eigenen PKW sollte man wegen der vielen Einbahnstraßen und Parkverbote erst gar nicht versuchen, im Zentrum zu parken, sondern gleich in eines der ausgeschilderten Parkhäuser fahren.

Stadtgeschichte

Der Name der Stadt geht auf den heiligen Jakob (Sant-Iago) zurück, dessen Grab ein Einsiedler im 9. Jh. auf einem Sternenfeld (lat. *campus stellae* = Compostela) gefunden haben soll. Die Stadt hatte damit ihren Ursprung und entwickelte sich bald zu einem geistigen Zentrum im Kampf gegen die Mauren. Der Emir von Córdoba schickte darauf 997 den gefürchteten Feldherrn Almanzor (al-Mansur) nach Santiago, der mit seinen Truppen die gut 100 Jahre zuvor errichtete Pfeilerbasilika samt der umliegenden Bauten komplett zerstörte. Damals wertete so mancher Bewohner den Überfall als Vorbote der anstehenden Apokalypse der Jahrtausendwende. Doch statt unterzugehen, blühte Santiago erst richtig auf. Bereits 1188 war die romanische Kathedrale an der Stelle der einstigen Basilika mit ihrem Pórtico de la Gloria fertiggestellt. Die Stadt avancierte zu einem der bedeutendsten Pilgerziele der europäischen Christenheit. Allerdings hielt ihr Ruhm nicht an. Während die Kathedrale im 17. Jh. ihre barocke Westfassade und die Zwillingstürme bekam, wurde es auf dem Jakobsweg nach Santiago und in den Gassen der Stadt stiller. Ganz Galicien wandelte sich schon seit der Reformationszeit vom Mittelpunkt der religiösen Welt zur bloßen Randerscheinung. Politisches Gewicht bekam die Stadt

Bei Tag und Nacht magnetisch: die Jakobs-Kathedrale

erst wieder im Jahr 1981 mit dem neuen Autonomiestatut der Nach-Franco-Zeit. Seither wacht der galicische Präsident im Parlament (*Xunta*) über die Geschicke der vier Provinzen Galiciens, wobei Santiago administrativ der Provinzhauptstadt A Coruña untergeordnet ist.

Rund um die Kathedrale

Praza do Obradoiro 1

Als Johannes Paul II. im Jahr 1982 Santiago besuchte, tat er dasselbe wie Jahre später der kubanische Staatschef galicischer Herkunft, Fidel Castro, oder die jährlich Millionen Pilger und Touristen: Er ging sofort auf die Praza do Obradoiro, den ›Platz des goldenen Werks‹. Das Kirchenoberhaupt war begeistert von der Kulisse aus Granit, der barocken Kathedralenfassade, die dem Platz ihren Namen gab und – schon lange vor seiner ersten CD – von der Akustik. Das wundert nicht.

Illustre Bauwerke rahmen das weitflächige Quadrat. Ihre Fassaden ließen nicht nur die Worte des Papstes widerhallen, sondern einst auch die begna-

dete Stimme der Salsa-Sängerin Celia Cruz oder die alljährlichen Feuerwerks-Knaller in der Nacht zum 25. Juli beim Jakobsfest.

Scharenweise finden sich Pilger auf dem weiten Platz ein, nicht selten laufen akkurat gekleidete Bodyguards neben den Parlamentariern her, werben Hostal-Besitzerinnen eifrig für ihre Zimmer und gehen Dudelsackbands ihrem einträglichen Studentenjob nach. Der Obradoiro-Platz ist die Schaubühne Santiagos und daher sicher ein guter Ausgangspunkt für einen Stadtrundgang.

Hostal dos Reis Católicos 2

www.parador.es, Praza Obradoiro s/n, Besichtigungen der vier Kreuzgänge des Bauwerks nur mit Reiseleiter: Tel. 981 56 98 90; So–Fr 11.30–14, 16.30–18.30 Uhr, Zugang zur Cafetería frei und die ersten zehn Pilger am Tag bekommen im Parador kostenlose Verpflegung

Das **Hostal dos Reis Católicos** im Norden des Obradoiro-Platzes ließen die Katholischen Könige 1498 zunächst als Pilgerhospiz errichten, heute beherbergt der Bau den berühmtesten und teuersten Parador ganz Spaniens. Nur wenige Jahre nach der Gründung entstand auch das ornamentreiche Eingangsportal, im plateresken Stil – es wirkt wie von Silberschmieden gefertigt. Rätsel gibt ein Wasserspeier gleich neben der Königlichen Suite an der Frontseite auf, weil keine Einigkeit darüber herrscht, warum er ausgerechnet ein menschliches Hinterteil darstellt. Mancher Kunsthistoriker glaubt, ein galicischer Steinmetz habe damit sein Verhältnis zur kastilischen Krone ausdrücken wollen.

Pazo de Raxoi 3

nur von außen zu besichtigen

In den Ausmaßen nicht minder beeindruckend als der Parador zeigt sich das Rathaus, das in dem klassizistischen **Pazo de Raxoi** (1777) untergebracht ist. Benannt ist der langgestreckte Bau des *pazo* (Palast) nach dem Auftraggeber, Erzbischof Raxoi.

Pazo de Xelmírez 4 und Colexio de San Xerome 5

Di–So 10–13.30, 16.30–19.30 Uhr, Eintritt 5 €

An der Ostseite des Palasts, links neben der Kathedrale, liegt der wesentlich ältere **Pazo de Xelmírez** (auch Palacio de Arzobispo) aus dem 12./13. Jh. Das wichtigste romanische Zivilgebäude

Santiago de Compostela

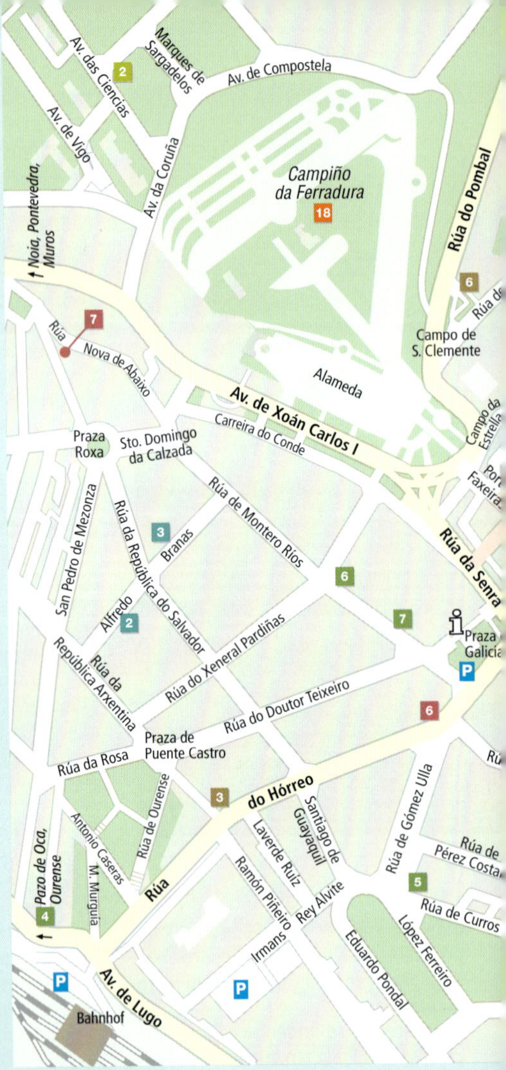

Sehenswert

1 Praza do Obradoiro
2 Hostal dos Reis Católicos
3 Pazo de Raxoi
4 Pazo de Xelmírez
5 Colexio de San Xerome
6 Kathedrale
7 Praza das Praterías
8 Praza da Quintana
9 San Paio de Antealtares
10 Casa da Parra
11 San Martiño Pinario
12 Rúa do Franco
13 Rúa Nova
14 Rúa do Vilar
15 Mercado
16 Casa da Troia
17 Colexio de Fonseca
18 Parque Carballeira de Santa Susana
19 Museo do Pobo Galego
20 Centro Galego de Arte Contemporáneo
21 Museo das Peregrinacións
22 Santa María do Sar

Übernachten

1 Hostal dos Reis Católicos
2 Virxe da Cerca
3 Hesperia Gelmírez
4 Hotel Pombal
5 Mesón Bonaval
6 Alameda
7 Pazo de Agra
8 Suso

Essen & Trinken

1 Casa de Xantar Bierzo Enxebre
2 El Mercadito
3 A Curtidoria
4 O Dezaséis
5 El Asesino
6 El Estanco
7 Terra Nosa
8 Mesón Cortegada
9 Casa Manolo
10 A Tulla
11 Derby
12 Café Casino

Einkaufen

1 Ébano
2 Pecados de Compostela
3 Sargadelos
4 Centro Comercial Compostela
5 Adolfo Domínguez
6 Roberto Verino
7 Zara

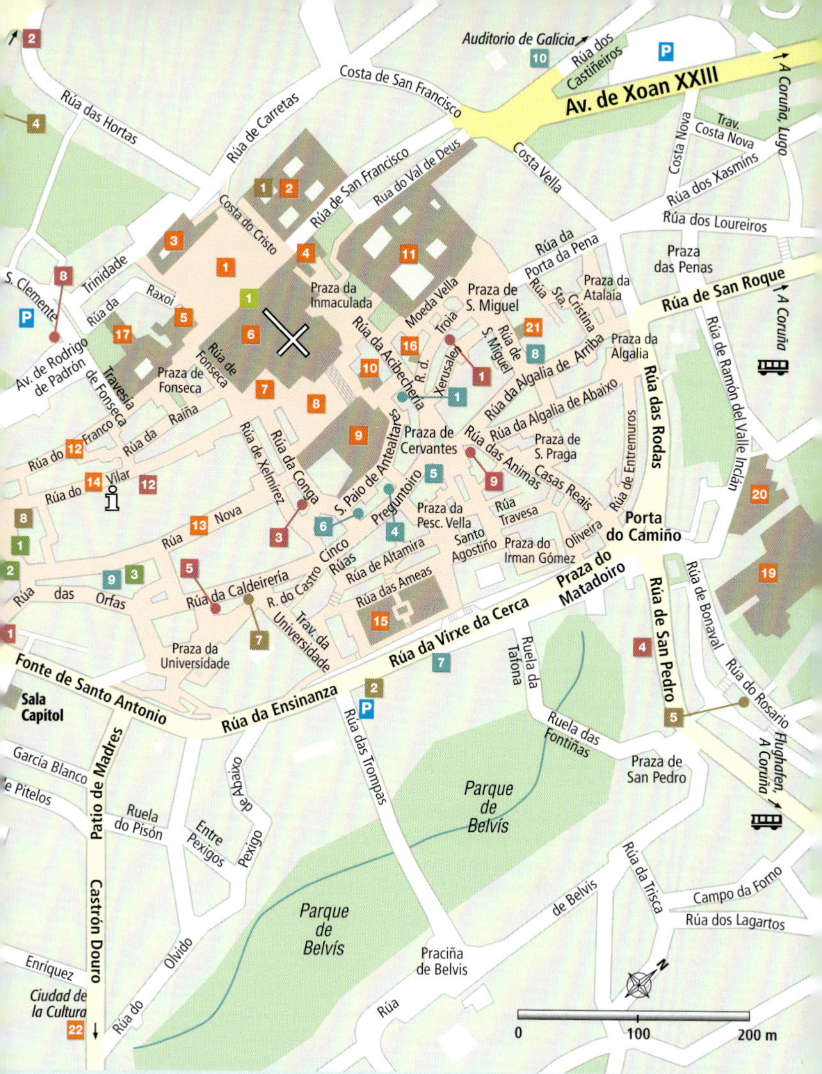

Aktiv & Kreativ

1 Cubiertas de la Catedral
2 Universidade de Santiago

Abends & Nachts

1 A Casa das Crechas
2 Dado Dadá
3 Liberty
4 Paraíso Perdido
5 Metate
6 Modus Vivendi
7 Momo
8 Recantos
9 Teatro Principal
10 Auditorio de Galicia

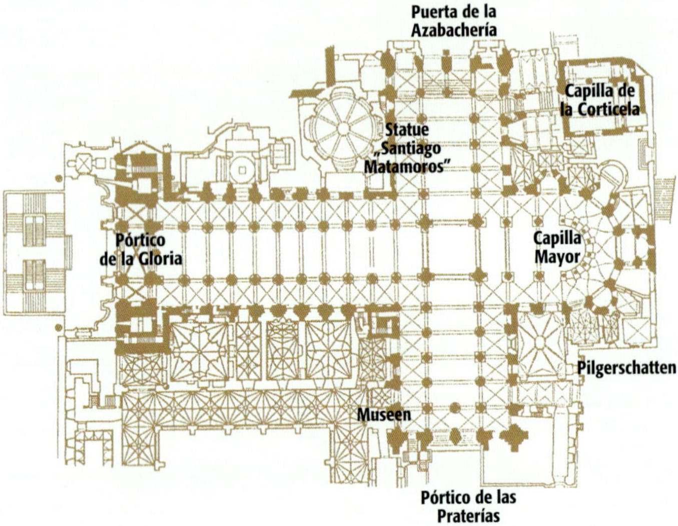

der Stadt besitzt einen immerhin 32 m langen und 8 m breiten großartigen Festsaal. Da hier oft Grafen und sogar Könige ihre Hochzeitsbankette ausrichteten, sind entsprechende Festmahlszenen an den Kapitellen und Kragsteinen zu sehen. Schlicht wirkt demgegenüber das **Colexio de San Xerome** an der Südseite des Platzes mit seinem romanisch-gotischen Figurenportal (1490).

Kathedrale 6

www.catedraldesantiago.es, Praza Obradoiro s/n, tgl. 9–20, im Winter 9–19 Uhr. Museen der Kathedrale tgl. 10–13.30, 16–19.30, im Winter 11–13.30, 16–18 Uhr, Eintritt frei. Dachbesichtigung: Büro links neben dem Haupteingang, www.cubiertas@catedraldesantiago.es, Di–So 10–14, 16–20 Uhr, Führungen auf Spanisch und Englisch nach Voranmeldung 10 €

Glanzstück und Orientierungspunkt am Obradoiro-Platz ist natürlich die **Kathedrale.** Hinter der imposanten Westfassade, die Fernando Casas y Nóvoa im 18. Jh. im üppigen spätbarocken Stil gestaltete, verbirgt sich der dreischiffige romanische Innenraum (1075–1211), der später mit Elementen der Gotik und Renaissance modernisiert wurde.

Über eine doppelläufige Freitreppe, unter der die sogenannte Alte Kathedrale mit ihren massiven Pfeilern besichtigt werden kann, geht es zu dem kunsthistorischen Juwel des Baus, dem romanischen **Pórtico de la Gloria.** 20 Jahre lang, 1168–1188, überwachte ein

Baumeister namens Mateo die Gestaltung dieser Steinsymphonie aus über 200 Figuren. Das dreiteilige ›Tor der Glorie‹ repräsentiert das Weltgericht. Es zeigt im Tympanon des mittleren Bogens Christus als Erlöser, umgeben von den vier Evangelisten. Die Plastiken präsentieren hervorragend ausgearbeitete Details der Werkzeuge des Martyriums wie Geißel und Lanze ebenso wie zeitgenössische Musikinstrumente, welche die 24 Ältesten der Apokalypse in den Händen halten. Man kann sich kaum satt sehen an den nackten Figuren von Adam und Eva, den Weihrauch spendenden Engeln, den gefräßigen Ungeheuern, Bären, Löwen und Adlern. Die mittlere Säule, über der der Apostel Jakobus zu sehen ist, stellt die Wurzel Jesse dar.

Der Pórtico de la Gloria inspirierte die Baumeister zahlreicher weiterer Kirchen. Die Musikinstrumente der 24 ›Alten‹ beispielsweise, die sie für den Fall des Jüngsten Tags stimmen, sind in Santiago detailgenau rekonstruiert worden. Und so wird auf den Holzinstrumenten wie der augenförmigen Fiedel, der Drehleier, der länglichen Laute und der Harfe so manches mittelalterliche Konzert musiziert.

Auch als Romanvorlage hat der Pórtico schon gedient. In ›Der Bleistift des Zimmermanns‹ lässt der galicische Autor Manuel Rivas einen republikanischen Gefangenen im Spanischen Bürgerkrieg zu Bleistift und Papier greifen, um das ›Tor der Glorie‹ neu zu entwerfen. Er malt im Gefängnis – das sich tatsächlich gleich hinter dem Rathaus von Santiago befindet – den Eisenbahngewerkschaftler als Evangelisten Johannes und den ehemaligen Bürgermeister als Moses mit der Gesetzestafel, den etwas einfältigen Mithäftling Dombadán als Engel mit der Trompete und seine Franco-Peiniger selbstredend als die Ungeheuer mit den Raubtierkrallen. Die Hauptfigur im Roman, ein Arzt, wird auf dem Blatt Papier zum Propheten Daniel. An dem romanischen Tor ist diese Figur übrigens die einzige, die lächelt. Es heißt in Santiago, der Prophet schaue zu dem einst übergroßen Busen der Königin Esther herüber, deren ›Gesichtsfarbe‹ bis heute etwas errötet ist. Ein sittenstrenger Bischof habe deshalb durchgesetzt, den Busen abzumeißeln.

Im Innenraum der 94 m langen und 63 m breiten Kathedrale (allein der Kreuzgang ist stolze 44 x 44 m breit) erhebt sich über dem Grab des Apostels der goldverzierte Hauptaltar **Capilla Mayor** mit einer versilberten Jakobsfigur. Über eine hintere Treppe kann man sich der Heiligenfigur nähern. Mit einem Kuss auf die Rückseite der Skulptur manifestieren Pilger die endgültige Ankunft nach der langen Wallfahrt.

Von diesem Platz hinter der Jakobsfigur bietet sich ein grandioser Blick auf den Innenraum mit seinen zahlrei-

Mein Tipp

Galicische Küche im Restaurant Casa de Xantar Bierzo Enxebre

Enxebre heißt echt, und echt gut ist sowohl die Lage östlich der Kathedrale, als auch das Essen. Man sitzt draußen auf der ruhigen Terrasse oder drinnen in einem der Speisesäle und bekommt galicische Kost, darunter verlockende Meeresfrüchte und den angeblich besten *pulpo* (Seekrake, 12 €) der Stadt. Draußen hängt auch eine Speisekarte auf Deutsch. *Raciónes* 7–15 €.

Casa de Xantar Bierzo Enxebre 1: La Troya 10, Tel. 981 58 19 09.

Auf Entdeckungstour

Rundgang zu den Kuriositäten der Jakobs-Kathedrale

Eine Wurzel Jesse, die man nun nicht mehr berühren darf, eine Jakobsstatue, an der die Maurenköpfe mit Blumen überdeckt sind, eine Seitenkapelle, in der die Studenten für ihre Prüfungen beten, ein Seil, das beim Heiligen Jahr beinahe gerissen wäre, und ein Pilgerschatten. Kuriose Stationen eines Kathedralenbesuchs in Santiago. 6

Öffnungszeiten: s. S. 166

Karte: s. S. 166

Beginnen unseren den Rundgang am Westportal der Kathedrale und sprechen über einen traditionellen Brauch vieler, vieler Generationen. Die Pilger gingen am Ende der Wallfahrt zunächst vor allem durch das Nordtor **Puerta de la Azabachería,** doch mit der Zeit dann lieber durch das barocke Haupttor an der **Praza Obradoiro.** Denn gleich dahinter konnten sie am **Pórtico de la Gloria** die Wurzel Jesse des romanischen Prachttors berühren, bevor es durch das Längsschiff zum Grab des Apostels weiterging. Mit den Fingern griffen sie in die Vertiefung der mittleren Säule, wie es vor ihnen schon Millionen anderer Pilger getan hatten, der Segnung wegen. Brauch war es auch, die Stirn leicht gegen den Kopf des Meisters Mateo zu stoßen, der sich auf der anderen Seite der Säule selbst dargestellt hat. Im Volksmund heißt er auch ›Heiliger der Kopfnuss‹, *o santo das croques.* Damit verband sich die Hoffnung, dass etwas von seiner Genialität übertragen werde. Die Hoffnung blieb, jedenfalls bis Ostern 2008.

Berühren verboten

Die Kirchenoberen ließen 2008 das gesamte romanische Innenportal restaurieren und dabei gleich auch ein stabiles Gitter um die Mittelsäule anbringen. Prompt war Schluss mit dieser sinnlichen Begegnung mit Meister Mateo. Natürlich wurde Dompropst Don Jóse María Díaz Fernández immer wieder nach dem Grund gefragt. Seine Antwort fiel denkbar trocken aus: »Dies ist eine Maßnahme zum Schutz der Säule.« Wirklich? Die Wurzel Jesse hat über all die Jahrzehnte gar keinen Schaden genommen. Vielmehr war es gerade für die Pilger, die den Jakobsweg mehrmals liefen, ein Herzenswunsch, noch einmal in die Säulenvertiefung zu greifen, wie schon ihre Vorfahren. So mancher hält den Gitterzaun eher für eine Strafmaßnahme, für eine fast schon hilflose überdies. Die Kathedralenleitung, meint beispielsweise Hostalbesitzerin Maria, sieht ihren Einfluss schwinden: »Man will die Kathedrale nicht als Disneyland verstanden wissen. Deutlich scheint, dass hier kaum noch gebetet, geschweige denn gebeichtet, stattdessen aber viel angefasst, geknipst und gelacht wird, sogar während der Messen.« In diesem Zusammenhang ist auch die Kleiderkontrolle schärfer geworden. Tritt jemand zu Messezeiten ein, wird er von stämmigen Herren hinausgebeten und wer beim Fotografieren blitzt, wird sofort aufgefordert, dies zu unterlassen.

Das Bildnis des Maurentöters

Nun sind Veränderung selten in einem Gotteshaus, das sich ganzheitlich bis ins Detail erhalten soll wie kein anderes Gebäude einer Stadt. Doch schon einmal schritten die Domherren zur Tat. Das allerdings mit weitaus positiver Resonanz. Geht man Richtung Hauptaltar und hält sich am Querhaus links, taucht linker Hand in einer Nische die **Statue des Santiago Matamoros** (s. Karte S. 166) hoch zu Ross auf, der kämpferisch blickt und dabei sein Schwert schwenkt. Darunter, und das ist nicht mehr zu sehen, liegen die Köpfe der Mauren, die der *matamoros* (Maurentöter) ihnen abschlug. Sie sind mit frischen Blumen bedeckt.

Das martialische und oft kopierte Bildnis des *matamoros* gehört zur Glaubensüberlieferung rund um den Apostel und wurde nie in Frage gestellt, bis sich das Attentat auf das World-Trade-Center in New York ereignete. Schon damals kamen erste Überlegungen auf, ob auch die Jakobs-Kathedrale Ziel eines Anschlags werden könnte. Plötzlich sah man, dass die geköpften Mauren unter dem Apostel möglicherweise eine Provokation darstellen. Als später dann bekannt wurde, dass die Anschläge in Madrid auf Vorortzüge im Jahr 2004 einen islamistischen Hintergrund hatten, kamen die Berater des Dompropsts sofort überein, die Köpfe unsichtbar zu machen und den *matamoros* ab jetzt nur noch heiliger Jakob zu nennen. Tatsächlich sind keine Bomben in der Jakobs-Kathedrale gezündet worden, was Kennern des Islam aber ohnehin unwahrscheinlich erscheint. Sie gehen davon aus, dass selbst die verblendetsten Fanatiker nicht auf die Idee kämen, ein katholisches Gotteshaus anzugreifen. Wie auch immer, der Heilige hat seither wieder ein wesentlich friedlicheres Image.

Beten für die Juraklausur

Gleich gegenüber, an der östlichen Seite des Querschiffs, gelangt man zur **Capilla de la Corticela,** die den Basken und den Ausländern gewidmet ist und schon aus dem 10. Jh. stammt. Diese frühere Klosterkapelle ist der Kathedrale angegliedert und in ihrem kleinen Innenraum werden die Werktagsmessen gehalten. Ein kunsthistorisches Juwel ist das schöne Portal mit dem Bildnis der Heiligen Drei Könige. Und ein Kuriosum stellt die Jesusfigur an der Nordwand dar.

Nicht die Statue selbst, sondern die vielen gefalteten Zettel, die auf seine betenden Hände gelegt sind. Und zwar so viele, dass eine Schale darunter die auffängt, die herunterfallen. Auf kleinen Faltzetteln bitten schon Schulkinder, besonders aber Studenten mit Prüfungsangst um Beistand. Und so steht auf einem Zettel schonmal: »Lieber Gott, bitte mach, dass ich diesmal nicht durch die Juraklausur falle. Ich hätte schon beim letzten Mal darum bitten sollen!«

Das dicke Seil des Weihrauchkessels

In der Mitte der Kathedrale, unter dem Vierungskreuz an der Decke, ist ein Seil angebracht, dass den Weihrauchkessel hält. Dieser wird zu besonderen Anlässen geschwenkt, oder wenn ein Geldgeber dafür knapp 400 Euro bezahlt und dann während der Messe erwähnt wird. Doch bei heiligen Jahren wie 2010 und schon 2004 saust der Silberkessel viel öfter durch das Querschiff und verbreitet den wohligen Geruch von Weihrauch. 2004 wäre das Seil beinah gerissen und hätte um ein Haar einen schrecklichen Unfall provoziert, denn bei solchen Anlässen ist die Kathedrale ausgesprochen gut besucht. So erklärte sich schließlich der mächtige Fischerverband Pesca Nova bereit, der Kathedrale ein stabileres Seil zu spenden. Es wird mit Sicherheit nicht reißen, allerdings beklagen die Weihrauchkesselschwenker, es sei viel zu dick und schlackere beim Schwenken zu sehr. Immerhin ist es reißfest, und damit kennen sich Fischer ja aus …

Der Schatten des Pilgers

Verlässt man die Kathedrale nun durch das südliche Tor **Pórtico de las Praterías** und geht am Uhrenturm vorbei in Richtung **Praza de la Quintana,** sieht man tagsüber lediglich eine Säule in der Ecke zwischen Treppe und **Puerta Real** stehen. Doch sobald die Sonne untergeht, und die Lampe darüber die Säule anstrahlt, wirft sie einen Schatten auf die Kathedralenwand. Und die sieht einem Pilger verblüffend ähnlich. Wenn man sich selbst bewegt, bewegt sich auch der Schatten, was nach ein paar Gläsern Tresterschnaps schon etwas unheimlich wirken kann.

chen Seitenkapellen. Eine schmale Treppe führt unterhalb des Altars zu dem Schrein mit den Gebeinen des Apostels. Die Debatte um die Echtheit der Reliquie bleibt, zumal auch die französische Stadt Toulouse die Reliquie des ›wahren Jakob‹ für sich beansprucht. Vor der **Capilla Mayor** hängt unter der 33 m hohen Vierungskuppel an Feiertagen der *botafumeiro,* ein über 50 kg schweres Weihrauchgefäß, das sechs bis acht Männer an Feiertagen durch das mittlere Querschiff schwingen. Das ist schon seit dem 14. Jh. Tradition. Damals – darauf weisen die Führer durch die Kathedrale gerne hin – diente der Weihrauch nicht zuletzt dazu, den Geruch der lange gepilgerten Menschen zu ›harmonisieren‹, die in der oberen Etage der Kathedrale schliefen.

Zu den Museen der Kathedrale gehören der **Kirchenschatz** (*tesoro*) im rechten Seitenschiff mit Goldschmiedearbeiten und liturgischen Gewändern sowie die **Bibliothek** im südlichen Querschiff und das **Teppichmuseum** mit Werken von z. B. Francisco Goya und Peter Paul Rubens.

Noch älter als der Pórtico de la Gloria ist die **Puerta de las Platerías,** die ›Pforte der Silberschmiedearbeiten‹. Der Figurenschmuck am Südportal stammt teilweise noch aus dem 11. Jh. Zu sehen sind etwa die Heilung eines Blinden, die Dornenkrönung und auch eine Frau mit einem Totenkopf auf dem Schoß. Santiagos Bewohner kennen eine Geschichte, warum die Steinmetze das Motiv meißelten: Der Schädel gehörte ihrem Mann, dem sie zu Lebzeiten geschworen hatte, täglich seinen Kopf zu küssen. Links des Portals, fast in Augenhöhe zum Betrachter, ist König David mit der Fiedel dargestellt, die mit Abstand meist fotografierte Figur des Tores, wenn nicht sogar der ganzen Kathedrale.

Rund um die Plätze Praterías und Quintana

Praza das Praterías 7

Durch das Südportal der Kathedrale geht es zu einer breiten, oft von Besuchern belagerten Treppe mit bester Aussicht auf die **Praza das Praterías.** Im Schatten des 72 m hohen Uhrenturms der Kathedrale, dem **Torre del Reloj,** speien vier steinerne Pferdeköpfe Wasser in einen Brunnen.

Auf dem Weg zur angrenzenden Praza da Quintana fällt links an einer Mauerecke der Kathedrale eine frei stehende Säule auf, die nach oben hin leicht verdickt ist. Ihr Schatten, hervorgerufen durch eine abends leuchtende Laterne, fällt so an die Kathedralenwand, dass die Umrisse eines Pilgers mit Mantel und Stab erscheinen. Berühmter noch als der Pilgerschatten ist die Puerta Santa, das Heilige Tor der Kathedrale. Es wird nur im Heiligen Jahr geöffnet, und zwar dann, wenn der Tag des Apostels (25. Juli) auf einen Sonntag fällt.

Praza da Quintana 8

Die weite **Praza da Quintana** war einst ein stiller Stadtfriedhof. Heute ist der strenge, weitflächige Platz Treffpunkt von Studenten und der galicischen Linken, die hier an jedem 25. Juli lautstark für mehr Autonomie plädieren.

San Paio de Antealtares 9

Das Kloster **San Paio de Antealtares** an der Ostseite des Platzes bewohnen schon seit dem 18. Jh. Benediktinerinnen, die hier bis heute in strenger Klausur leben und dabei zwei Dinge bis zur Perfektion beherrschen sollen: den Gesang und die Herstellung von Mandelkuchen. Namensgeber war Pelayo (galicisch: Paio), der Einsiedler, der das Grab des Apostels entdeckte.

Casa da Parra 10

Eine breite Treppe führt von der Praza da Quintana hinauf zur **Casa da Parra** einem verspielten Barockgebäude mit Balustraden, vor dem oft einige Tische und Stühle zum Verweilen einladen. Schön sind die steinernen Weintrauben an der Fassade, die sich von der Strenge der religiösen Bauten absetzt.

San Martiño Pinario 11

Nördlich der Casa werden heute im gewaltigen Monasterium **San Martiño Pinario** an der **Praza da Inmaculada** Priester ausgebildet. Es war im Mittelalter ein mächtiges religiöses Zentrum, dem zeitweise über 30 Klöster und Priorate unterstanden. Die barocke Klosterkirche aus dem 17. Jh. besitzt eine platereske Hauptfassade und eine goldglänzende, hochbarocke Altarwand von Fernando Casas y Nóvoa (1730).

Santiagos Altstadtgassen

Rúa do Franco 12, Rúa Nova 13 und Rúa do Vilar 14

Südlich der Kathedrale liegt die **Rúa do Franco,** benannt nach den damaligen französischen Händlern (nicht nach dem Diktator). Sie, die **Rúa Nova** und die **Rúa do Vilar** sind stimmungsvolle, im Mittelalter angelegte und ziemlich lange Gassen. Hier und in den kleinen Querverbindungen haben sich unter den Arkadengängen gemütliche Tavernen angesiedelt, aber auch Souvenirshops, die den Apostel schon mal als Donald Duck aus Plastik anbieten. Eine der Gassen, genannt **Entrerrúas,** ist so schmal, dass an manchen Stellen mit einem aufgespannten Regenschirm kein Durchkommen ist. Kaum ein Baum wächst in der Altstadt, stattdessen säumen herrschaftliche Adelshäuser die Gassen, ein Theater und – weiter östlich – die Universität.

Mercado 15 und Umgebung

Praza de Abastos s/n, www.mercadodeabastosdesantiago.com, Mo–Sa 8–14 Uhr

In den **Markthallen** (S. 176) verkaufen Bauern der Umgebung vormittags galicische Spezialitäten in Hülle und Fülle: sattgrüne Paprikaschoten aus Padrón, junge Cachelos-Kartoffeln aus Ourense, die man mit Schale isst, Entenmuscheln aus Corme und gefüllte Teigtaschen (*empanadas*) aus Santiago. Tagsüber ist es in den nahen Gassen **Feixóo, Cinco Rúas** und **San Paio** viel stiller als rund um die **Rúa do Franco,** nach 20 Uhr locken aber Bars wie das **Crechas,** das **Paraíso Perdido,** das **Metate** und das **Modus Vivendi** viele Nachtschwärmer an. Zwei dieser Bars heißen – zufällig oder nicht – ›Paris‹ und ›Dakar‹, was Studenten ab und an zu einer stets vollgetankten Sauf-Rallye motiviert.

Casa da Troia 16

Ihr Stammhaus ist die **Casa da Troia** nördlich der Praza da Quintana. Dort, in der Rúa da Troia, liegt auch ein gleichnamiges Studentenhaus, das durch eine humorvolle Novelle des Schriftstellers Alejandro Pérez Lugín berühmt wurde: »La Casa da Troya« schrieb er 1915 als aufmerksame und bisweilen bissige Milieustudie.

Colexio de Fonseca 17

Zurück zur Rúa do Franco. Dort liegt der belebte, kleine Fonseca-Platz. Das Kolleg gegenüber, das **Colexio de Fonseca,** ließ ein gleichnamiger Erzbischof im 16. Jh. für junge Theologen bauen. Heute ist es ein Kulturzentrum mit einem beachtlichen Renaissance-Portal, ionischen Säulen, einem zweigeschossigen Innenhof und einer Mudéjar-Täfelung in der alten Aula. Von dem Platz geht auch die **Rúa da Raíña** ab, die schmale ›Gasse der Königin‹ mit ih-

Ruá do Vilar, eine der mittelalterlichen Gassen Santiagos

ren Weintavernen, in denen es den leichten, süffigen Ribeiro-Weißwein aus kleinen, weißen Porzellantassen gibt.

Parque Carballeira de Santa Susana 18

Von der Kathedrale aus führt die Rúa do Franco direkt auf Santiagos Stadtpark zu, den **Parque Carballeira de Santa Susana,** und mündet zunächst in den terrassengesäumten Platz Porta de Faxeiras. An der Alameda stehen still und gusseisern die zwei Marías. Die Statue Las Dos Marías ist eine Reverenz an die größten Schwatzbasen des compostelanischen 20. Jh. Zu Lebzeiten, heißt es, sprachen und fluchten Doña María und Doña María in den Altstadtgassen jeden an, wirklich jeden. Ein Parkspaziergang nach rechts herauf bietet die schönsten Ausblicke der Stadt auf die Kathedrale, die hier, vor allem vom Abendlicht und den Strahlern beleuchtet, herrlich zur Geltung kommt.

Jenseits des Pilgertors

Museo do Pobo Galego 19

www.museodopobo.es, San Domingo de Bonaval s/n, Di–Sa 10–14, 16–20, So 11–14 Uhr, Eintritt frei

Über das Pilgertor Porta do Camiño führt der Weg zum Kloster **Santo Domingo de Bonaval** (18. Jh.). In einem Seitenflügel ist das **Museo do Pobo Galego** untergebracht. Die verschiedenen Stockwerke präsentieren archäologische Funde, galicische Gemälde und Alltagsgegenstände von der Sichel bis zum Mühlstein. Auch die Modelle früherer Bauernhäuser sind sehr detailliert nachgebaut. Verbunden sind die Räume durch eine fantastische, dreifache und in sich verschlungene Wendeltreppe. Sehenswert ist das Pantheon illustrer galicischer Persönlichkeiten, u. a. mit den Gräbern der Dichterin Rosalía de Castro (1837–1885) und des Satirezeichners und Politikers Alfonso Daniel Castelao (1886–1950).

Centro Galego de Arte Contemporáneo 20

Rúa Valle Inclán s/n, Di–So 11–20 Uhr, www.cgac.org.es, Eintritt frei

Der Granitkasten links neben dem Kloster Santo Domingo ist zwar keine umwerfende Schönheit, doch zeigt das **Centro Galego de Arte Contemporánea** gelegentlich sehr sehenswerte Wechselausstellungen von zeitgenössischen, überwiegend galicischen Künstlern. Von hier aus bietet sich ein schöner Panoramablick. Dahinter – im Park Santo Domingo de Bonaval – stehen einige Skulpturen des weltberühmten Basken Eduardo Chillida.

Museo das Peregrinacións 21

Rúa de San Miguel 4, Di–Fr 10–20, Sa 10.30–13.30, 17–20, So 10.30–13.30 Uhr, www.mdperegrinacions.com, Eintritt 2,40 €

Nicht weit entfernt vom Centro Galego de Arte Contemporáneo liegt an der Praza de San Miguel das kleine Pilgermuseum der Stadt, das **Museo das Peregrinacións**. Das gotische Haus gibt einen Überblick über die Geschichte der Wallfahrt nach Santiago. Besonders attraktiv: Anhand von Modellen lassen sich die einzelnen Bauphasen der Kathedrale nachvollziehen.

Außerhalb der Stadt

Zahlreiche Klöster, der relativ neue Universitätskomplex, das moderne Auditorio de Galicia und die umstrittene Ciudad de la Cultura des amerikanischen Architekten Peter Eisenman liegen rund um Santiago.

Santa María do Sar 22

Di–Sa 10–13, 16–19, So 10–14 Uhr, Eintritt 1 €

Man erreicht die sehenswerte kleine, 1 km südöstlich der Altstadt gelegene Kirche über die Straßen Castro Douro/Sar de Afora. Der dreischiffige romanische Bau (12. Jh.) ist im Verlauf der Jahrhunderte oft verändert worden. Im Kircheninnern kann es dem Besucher schon mulmig werden, denn die Pfeiler und Mauern sind erheblich geneigt. Strebepfeiler müssen den Bau davon abhalten, gänzlich einzustürzen. Im alten Kreuzgang sind noch neun romanische Bögen mit 24 Kapitellen erhalten, die aus der Werkstatt von Meister Mateo stammen sollen, der auch den Pórtico de la Gloria der Kathedrale schuf.

Pazo de Oca

Zona Pazo de Oca s/n, Di–So 9–20, Mo 9–12.30 Uhr, Eintritt 4 €

25 km südöstlich Richtung Ourense liegt an der N-525 ein besonders schmuckes galicisches Landhaus, der **Pazo de Oca** Ausgestattet ist er mit Barockmöbeln, Wandmalereien und einer eigenen Hauskapelle. Im Park sind neben Myrten und Rosen verschiedene exotische Pflanzen zu sehen.

Übernachten

Edel – **Hostal dos Reis Católicos 1**: Praza do Obradoiro 1, Tel. 981 58 22 00, Fax 981 56 30 94, santiago@parador.es, www.parador.es. Neben der Kathedrale gelegene Nobelunterkunft und einstiges Pilgerhospiz der Katholischen Könige. Einst sehr schlicht, heute mit vier Sternen garniert. DZ rund 220 €.

Komfortabel und zentral – **Virxe da Cerca 2**: Virxe da Cerca 25, Tel. 902 40 58 58, Fax 981 58 69 25. Ritterambiente, herrliches Frühstückshäuschen im Garten, naher Parkplatz. Dieses Dreisternehotel ist mit einem Parador fast schon vergleichbar, so komfortabel ist es eingerichtet. DZ ab 120 €.

Praktisch – **Hesperia Gelmírez 3**: Hórreo 92, Tel. 981 56 11 00, Ansprechendes und ausgesprochen großes Hotel mit 138 Zimmern in der Neustadt. Parkhäuser befinden sich in der Nähe, und es sind nur fünf Minuten Fußweg in den Altstadtkern. DZ 90–120 €.

Blick auf die Kathedrale – **Hotel Pombal** 4: Rúa do Pombal, 12, Tel. 981 569 350, www.pousadasdecompostela.com. Schönes Mittelklassehotel mit teilweise genialem Blick auf die Kathedrale aus den Zimmern 13, 14, 23, 24, 31, 32. Die Zimmer sind praktisch eingerichtet, der Service sehr freundlich. Parken kann man im Parkhaus La Catedral die Rúa Pombal herunter auf der linken Seite. Wer den Parkschein im Hotel abstempeln lässt, zahlt ca. 8 € für 24 Stunden. Die Doppelzimme kosten inklusive Frühstück und freiem Internetzugang 80–100 €, was für die Lage nicht teuer ist.

Ruhige Lage – **Mesón Bonaval** 5: Rúa do Medio 1, Tel. 981 57 60 52, www.hotelbonaval.com. Eines der neuesten Hotels der Stadt mit hochgelobtem Restaurant und guter Lage nahe dem Museo do Pobo Galego und dem rustikalen Restaurant O Decaceis. Einige der oberen Zimmer bieten einen weiten Blick auf die Altstadt. DZ ab 70 €, mit freiem Internet, Frühstück 5 €.

Hostal mit Charme – **Alameda** 6: San Clemente 32, Tel. 981 58 81 00, Fax 981 58 86 89. Südwestlich gelegenes, sauberes Hostal, das gern von Pilgern besucht wird. Die einfachen Zimmer gibt es mit und ohne Bad. DZ 48 €.

Kuschelig – **Pazo de Agra** 7: Rúa da Caldeirería 37, Tel. 981 58 35 17. Dieser Pazo ist im Vergleich zu den anderen Hostals der Stadt ausgesprochen preiswert, hat allerdings kleine Zimmer. Einige haben Blick auf die alte Uni. Ruhig gelegen und daher empfehlenswert. DZ 40 €.

Beliebt und günstig – **Suso** 8: Rúa do Vilar 65, Tel. 981 58 66 11. Nahe dem Tourismusamt sehr zentral in einer der wichtigsten Altstadtgassen von Santiago gelegen, oft von Pilgern frequentiert und mit angeschlossenem Café. DZ 40 €.

Essen & Trinken

Galicische Meeresfrüchte – **Casa de Xantar Bierzo Enxebre** 1: s. S. 167

Kreativ – **El Mercadito** 2: Galeras 18, Tel. 981 574 239, www.nove.biz/en/el mercadito. Gonzalo Rei gehört zur Nachwuchsgeneration von Santiagos´ Spitzenköchen und kreiert köstliche Eigenkreationen wie Schwertmuscheln auf einer leichten Sauce aus Leberpastete. Von Haus aus ist der sympathische Mann Biologe, hat sich aber als Selfmade-Koch einen so guten Namen gemacht, dass er schon mehrere Preise gewann. Eine echte Empfehlung, besonders für neugierige Gourmets. Menü rund 60 €.

Feine Küche – **A Curtidoria** 3: Rúa da Conga, Tel. 981 55 43 42. Stilvolles Restaurant in einer ehemaligen Altstadt-Gerberei. Leckere Reisgerichte mit Herzmuscheln, Seekrake und Kalbsfleisch, raffinierte Omelettes und knackige Salate. Anspruchsvolle Weinkarte. Mittagsmenüs ab 10, à la carte 20–40 €.

Typisch galicisch – **O Dezaséis** 4: San Pedro 16, Tel. 981 57 76 33. Hier erlebt man, was Galicier unter zünftig verstehen. Sehr *galego* von der Seekrake (*pulpo*) bis zur Paprikaschoten-Tortilla, dazu süffige Landweine vor allem in Weiß. 15–35 €.

Wie bei Mama – **El Asesino** 5: Praza da Universidade 16, Tel. 981 58 15 68. ›Mörder‹ (*asesino*) riefen die Studenten, als der Koch mit einem riesigen Messer bewaffnet vor der benachbarten Fakultät für Geisteswissenschaften ein entflohenes Huhn verfolgte. Die

Lieblingsort

Quirlige Markthallen

Santiagos **Mercado** 15 ist ein Feuerwerk an Stimmen, Typen und Gerüchen und weit mehr als ein Ort, wo man einkaufen geht. Hier trifft man sich, plaudert und lässt sich von den Ständen inspirieren, wo alles *típico galego* ist: vom Tetilla-Kuhkäse über die berühmten Kartoffeln aus der Provinz bis hin zu frischem Seeteufel vom Atlantik. Auch mit den Marktfrauen kommt man schnell ins Gespräch. Nur eines mögen sie übrigens ganz und gar nicht: Fotografen! S. 173

traurige Nachricht: Der Koch erwischte das Federvieh. Sehr beliebt. Tagesgerichte 15–30 €.
Vielfältig – **El Estanco** 6: Hórreo 26, Tel. 981 56 38 08. Galicische Küche und Paella, angemessene Preise, etwas steriles Interieur. Gerichte 15–30 €. Das Estanco teilt sich die Küche mit dem viel teureren Fornos, Klassiker unter Santiagos Edelrestaurants um die Ecke an der Praza de Galicia.
Deftig – **Terra Nosa** 7: Rúa Nova de Abaixo 5, Tel. 981 59 73 54, So geschl. Bei den Anwohnern in der Neustadt ist dieses Restaurant beliebt: Es gibt eine bezahlbare und beachtliche Auswahl an deftigen Suppen, Muschel-Pilz-Pfannen, Fleischgerichten, Nachtischen. Rund 20 €.
Winzig – **Mesón Cortegada** 8: San Clemente 2, Tel. 981 56 50 30. Winzig, dabei akzeptable Gerichte, vor allem das preiswerte Menü. Besonders bei Backpackern steht das Restaurant hoch im Kurs. Rund 12 €.
Superpreiswert – **Casa Manolo** 9: Plaza Cervantes s/n, Tel. 981 58 29 50. Sehr preiswerte Tagesmenüs und ordentliche Auswahl an Fisch und Fleisch. Das hat sich längst herumgesprochen und daher ist es spätestens ab 13.30 Uhr sehr gut besucht. Auch Studenten kommen oft hierher. Menü (ohne Wein) unter 10 €.
In Treff – **A Tulla** 10: Entrerrúas s/n, Tel. 981 58 08 89. Das A Tulla ist weniger touristisch als die vielen Restaurants in der Umgebung mit ihren übersetzten Speisekarten und nicht gerade günstigen Paellas und Tortillas. Und wer etwas spanisch kann, kommt hier schnell ins Gespräch. 5–25 €.
Traditions-Café – **Derby** 11: Huérfanas 20, an der Praza de Galicia. Mit seinem Jugendstildekor ist das Derby immer einen Besuch wert. Und die geschäftigen Kellner in Uniform geben sich betont stilvoll.
Einstiges Casino – **Café Casino** 12: Rúa do Vilar 35. Plüsch, alte Sessel – das Interieur wirkt filmreif und auf der Terrasse lassen sich wunderbar die Mönche, Pilger und Touristen beobachten.

Einkaufen

Kunsthandwerk vom Gagatstein bis zu Spitzendecken gibt es vor allem in den Geschäften der zentralen Gassen Rúa Nova und Rúa Vilar.
Leckere Kuchen – **Ébano** 1: Rúa do Vilar 77. Konditorei, u. a. mit den nahrhaften Santiago-Kuchen (*tarta de Santiago*) mit ausgepudertem Jakobskreuz.
Süß und sündhaft – **Pecados de Compostela** 2: Cantón do Tourel 5, www.pecadosdecompostela.com, So geschl. Knallbunter Laden voller Bonbons, Kekse und anderer ›Sünden‹ (*pecados*) nahe der Plaza de Galicia.
Keramik – **Sargadelos** 3: Rúa Nova 16, in der Altstadt. Kunterbunte Keramik aus der berühmtesten Fabrik gleichen Namens im Norden Galiciens. Besonders beliebt sind die farbenfrohen Schutzamulette in Form eines Fisches, einer Hand oder eines Labyrinths. Sie schützen gegen den bösen Blick, Hinterhältigkeiten und vieles mehr.
Kaufhaus – **Centro Comercial Compostela** 4: Rúa do Restollal 50, Kaufhausgigant südöstlich der Altstadt und des Bahnhofs.
Damenmode – **Adolfo Domínguez** 5: Curros Enriquez 13. Galicische Damenmode, teuer und elegant.
Galicisch – **Roberto Verino** 6: Xeneral Pardiñas 8. Die etwas günstigere, schlichtere Konkurrenz mit Mode aus dem südgalicischen Verín.
Für Sie und Ihn – **Zara** 7: Praza de Galicia Ecke Montero Ríos. Mode für Frauen und Männer aus der Schneiderfabrik in A Coruña, um Längen preiswerter als bei uns.

Gestylter Laden für Süßes in Santiago

Aktiv & Kreativ

Auf das Kathedralendach – **Cubiertas de la Catedral** 1: Praza Obradoiro s/n, Reservierung Tel. 981 55 29 85, cutbertascatedral@archimompostela.org. Direkt links neben dem Haupteingang zur Kathedrale an der Praza Obradoiro liegt ein Büro mit dem Schild »Cubiertas de la Catedral«, in dem man sich für den Besuch des Kathedralendachs anmelden kann. Zur 30 m hoch gelegenen Aussicht führen 84 Stufen, also besser feste Schuhe mitnehmen, auch für die Trittsicherheit oben. Die Aussicht auf die Dächer der Altstadt ist fantastisch. Führungen gibt es auf Englisch und Spanisch: Di–Sa stündlich zwischen 10–14 und 16–20 Uhr. 10 €, ermäßigt 8 €.

Sprachkurse – **Universidade de Santiago** 2: Cursos Internacionales, Universidade de Santiago de Compostela, Avda. das Ciencias s/n, Chalet Nr. 2. Campus universitario sur, 15782 Santiago de Compostela, Tel. 981 59 70 35, www.usc.es/spanish, linguas@usc.es. An der Uni von Santiago werden zwischen Mai und Oktober rund zehntägige Sprachkurse mit Kulturprogramm angeboten. Dazu zählen beispielsweise Tapa-Touren, Museumsbesuche und Wandern auf dem galicischen Teil des Jakobswegs.

Abends & Nachts

Keltensound – **A Casa das Crechas** 1: Via Sacra 3, www.casadascrechas.com, Ecke Azabachería. Folk-Musik ist das A und O in dieser besonders an Wochenenden lebhaften Altstadtbar. Oft Livemusik ab 22.30 Uhr.

Jazz live – **Dado Dadá** 2: Rúa de Alfredo Brañas 29. www.dadodada. com. Viele Bands treten hier auf, das aktuelle Programm bringt die Webseite.

Abtanzen in der Disco – **Liberty** 3: Alfredo Brañas s/n, in der Neustadt. Vom spanischen Flamenco-Pop bis Salsa und Rumba. Die In-Disco der Studenten ist auch in der Woche gut besucht, aber natürlich erst ab Mitternacht.

Für laue Sommernächte: die Bars an der Porta Faxeiras

Höhlenartig – **Paraíso Perdido** 4: Rúa San Paio de Antealtares 3. Im Verlorenen Paradies trifft sich die Szene, das Bier ist günstig und die Stimmung gut.
Szenig – **Metate** 5: Rúa do Preguntoiro 12. Diese beliebte Bar ist in einer ehemaligen Schokoladenfabrik untergebracht, zwischen den Gassen San Paio und Preguntoiro.
Angesagt – **Modus Vivendi** 6: Rúa Feijóo 1. Alternative, holzgetäfelte Kellerbar, in der manchmal die Bands der Stadt die Rockguitarre schwingen.
Cocktails – **Momo** 7: Rúa da Virxe da Cerca 23. Gute Cocktails gibt es im Momo südöstlich des Markts.
Künstlertreff – **Recantos** 8: An Miguel dos Agros 2. tgl. ab 10 Uhr geöffnet. Geräumige Bar schräg gegenüber dem Pilgermuseum mit viel Auswahl an Zeitungen und Zeitschriften, einem Bereich für Raucher und Nichtraucher (sehr groß) und geschickt beleuchtet. An der Bar bekommt man alles Mögliche, es kommen vor allem Studenten und Lebenskünstler – und ab und zu die Lokaljournalisten, die sich über den letzten Kracher aus dem Rathaus unterhalten.
Theater – **Teatro Principal** 9: Rúa Nova 21, Tel. 981 54 23 47. Theater und Film in einem Gebäude aus dem 19. Jh.

Klassik – **Auditorio de Galicia 10**: Av. do Burgo das Nacións s/n, Tel. 981 57 10 26, www.auditoriodegalicia.org. Das Programm bekommt man auch beim Tourismusamt. Die Real Filharmonía de Galicia tritt in diesem hypermodernen Auditorium auf.

Infos & Termine

Information

Oficina de Turismo: Rúa do Vilar 33, Tel. 981 58 40 81, Fax 981 56 51 78, www.santiagoturismo.com (sehr gutes Portal), tgl. 9–21 Uhr. Infos zur Stadt Santiago. Weitere Infostellen des Fremdenverkehrsamts am Flughafen, Bahnhof und Busbahnhof.

Oficina de Turismo de Galicia: Rúa do Vilar 30–32, Tel. 902 33 20 10, Fax 981 57 65 86, Mo–Fr 10–20, Sa 11–14, 17–19, So 11–14 Uhr, Infos zur Region Galicien.

Pilgerinformation: Rúa do Vilar 1, Tel. 981 56 24 19

Verkehr

Flughafen: Der Aeropuerto de Lavacolla liegt 13 km östlich des Zentrums. Tel. 981 59 15 75 (kein Last-Minute). Am häufigsten fliegt Iberia. Direktflüge mit Ryanair aus und nach Frankfurt-Hahn. Mit Airberlin geht es über Palma de Mallorca von mehreren Städten in Deutschland, Wien und Zürich. Das Busunternehmen Freire (www.em pre safreire.com) pendelt für rund 2 € zwischen Flughafen und dem zentralen Busbahnhof, so spart man sich das teure Taxi.

Bahnhof: Hórreo s/n, Tel. 902 24 02 02. 12 x tgl. nach A Coruña. Stdl. über Pontevedra nach Vigo, 6 x tgl. nach Ourense, 1 x tgl. nach León und Burgos.

Busbahnhof: San Cajetano s/n, Tel. 981 54 24 16. Bus Nr. 10 verkehrt zwischen der Estación de Autobuses und der zentralen Praza de Galicia. Stdl. fahren Busse nach A Coruña, Pontevedra und Noia, 7 x tgl. nach Lugo. Monobus (www.monobus.com) fährt tgl. um 9 und um 10 Uhr über Muros und Cee nach Finisterre/Fisterra an der Todesküste. Von dort fahren die letzten beiden Busse um 16.45 und um 19 Uhr zurück nach Santiago.

Termine

Fiestas de Santiago: 16.–31. Juli, Fest zu Ehren des Schutzpatrons Santiago. Theatervorführungen und Livemusik überall in der Stadt. Höhepunkt ist der 25. Juli.

Das Beste auf einen Blick

Die Nordküste Galiciens

Highlights!

A Coruña: Die ›gläserne Stadt‹ gilt als die weltoffenste ganz Galiciens und ist berühmt für ihren alten Leuchtturm, die schönen Glasveranden und den Fußballverein Deportivo. S. 184

Fisterra/Finisterre: Das Ende der Welt lag hier, dachten im Mittelalter die Pilger. Noch heute besuchen sie von Santiago aus diesen romantischen Ort, den viele als letzte Station des Jakobswegs ansehen. S. 212

Auf Entdeckungstour

Mit Miss España durch die Läden galicischer Modeschöpfer: Estibaliz Pereira Rábede aus La Coruña zeigt uns ihre Geburtstadt, wo Mode eine ganz besondere Rolle spielt, nicht zuletzt wegen der hier gegründeten internationalen Kette Zara. S. 192

Kultur & Sehenswertes

Unterwasserwelten: Im Aquarium von A Coruña bekommt man einen wunderbaren Einblick in den Atlantik: vom Butt bis zum Haifisch, spannend für Groß und Klein. S. 190

San Andrés de Teixido: Viele Besucher dieses etwas anderen Pilgerziels an der romantischen Atlantikküste haben das Motto: Wer nicht als Lebender hierher pilgert, muss es nach dem Tod in Tierform tun ... S. 204

Aktiv & Kreativ

La Coruña Surfing School: Am Stadtstrand von A Coruña kann man bei dem sympathischen Lehrer Iván Pombo surfen lernen. S. 198

Genießen & Atmosphäre

Malpicas Hafen: Wenn hier abends die Fischerboote einlaufen und in der angrenzenden Halle Seezungen und Kabeljau verkauft werden, ist das ein echter Hingucker, vor allem für Stadtmenschen. S. 207

Essen bei Maria Carmen: Im Restaurant Tira do Cordel bei Finisterre dreht sich (fast) alles um Fisch und Meeresfrüchte. S. 213

Abends & Nachts

Abtanzen: Die Discos Ola Green und Playa Club am Strand von A Coruña gehören zu den besten und am besten besuchten ganz Galiciens. S. 199

An Spaniens Westzipfel glaubten sich die Pilger des Mittelalters am ›Ende der Welt‹, und wer die bizarren Riffe der Todesküste an den nördlichen, fjordartigen Rías Altas Galiciens gesehen hat, wird dies nachfühlen können. Eine Augenweide sind die kleinen Fischerdörfer, während die weltoffene ›gläserne Stadt‹ A Coruña viel urbanes Leben ausstrahlt.

A Coruña ! ► C 2

Auf die Hauptstadt der Provinz Galicien zuzusteuern, mag auf den ersten Blick wenig ermunternd wirken. Allzu funktional und kastenartig sind die Gebäude des Neustadtrings aus dem Boden gestampft. Doch ist erst einmal das Zentrum der Hafenmetropole erreicht, verbessert sich die Laune schlagartig. Originell auf einer Halbinsel gelegen und vom Atlantik umspült, liegt die Altstadt von A Coruña (La Coruña) zwischen Hafen und Stränden. Ihr Wahrzeichen ist der Herkulesturm, der schon seit 2000 Jahren in bester Lage auf einem Kap vor der Stadt Wache hält.

Bei einem Hafenspaziergang wird deutlich, warum die fast 245 000 Bewohner von A Coruña ihren Wohnort die ›gläserne Stadt‹ nennen: Denn die *galerías* – verglaste, weiß gestrichene Holzvorbauten aus dem 19. Jh. – sind hier so zahlreich und charakteristisch wie nirgendwo sonst in Spanien. Und erlebt man die Open-Air-Konzerte im Feiermonat August, versteht man, wie der galicische Ausspruch gemeint ist: »In Santiago wird gebetet, in Vigo gearbeitet und in A Coruña gelebt.«

Infobox

Internet
www.spain.info: Das Internetportal von Turespaña bietet nützliche Infos zu den wichtigsten Orten der Nordküste. Auch auf Deutsch.

Fremdenverkehrsämter
Zentrale Anlaufstellen an diesem Abschnitt sind A Coruña und Betanzos.

Anreise und Weiterkommen
Über Madrid oder Barcelona kann man A Coruña mit Iberia anfliegen. Der Flughafen Alvedro liegt südlich des Zentrums. Mehrmals pendeln Busse zwischen Santiago und A Coruña.

Stadtgeschichte

Auch wenn schon Phönizier und Römer die Hafenstadt kannten, wirklich berühmt machte sie erst das Jahr 1588, als die ›unbesiegbare‹ spanische Armada von hier aus zur Invasion gegen England aufbrach – und am Ärmelkanal geradewegs in die Katastrophe segelte. Schon wenige Monate später kam der Rückschlag und die englische Flotte unter Sir Francis Drake zerstörte mit ihren Kanonen große Teile der Altstadt. Allerdings organisierten sich die Bewohner zum erfolgreichen Widerstand, der eine Eroberung verhinderte. Dabei ging eine Fleischersfrau namens María Pita besonders energisch gegen die bewaffneten Mannen des Expiraten vor. So energisch, dass später der Rathausplatz und das Stadtfest im August nach ihr benannt wurden.

A Coruña lebte schon im 19. Jh. nicht schlecht von dem traditionellen Hafen und der Konservenindustrie. Auch die örtliche – noch heute betriebene – Tabakfabrik trug seit Mitte des Jahrhunderts zum Wohlstand bei. Hier kam es zu den ersten proletarischen

A Coruña hat auch kleine Badebuchten, z. B. zwischen Herkulesturm und Aquarium

Streiks in Galicien. Inzwischen profitiert die Stadt nicht mehr nur von Schiff- und Maschinenbau, Eisen- und chemischer Industrie, sondern auch zunehmend vom Tourismus und den Modehäusern, unter denen Zara das erfolgreichste ist.

Bummel durch die Hafenstadt

A Coruña besteht aus mehreren attraktiven Vierteln. Nordöstlich an die Hafenpromenade schließt sich die Altstadt an. Den Rathausplatz María Pita und die südlichen Altstadtgassen säumen Fischertavernen, kleine Läden und Cafés, in denen Domino das Spiel der Spiele ist. Wenige Schritte weiter westlich liegen die sauberen Stadtstrände Orzán und Riazor vor schmucklosen Betonhäusern mit Meerblick. Strände und alte Hafen trennen an der engsten Stelle der Halbinsel kaum 500 m. Nördlich der Strände liegen attraktive Museen und der Herkulesturm, das Wahrzeichen der Stadt. Genau dort, wo »der Wind pfeift, solange A Coruña existiert« (Pablo Picasso).

Alter Hafen 1

Der Hafen mit seinen farbenfrohen Fischerbooten ist ein beliebter Treffpunkt und eignet sich für den Beginn der Stadtbesichtigung. Kaum ein Stadtprospekt, der nicht die typischen, lichten Glasveranden (*galerías*) an der Avenida de la Marina abbildet und Coruña als ›gläserne Stadt‹ beschreibt. Denn die weiß gestrichene Häuserfront mit ihren *galerías* bildet gerade hier ein weitgehend homogenes Bild. Fast alle dieser verglasten Balkonhäuser entstanden in den Jahren 1870 bis 1884. Die Bewohner hinter den Veran-

A Coruña

Punta de Adormideras
Punta Herminia
Playa de S. Amaro
Paseo Marítimo
Ctra. de los Polvorines
Area Deportiva la Torre (Sportplätze)
Cementerio Municipal
Av. de Navarra
Orillamar
P
La Torre
Ctra. de la Torre
Faro
Vereda del Polvorín
9
Herkulesturm
Santo Tomás
Ramón del Cueto
Av. de Hércules
Paseo Alcalde Francisco Vázquez
Ronda de Monte Alto
Muro
Angel Rebollo
Punta del Orzán
Adelaida
Av. de Hércules
Breogán
11
Matadero
10
Ensenada del Orzan
N
0
200
400 m

Ria de A Coruña
Seefahrt-Kontrollturm
Yachthafen
Paseo Marítimo
ALTSTADT (Ciudad vieja)
Maestranza
Paseo del Parrote
Orillamar
Atocha
Atocha Baja
Millan Astray
S. José
S. Juan
Marconi
La Torre
Plaza de España
Disciplina
Hospital San Roque
Panaderas
Varela
Silvari
Cap. Troncoso
Ntra. Sra. del Rosario
S. María
Damas
Paseo de la Dársena
Puerta Real
Av. Montoto
Pl. S. Agustín
Florida
Riego de Agua
Glas-veranden
Dársena de la Marina
S. Nicolas
Bailén
Barrera
Cordonería
Orzán
Corralón
Torreiro
Av. de la Marina
La Galera
Real
Kongress-palast
Filmax
Sol
P. de Orzán
Juan Canalejo
Gral. Mola
Olmos
San Andrés
Provisional
Rúa Nueva
Rúa Alta
Estrella
Cantón Grande
Av. de Pedro Barrié de la Maza
Playa del Orzán
S. Catalina
Cantón Pequeño
Alférez
Rosaleda
Frachthafen
Cordelería
Cdte. Fontanes
Durán Loriga
Juana de Vega
Av. Linares Rivas Sánchez Bergua
Playa de Riazor
Plaza de Pontevedra
P. Gómez
Plaza de Lugo
T. Herrera
F. Compostela
F. G. Fontán
F. Mariño
Bahnhof San Cristobal, Corte Inglés, Flughafen

A Coruña

Sehenswert
1 Alter Hafen
2 Plaza María Pita
3 Museo de Bellas Artes
4 Platz des Humors
5 Iglesia de Santiago
6 Santa María del Campo
7 Jardín de San Carlos
8 Castillo de San Antón
9 Torre de Hércules
10 Aquárium Finisterrae
11 Museum Domus-La Casa del Hombre
12 Casa de las Ciencias
13 Panorama-Aufzug

Übernachten
1 Hespería Finisterre
2 Riazor
3 España
4 Alborán I
5 Pazo do Souto

Essen & Trinken
1 Casa Pardo
2 Casa Jesusa
3 Taberna O Secreto
4 El Rey de Jamón
5 Mesón do Pulpo
6 Otros Tiempos
7 Café La Barra

Einkaufen
1 Aniceto
2 Adolfo Domínguez
3 Bershka
4 Kina Fernández
5 Purificación García
6 Verino
7 Zara für Frauen
8 Zara für Männer

Aktiv & Kreativ
1 La Coruña Surfing School
2 Tour Nocturno
3 Estadio de Riazor

Abends & Nachts
1 Filloa
2 Sala Mardigras
3 Ola Green
4 Playa Club

den gehen vor allem am späten Nachmittag gerne in die gegenüberliegenden Méndez-Núñez-Gärten, um an Pavillon, Jugendstil-Kiosk und zahlreichen Palmen vorbeizuspazieren. Vom Hafen aus führt die langgezogene Promenade Paseo Marítimo rund um die Halbinsel und ist ein schöner Spazierweg.

Plaza María Pita 2

Bevor es weiter zur Altstadt geht, lohnt ein Bummel durch die schmalen Gassen **Riego de Agua** und **Franja** mit ihren zahlreichen Restaurants und Bars, wo die fangfrischen Muscheln und Seekraken teils zu Spottpreisen über die Theke gehen. Diese Gassen führen geradewegs auf den Hauptplatz **María Pita** zu, den das neoklassizistische Rathaus mit seinem kupferglänzenden Dach dominiert. Die Stadtoberen haben in den letzten Jahren mehr getan als so manche ihrer Kollegen in Nordspanien. Einstige Müllhalden an den Klippen machten einer schmucken Promenade Platz, gigantische Tiefgaragen dämmten das Verkehrschaos ein und moderne Museen ziehen immer mehr Gäste an.

Museo de Bellas Artes 3

Zalaeta s/n, Di–Fr 10–20, Sa 10–14, 17–20, So 10–14 Uhr, museobelasartescoruna.xunta.es, Eintritt 2,40 €, Sa nachmittags und So frei

Das **Museo de Bellas Artes** ist in dem preisgekrönten Bau des Architekten Manuel Gallego Jorreto untergebracht. Er besteht vorwiegend aus Aluminium und Glas und bezieht ein ehemaliges Kapuzinerkloster ein. Zu sehen sind neben romanischen Skulpturen vor allem europäische Malerei des 16.–19. Jh., darunter Werke von Goya, Velázquez, van Dyck und Rubens.

Platz des Humors 4

Auf der **Praza San Agustín** mit seiner funktionalen Markthalle sind die Figuren von Snoopy, Asterix und auch dem bebrillten Journalisten Alvaro Cunqueiro (1911–1981) auf einer Steinbank zu sehen. Im Volksmund heißt der San-Agustín-Platz daher auch ›Platz des Humors‹.

Die Altstadt

Nur wenige Schritte nordöstlich des Rathausplatzes ist die Altstadt (*ciudad vieja*) erreicht. Sie liegt auf einer Anhöhe mit zahlreichen krummen Gassen, verschwiegenen Plätzen und kleinen Abteikirchen.

Iglesia de Santiago 5

Parrote 1, Mo–Fr 8–13, 17.30–19, Sa/So 10–13, 16.30–19 Uhr, Eintritt frei
Zu den kleinen Altstadtkirchen gehört die dreischiffige **Iglesia de Santiago.** Sie wurde schon 1162 für die Jakobspilger errichtet und ist damit das älteste Gotteshaus der Stadt. Im Bogenfeld der Hauptfassade der nur 36 x 18 m großen Kirche ist der heilige Jakob hoch zu Ross mit gezücktem Schwert zu sehen. Vor allem Engländer, die auf dem Seeweg nach A Coruna kommen, um von dort nach Santiago zu pilgern, besuchen die Kirche.

Santa María del Campo 6

Plaza Santa María 1, Di–Fr 10–13, 17–19, Sa 10–13 Uhr, Eintritt frei
Die ebenfalls romanische Kirche **Santa María del Campo** erhebt sich an der höchsten Stelle der Altstadt. Seeleute haben für ihre Finanzierung gesorgt, und seit 1256 ist das noch ganz im romanischen Stil erhaltene Portal mit der Anbetung der Heiligen Drei Könige zu sehen. Ansonsten wurden weite Teile des Gotteshauses während der Zeit der Gotik erneuert. Vor der Kirche auf dem stillen Platz steht ein für Galicien so typisches Steinkreuz mit Themen der Kreuzigung. Und in der Umgebung gibt es ein paar kleine Tavernen und Cafés.

Jardín de San Carlos 7

Ebenfalls eine Oase ist der Garten **Jardín de San Carlos,** in dem ein Denkmal an General John Moore erinnert. 1809 half der Brite, die Stadt gegen die Franzosen zu verteidigen, während A Coruña noch gut 200 Jahre zuvor von Francis Drake unter englischer Flagge fast in Schutt und Asche gelegt worden wäre. Der um 1843 angelegte romantische Stadtgarten bietet eine weite Sicht auf den Hafen, dümpelnde Boote und die gewaltigen Stahlarme der Verladekräne. Zwischen den groben Steinen an der Promenade und dem Wasser hausen so einige hagere, sehr zähe Katzen. Auch Reste der Stadtmauer und das vorgelagerte Castillo de San Antón liegen vom San-Carlos-Garten aus im Blickfeld.

Castillo de San Antón 8

Paseo de Parrote s/n, Museum Di–Sa 10–19, So 10–14.30 Uhr, Eintritt 3 €
Einst Verteidigungsburg und Gefängnis, beherbergt das **Castillo de San Antón** heute das auf Archäologie spezialisierte **Museo Arqueolóxico e Histórico.** Zu den interessantesten Funden zählen keltische, suebische und westgotische Halsketten und Werkzeuge. Auch einige Fundstücke und Dokumente aus der Zeit der Attacke Francis Drakes auf die Metropole (1589) sind hier ausgestellt.

Leuchtturm und moderne Museen

Torre de Hércules 9

Av. de Navarra s/n, Okt.– März tgl. 10–18, April, Mai, Juni, Sept. tgl. 10–19, Juli–Aug. Mo–Do/So 10–21, Fr und Sa 10–24 Uhr, Eintritt 2,50 €
Der Leuchtturm **Torre de Hércules** ist das Wahrzeichen der Stadt aus römischer Zeit. Als er um das Jahr 100 n. Chr. errichtet wurde, erreichten die Wärter die 50 m Höhe noch über eine Außenrampe, die 242 Stufen im Innern entstanden erst 1785. Der Name des Bau-

werks geht auf eine Legende zurück, nach der Herkules hier drei Tage und Nächte lang gegen den Giganten Gerion kämpfte. Als er den Tyrannen schließlich besiegte, nutzte der Grieche Gerions Schädel als Fundament für den Leuchtturm und stellte an seine Spitze einen magischen Spiegel. Dieser reflektierte das Licht einer Kerze so weit, dass es den Seefahrern noch in fernen Ländern Orientierung gab. Von oben reicht der Blick nicht ganz so weit, doch bietet die Leuchtturmspitze eine gute Übersicht über die anfahrenden Schiffe.

Aquárium Finisterrae 10

www.casaciencias.org, Paseo Alcalde Francisco Vázquez 34, Juli und Aug. 10–22, sonst 10–19 Uhr, Eintritt 10 €

Im **Museum für Meerestiere,** kann man Rochen und Haie aus nächster Nähe beobachten. Hier leben viele der meist grau und rötlich gefärbten Tiere des Atlantik, von der Meerspinne bis zur Zahnbrasse, vom Butt bis zur Seekrake. Im Humboldt-Saal schwimmt dagegen die farbenfrohe Unterwasserwelt der Karibik. Die größten Fische tummeln sich in der ›Nautilus‹, einem 4,5 Mio.-Liter-Becken. In dem modernen Museum erklingen verschiedene Möwenstimmen per Mausklick, Entenmuscheln lassen sich anzoomen, zu sehen sind auch Fossilien, versteinerte Meereslebewesen, etwa ein 150 Mio. Jahre alter Ichthyosaurus. Besonders Kinder haben hier Spaß. Fünfjährige steuern in einem Becken Transport- und Polizeischiffe fern. Noch mehr Begeisterung

Im altem Hafen liegen Fischerboote aus Holz neben Segelbooten

kommt am Außenbecken auf, wo sich von der niederländischen Küste stammende Seehunde tummeln. Ein paar Meter weiter ist eine norwegische Harpune ausgestellt. Mit solchem Gerät gingen galicische Fischer noch bis zum Walfangverbot 1982 auf ihre waghalsigen Jagdfahrten. Man erfährt in dem lichten Bau auch etwas über die Geschwindigkeit der Meerestiere: So schafft ein Schwertfisch 95 km/h, ein Thunfisch 75 km/h, ein Delfin nur 55 km/h, doch die wirkliche ›lahme Ente‹ ist die Grundel mit 1 km/h. Nicht viel schneller sind die Besucher unterwegs, die sich für den interessanten Rundgang gut drei Stunden Zeit nehmen sollten. Zur Verschnaufpause laden Außenterrassen mit Strandblick ein sowie ein Tapa-Restaurant, das neben Stangenbrot und Tortilla mit Paprika und Meersalz garnierte Seekraken-Häppchen (*pulpo*) bietet.

Museum Domus-La Casa del Hombre 11

www.casaciencias.org, Santa Teresa 1, tgl. 10–19, Juli und Aug. 11–21 Uhr, Eintritt 2,50 €

Schon von Weitem fällt dieses Museum auf, dessen rosa Granitfassade der Japaner Arata Isozaki Anfang der 1990er-Jahre als ›windgefülltes Segel‹ entwar In den interaktiv eingerichteten Ausstellungsräumen dreht sich alles um die Spezies Mensch, von der Identität des Einzelnen über die Bevölkerungsentwicklung bis zu den Organen. Etwa ein überdimensionales Herz inklusive hörbarem Pochen. Das Gesicht der ›Mona Lisa‹ von Leonardo da Vinci setzt sich aus 10 062 Porträtfotos aus 110 Ländern zusammen.

Casa de las Ciencias 12

www.casaciencias.org, Parque Santa Margarita s/n, tgl. 10–19, Juli und Aug. 11–21 Uhr, Eintritt 2,5 €

Ein weiteres modernes Museum steht schon seit 1983 am anderen Ende des Stadtzentrums im **Parque de Santa Margarita,** eine stadtplanerische Meisterleistung: die **Casa de las Ciencias.** Um ein Foucaultsches Pendel herum ist auf mehreren Stockwerken die Welt der Technik und Naturwissenschaften ausgestellt. Hier können die Gäste das Planetarium besuchen oder Musik am Computer komponieren.

Panorama-Aufzug 13: s. S. 196

Übernachten

Günstige Hostals liegen am Paseo de Ronda westlich des Fußballstadions Riazor.

Auf Entdeckungstour

Mit Miss España durch die Läden galicischer Modeschöpfer

Was an ihrer Geburtsstadt so attraktiv ist, und warum man dort so gut Shoppen gehen kann, verrät uns Estíbaliz Pereira Rabade. Das Model aus der Hafenstadt A Coruña ist unlängst zur schönsten Frau Spaniens gewählt worden. Folgen Sie unserem Streifzug mit Miss España durch die Boutiquen und zu den besten Geschäften galicischer Modeschöpfer.

Boutiquen: s. Einkaufen

Kreative Pause: Café La Barra 7, Riego de Agua 33, Mo–Sa 8–1, So 11–1 Uhr

»Glauben Sie mir«, strahlt Estíbaliz, »ich erkenne sofort, ob jemand aus A Coruña ist – am Gang, auch an der Art sich zu kleiden. Wir sind in *der* Modestadt Nordspaniens.« Die junge Galicierin weiß, wovon sie redet. Schon mit 16 hat sie im Black Label am Santa-Catalina-Platz Kunden beraten, später Modedesign studiert und sich dann 2009 völlig unerwartet bei der Endrunde zur Wahl der Miss España gegen zwei bildhübsche Andalusierinnen durchgesetzt. Wohlgemerkt, der letzten Galicierin ist das 1975 gelungen.

Ihre Freude war überwältigend und Estíbaliz kann sich seither vor Aufträgen kaum retten. Umso schöner, dass sie sich Zeit nimmt, mit mir die besten Läden in A Coruña zu erkunden. Treffpunkt ist der zentrale Maria-Pita-Platz.

A Coruña hat Models, Mode und Modeschöpfer

Sie ist pünktlich wie auf dem Laufsteg und bringt auch gleich auf den Punkt, warum ihr Shoppen in Coruña so viel Spaß macht: »Die Stadt ist so klein, dass man überallhin leicht zu Fuß kommt. Und sie ist groß in Sachen Mode.« Da ist etwas dran, zumal hier auch der mächtigste Modezar des Landes lebt, Amancio Ortega, der reichste Spanier überhaupt. Wir machen uns auf Entdeckungstour und neben der Modekönigin mit den Mandelaugen komme ich mir mit meinem Gang irgendwie belanglos vor. Egal, wir gehen direkt dorthin, wo die Modeläden am häufigsten sind und das Shoppen besonders viel Spaß macht: in die Gegenden rund um die Straße Real und rund um die Plaza de Lugo.

Modemeile mit Modemarken

Beginnen wir mit der **Calle Real,** in der sich ein Modeladen an den anderen reiht. In der Nummer 16 treffen wir gleich wieder auf Spaniens reichsten Mann, denn hier befindet sich die Männermode-Filiale mit günstigen Preisen der Marke **Zara** 8, seiner wichtigsten Erfindung. International mag dieses Label am bekanntesten sein, doch Ortega hat durchaus Konkurrenten in der eigenen Region. Und die haben sich mit ihren Läden in der unmittelbaren Nachbarschaft niedergelassen. Im Haus mit der Nummer 58 residiert die feminine, sinnliche Haute Couture von **Kina Fernández** 4 und Nummer 73 ist die Adresse des Pragmatikers **Verino** 6. Die Namen klingen. Es sind vor allem im eigenen Land sehr anerkannte Designer. Und alle, das ist *impresionante*, wirklich alle stammen aus Galicien. Bevor die Shoppingtour weitergeht, stellen wir uns nach kurzen Visiten in den Filialen erst einmal in einer Seitengasse an eine der Bartheken und reden bei einer kleinen *caña* (Glas Bier) und einem *agua mineral* darüber, warum galicisches Modedesign eigentlich so erfolgreich ist.

Der Erfolg der Moda Galega

Estíbaliz, die für ihren plötzlichen Ruhm erstaunlich freundlich, unprätentiös, eben galicisch geblieben ist, staunt bis heute darüber, wie sich vor Ort die Mode zu einem echten Renner hat entwickeln können: Hier im äußersten Nordwesten Spaniens, sagt sie, haben die Couturiers der regionalen Wirtschaft schon vor Jahrzehnten deutliche Impulse gegeben. Ausgerechnet in einer der ärmsten Gegenden Spaniens entwickelte sich seit den 1980er-Jahren eine Branche, die bald die ganze Welt erobern sollte. Viele der neuen Macher der Textilindustrie waren zu Francos Zeiten nach Paris und Buenos Aires ausgewandert, wo sie sich ausbilden und inspirieren ließen. So auch Roberto Verino. Der

Mann begann nach längerem Aufenthalt in Paris, in der tiefen, damals unglaublich heruntergekommenen Provinz Ourense, erschwingliche Kleidungsstücke für Galicierinnen zu kreieren. Prompt verdiente nahezu jede Frau in dem bettelarmen Städtchen Verín das erste Geld ihres Lebens als Näherin bei der Firma Verinos. Inzwischen ist sie breiter aufgestellt und produziert auch Parfum, Brillen, Badezimmereinrichtungen und Wein.

Schöne Falten, Flippiges und ein bekannter Hosenkavalier

Auch sein Kollege Adolfo Domínguez kam nach Paris, damals noch zum Studium. Später übernahm er den Modeladen seiner Eltern in der Stadt Ourense. Er machte sich selbstständig und setzte schon früh auf einen weniger rustikalen, schlichten Stil mit maßgeschneiderten Designerstücken für die Señora, die er nicht nur in Santiago und Pontevedra verkaufte, sondern auch auf internationalen Bühnen präsentierte. »Die Falte ist schön«, erklärte er vor laufender Kamera, stellte die besten Werbefachleute ein und prompt trug halb Spanien Hosen aus Leinenstoff. Und als dann noch seine zartrosa Hemden von Don Johnson in »Miami Vice« getragen wurden, war der Durchbruch für Dominguez perfekt. Damit ging es los und im Windschatten brachten Umjubeltes auf den Laufsteg: Pili Carrera spezialisiert sich seither auf schicke, ausgefallene Kindermode und Alba Conde mag flippig Modernes. Keine Frage: Wer seine Kreationen derzeit von der hochgewachsenen, rehäugigen Estíbaliz mit ihren Traummaßen präsentieren lässt, erhöht die Marktanteile. Die ganze Bandbreite galicischer Modeschöpfer kann man sich im Internet unter www.modagallega.info ansehen.

Vor keinem von ihnen hat Miss España einen solchen Respekt wie vor Amancio Ortega, diesem scheuen, gewitzten Geschäftsmann, der fast noch nie ein Interview gegeben, geschweige denn sich öffentlich hat fotografieren lassen. In A Coruña trug er zu Francos Zeiten Hemden aus und heute beschäftigt er Zigtausende Arbeiter in 73 Ländern. Massimo Dutti, Bershka, Stradivarius Oysho und Pull and Bear, alle diese Marken gehören ihm, doch der Erfolgshit heißt eben Zara.

Der ›Hosenkavalier‹, wie man ihn hierzulande schon betitelt, baute ohne Universitätsabschluss und ohne namhafte Ausbildung das mächtigste Modeimperium Spaniens auf. Sein Hauptwerk liegt in Artzeixo ganz in der Nähe von A Coruña und seine Firma Inditex hat Umsätze, die sich mit denen der Modegiganten H & M und GAP messen lassen. Bei ihm kleiden sich Königstöchter und Hafenarbeiter ein, die Ware ist preiswert und immer im Trend: Saloppe Anzüge, bunte Jugend-Fashion, nichts bleibt lange in den Läden, schnell kommt neu Entworfenes in die Regale. Sein Erfolg, meint Model Estíbaliz, hat einen ganz einfachen Grund: »Er bietet eben für alle alles an, und das besonders günstig.« Das wird es sein. Wir haben ausgetrunken. Weiter geht´s.

Boutiquen direkt an der Markthalle

Auf dem Weg zu der nahen Straße **Calle Juana de Vega** erzählt die Galicierin, was sie selbst am liebsten trägt: »Ich habe meinen Stil im Alltag kaum geändert, seit ich Miss España geworden bin. Bei Zara kaufe ich genauso gern wie bei Hugo Boss. Auch ganz einfache Sachen, denn abheben möchte ich wirklich nicht.« In Nummer 3 residiert **Zara** für Frauen 7 und in der Nummer 6 **Adolfo Domínguez** 2. Hier übrigens kauft sie gern Schuhe mit flachen Absätzen, »schon wegen meiner Größe (1.81 m)«.

Dann geht es zu der Hauptattraktion, der **Plaza de Lugo.** In der Markthalle östlich des Stadtkerns wird noch immer Fisch in rauen Mengen angeboten. Doch ist sie vor ein paar Jahren auch für die Modelabels modernisiert worden. Mit viel Stahl und Glas. Einer der angesagtesten Läden vor allem für die U-30er ist hier das **Bershka** 3. Und an der Ecke Fonseca/Plaza de Lugo residiert **Purificación García** 5, der galicische Shootingstar mit den etwas teureren Top-Kreationen. Neben Mode findet man hier auch die Fnac, wo es DVDs vom letzten Almodóvar-Film gibt sowie Bücher, Handys und Musik. Ihre Lieblingsband, verrät sie, ist übrigens El Canto de Loco, eine ziemlich dröhnende Rockband aus Spaniens Hauptstadt.

Typisch Mann, werde ich langsam ungeduldig, denn ich habe jetzt schon über ein halbes Dutzend Läden von innen gesehen. Puh: »Vamos a tomar un café!« Die alteingesessene Café-Bar **La Barra** 7 ist seit Generationen ein beliebter Treff der Stadtbewohner, die hier Domino Spielen oder einfach nur die Tageszeitung Voz de Galicia lesen. Miss España findet ihre Stadt nicht nur wegen der Mode so lebenswert, sagt sie und nippt am Café con Leche: »Weißt du, geh mal in Madrid einen Kaffee trinken, da bezahltst du glatt das Doppelte.« Stimmt, der Milchkaffee ist günstig und das Ambiente des altehrwürdigen Cafés mit der langen Theke und den Spiegeln sollte man sich nicht entgehen lassen.

Zum Abschluss verrät uns die Schönheit aus der Hafenstadt noch ein Geheimnis: Sie muss als Model natürlich sehr auf ihre Linie achten, isst aber

Miss España: Pereira Rabade aus Coruña

»entschieden zu gerne *pulpo* (Seekrake)«. Und deshalb empfiehlt sie, nach einer ausgedehnten Shoppingtour unbedingt eine der Tavernen und Pulperías in den Gassen Franja und Galera zu probieren.
Wer viel läuft, muss auch essen, witzelt sie, und dann verschwindet Miss España zum nächsten Termin. »Adiós guapa«, rufe ich ihr noch nach: »und danke für die Tour!«

Mein Tipp

Panorama-Aufzug 13

Der **Ascensor Panorámico** (Paseo Marítimo s/n, Sommer Di–So 11–21, sonst 11–19 Uhr, pro Fahrt 2 €) ist eine überdimensionale Glaskugel auf Schienen für gut 15 Passagiere, die 100 m von der westlichen Meerespromenade steil hoch zum Park San Pedro fährt. Von oben hat man einen wunderbaren Blick auf die Bucht von La Coruña und den Herkulesturm. An der oberen Station gibt es ein Restaurant, Spielplätze und viel Grünfläche für ein Picknick.

Luxus pur – **Hespería Finisterre** 1: Paseo del Parrote s/n, Tel. 981 20 54 00, Fax 981 20 84 62. Langweiliger Kasten mit allem Luxus inklusive Pool und Tennisplätze. Daher mit fünf Sternen garniert. Ein besonderes Plus ist der Blick auf den Hafen von vielen Zimmern aus. DZ ab rund 180 €.
Meerblick – **Riazor** 2: Avda. Pedro Barrié de la Maza 29, Tel. 981 25 34 00, www.riazorhotel.com. Mittelklassehotel mit Garage und Blick auf den Strand. Rampen für Rollstuhlfahrer. Mit Badesachen ist man nach wenigen Schritten am Stadtstrand. Der Internetzugang ist gratis, TV auch mit ausländischen Kanälen. DZ 125 €.
Praktische Lage – **España** 3: Juana de Vega 7, Tel. 981 22 45 06. Einfach, nahe Parkmöglichkeiten (u.a. an der Plaza de Pontevedra), ebenfalls wenige Schritte zu Strand und Hafen, dafür aber um einiges günstiger als das Riazor. DZ rund 70 €.
Zentral und schlicht – **Alborán I** 4: Riego de Agua 14, Tel. 981 22 65 79, www.hostalalboran.es. Einfache Zimmer teils mit schmalen Balkonen, mit Bad und TV, günstig direkt im Fußgängerbereich gelegen, mit Aufzug, DZ im August 52 €, sonst etwas günstiger.
Idylle außerhalb – **Pazo do Souto** 5: Torre 1, Sísama-Carballo, 33 km von A Coruña und 2,5 km von dem Ort Carballo entfernt. Tel. 981 75 60 65, www.pazodosouto.com. Restauriertes Steinhaus mitten auf dem Land, mit eigener Kapelle, schönem Blumengarten, sieben Zimmern und fünf Suiten. Hunde sind auch willkommen. DZ 60 €.

Essen & Trinken

Rund um die Plaza de María Pita gibt es zahlreiche Tavernen, die sich auf Seekrake (*pulpo*), Tapas-Häppchen oder Meeresfrüchte spezialisiert haben. Besonders zahlreich sind die *bares* und *mesones* in den Gassen Franja, Olmos und Barrera.
Für Gourmets – **Casa Pardo** 1: Novoa Santos 15, Tel. 981 28 00 21, So geschl. Die galicische Fachwelt schwärmt von den ›Goldhänden‹ am Herd. Vor allem die Zubereitungen von Seeteufel (*rape*) und Kaisergranat (*cigalas*) sind berühmt. 20–50 €.
Ohne Schnörkel – **Casa Jesusa** 2: Franja 8, Tel. 981 22 19 00, Mo geschl. Klassische galicische Küche im coruñensischen ›Kiez‹. Hier treffen sich die Nachbarn, aber auch über die Stadt hinaus ist die Küche bekannt. Rund 18 €.
Inn-Treff – **Taberna O Secreto** 3: Alameda 18, Tel. 981 91 60 10, www.tabernaosecreto.com. Deftige *raciónes* und guter Rotwein sind hier besonders gefragt. So geheim, wie der Name suggeriert, ist das Secreto aber schon lange nicht mehr. Dafür ist die Taverne einfach zu gut. 8–18 €.
Hochburg für Schinken – **El Rey de Jamón** 4: Franja 45. Hier hängen die Schinkenkeulen von der Wand, und

zwar in allen Preisklassen, ob teurer Iberico oder günstigerer Serrano. Die *bocadillos* und *raciónes* sind preiswert, das Ambiente lebhaft. 8–15 €.

Im Reich der Krake – **Mesón do Pulpo** 5: Franja 11. Seekrake auf Holztellern mit Meersalz und rotem Paprikapulver, nicht zu hart, aber noch mit Biss – so gut wie hier findet man sie selten. Es gibt auch leckere *chipirones* (kleine Tintenfische) und ab Herbst frische Miesmuscheln. *Raciónes* ca. 12–16 €.

Preiswerte Tapas – **Otros Tiempos** 6: Galera 54. Man sitzt an Holztischen in der einfachen Taverne und genießt ein paar Tapas zum Bier. Und schon macht man genau das, was die Coruñenser so gerne tun. Tapas 5–8 €.

Traditionscafé– **La Barra** 7: S. 192

Einkaufen

Feinkost – **Aniceto** 1: Cantón Pequeño 23. Um 1800 gegründeter Delikatessenladen mit allerart galicischer Feinkost.

Elegant – **Adolfo Domínguez** 2: Juana de Vega 6, www.adolfodominguez.es. Einst eher peppig, heute hochpreisige, elegante Mode einer der führenden Marken Spaniens.

Young Fashion – **Bershka** 3: Plaza de Lugo, www.bershka.com. Schuhe und Klamotten für ein Zielpublikum unter 30 Jahren aus der Inditex-Kette, zu der auch Zara gehört.

Mode für Sie – **Kina Fernández** 4: Real 58, www.kinafernandez.es. Kina Fernández ist international besonders beliebt, sorgt für Catwork-Trends und oft satte Farben.

Hauch von Luxus – **Purificación García** 5: Fonseca 7, www.purificaciongarcia.com. Klare Linie, gutes Design, Assecoires und für beide Geschlechter trendige Kollektionen.

Unisex – **Verino** 6: Real 73, www.robertoverino.com. Anzüge und Abendkleider, immer hochwertig, mit einem

Vom Feinsten: Fisch und Meeresfrüchte aus A Coruñas Markthalle

Hang zum Klassischen ohne viel Experimente. Auch Design von Uhren und kurioserweise Weine gehören zur Kollektion.

Mode für Señoras und Kids – **Zara** 7: Juana de Vega 3, www.zara.es. Mal riesengroße Sonnenbrillen, hippe Shirts und Tops, mal modern, dann wieder Retro und eigentlich immer im Trend. Mit scharfem Auge vor allem auf die italienische Konkurrenz. Nahe A Coruña steht das Hauptwerk der Firma, ein wichtiger Wirtschaftszweig für die Stadt und die Region.

Mode für Männer – **Zara** 8: Real 16, www.zara.es. Immer sehr trendy, ob Schuhe, Sackos, Gürtel oder andere Produkte: Zara bietet Aktuelles für die Generation Umhängetasche und ist international etabliert.

Aktiv & Kreativ

Surfen – **La Coruña Surfing School** 1: Playa de Orzán s/n, Tel. 981 80 47 84, www.lacorunasurfingschool.com. Iván Pombo und sein Team geben an den Stadtstränden Riazor und Orzán sowie an entlegeneren Stränden Surfkurse und stellen auch Material zur Verfügung. Der Surfbrettverleih kostet pro Tag 15 €, die Preise für die Kurse variieren. Wer übrigens lieber badet: Auch hierfür eignen sich die Stadtstrände sowie der Strand von Santa Cristina, den man per Schiff erreicht (s. Verkehr).

Nachtführung – **Tour Nocturno Ciudad Vieja** 2: Los geht es um 20.30 Uhr bei Voranmeldung am Infoamt am Maria Pita-Platz. Etwa 1,5 Stunden dauert die kostenlose Führung durch die abends

Plaza María Pita mit Rathaus: Zentraler Treffpunkt für Nachtschwärmer

erleuchtete Altstadt. Sie findet im Juli und Aug. mittwochs und freitags statt, von Sept. bis Dez. freitags. Anmeldung (ab drei Personen) beim Infoamt oder unter 618 79 06 65. Sprachen: Englisch oder Spanisch.
Fußball – **Estadio de Riazor** 3: Das Fußballstadion von A Coruña liegt gleich am Riazor-Strand (www.deportivo-la-coruna.com) und ist mit knapp 35 000 Plätzen Heimstätte von Deportivo La Coruña. Karten gibt es an den Schaltern vor Spielbeginn. Nicht wundern, wenn es sich erst kurz vor Anpfiff füllt. Das liegt an der schönen Strandpromenade!

Abends & Nachts

Ein beliebter Streifzug bei Nacht beginnt in der Altstadt zwischen Plaza María Pita, Hafen und Plaza San Agustín. Nach Mitternacht geht es weiter Richtung Orzán-Strand zu den Lokalen in der lebhaften Gasse Pasadizo de Orzán. Dem schließt sich ein Bummel am Strand oder entlang der Promenade Richtung Fußballstadion Estadio de Riazor an. Davor liegen die beliebten Discos Playa Club und Ola Green, wo es erst gegen 3 Uhr morgens richtig voll wird.
Jazz – **Filloa** 1: Orzán 31. Geräumige Jazzbar, ab und zu Liveauftritte.
Blues & Rock – **Sala Mardigras** 2: Travesía de la Torre 8, www.salamardigras.com. Stimmungsvolle, dunkle Bar, in der viele Livebands auftreten (Programm s. Webseite).
Abtanzen – **Ola Green** 3: Paseo de Ronda 57, www.olagreen.es. Beliebt, manchmal Liveauftritte ab 22.30 Uhr.
Tanz und mehr – **Playa Club** 4: Playa Riazor s/n, www.playaclub.net, Restaurant, Café, Clubhaus und Disco in einem. Die Disco hat Do-So von 3–6 Uhr morgens geöffnet.

Infos & Termine

Information

Oficina de Turismo: Plaza María Pita s/n, Tel. 981 18 43 44, www.turismocoruna.com. Hier gibt es auch Infos zur günstigen Coruña-Card für Museen sowie zu diversen kostenlosen Führungen durch die Stadt. Und die gut gemachte Webseite bietet auf Spanisch und Englisch neben dem aktuellen Kulturprogramm beliebte Rezepte von Köchen der Stadt zum Nachkochen.

Verkehr

Aktuelle Abfahrtszeiten stehen in der Tageszeitung ›Voz de Galicia‹, die in allen Bars ausliegt.
Flug: Aeropuerto de Alvedro, 9 km südlich des Zentrums, Tel. 981 18 72 00. Tgl. nach Madrid und Barcelona. Busse pendeln zwischen Innenstadt und Aeropuerto.
Bahn: Estación San Cristobál, Avda. de la Sardiñeira s/n, Tel. 981 15 02 02. Mehrmals tgl. in alle größeren Städte Galiciens sowie nach Pamplona, Bilbao und Barcelona.
Bus: Caballeros s/n, Tel. 981 23 90 99. Stdl. nach Santiago und zu den Orten der Umgebung wie Sada und Betanzos. Zum Bahnhof fahren ab der Plaza de Pontevedra der Stadtbus Nr. 4, ab der Plaza España die Linien 5 und 5A. Zum Herkulesturm nimmt man Bus 3, 3 A oder die nostalgische Paseo-Marítimo-Straßenbahn ab altem Hafen.
Schiff: Vom Hafen (Dársena de la Marina) stdl. zum Strand Santa Cristina.
Taxi: Tel. 981 28 77 77.

Termine

Nuestra Señora del Carmen: 16. Juli, Prozessionen der Fischer durch die Stadt und auf dem Wasser, denn Carmen ist ihre Schutzheilige.
Noite da Queima (San Juan): 23. Juni, bei dem Feuerspektakel brennen am

Orzán-Strand selbstgebaute Karikatur-Puppen aus Holz und Pappmaschee.

Stadtfest María Pita: 1.–31. Aug. Im August feiert die Stadt ihre Heldin María Pita mit Feuerwerk, Kunsthandwerkläden und Konzerten u. a. am Strand. Das Coliseo wird in dieser Zeit zur einzig überdachten Stierkampfarena der Welt.

Von Betanzos nach Viveiro

Kenner Galiciens schätzen die raue Küstenlandschaft im äußersten Norden. Dahinter ragt die Serra da Capelada auf, die Wildpferde durchstreifen. Ritterlich geht es in der Adelsstadt Betanzos zu, mythisch in San Andrés de Teixido, wo dem Volksmund nach Tote in Tiergestalt unterwegs sind.

Betanzos ▶ C 2

Schwungvoll eingerahmt von den Flüssen Mendo und Mandeo liegt das Stadtzentrum da wie eine mittelalterliche Filmkulisse. Die alten Herrenhäuser, Stadtmauerreste, Paläste und Arkadengänge formen sich zu einem Ganzen, das die 12 000 Bewohner stolz die ›Stadt der Ritter‹ (*ciudad dos cabaleiros*) nennen. Reiche Adelsgeschlechter kontrollierten von Betanzos aus die Umgebung, und wer dazu gehörte, wie Graf Fernán Pérez de Andrade, ließ sich standesgemäß bestatten. Der Graf stiftete im 14. Jh. die gotische Klosterkirche **San Francisco** am Platz Fernán Pérez de Andrade und verfügte, dass nach seinem Tod ein Sarkophag unter der Empore des Gotteshauses aufgestellt werde – verordnet, vollbracht. Er zeigt den Grafen als Liegefigur in Ritterrüstung, getragen von Eber und Bär, Tieren, die der Machtmensch zu Lebzeiten besonders gern erlegte. Ebenfalls gotisch geprägt sind die **Iglesia Santa María do Azogue** am Platz Fernán Pérez de Andrade und die **Iglesia de Santiago** am Platz A Constitución gegenüber dem Rathaus.

Parque O Pasatempo

Av. de Fraga Iribarne, tgl. 10–13, 16–20.30 Uhr, Eintritt frei

Einem ganz anderen Hobby widmete sich ein weiterer berühmter Sohn der Stadt: Juan García Naveira (1849–1933) war Weltenbummler. Um 1900 ließ der steinreiche Händler außerhalb des Zentrums einen verspielten ›Zeitvertreibs-Park‹ errichten. In diesem ließ der Visionär und Volkspädagoge antike Mythen, biblische Legenden, Päpste, Schriftsteller, ein Mädchen mit Telefonhörer in der Hand, exotische Tiere, Zeppeline, Höhlen, Teiche und Aussichtspunkte aus einer damals völlig neuartigen Materie entstehen: aus Zement. Doch in der Folgezeit verfiel der Park, die 265 Figuren bröckelten vor sich hin und im Spanischen Bürgerkrieg der 1930er-Jahre dienten sie den Rekruten Francos sogar als Zielscheibe für Schießübungen. Die Restaurierung des Parks hat den endgültigen Verfall inzwischen zwar stoppen können, doch sie hat ihm mit dem neuen Betonvorplatz und den langen Gittergängen wahrlich nicht gut getan. Kritiker meinen, eine solch geschmacklose Instandsetzung gebe es in ganz Nordspanien nicht noch einmal.

Auch die Statue des Gründers stand einst im Park, schmückt heute aber die zentrale **Praza dos Irmáns García Naveira**. An jedem 16. August wird dieser Hauptplatz zur Schaubühne eines kuriosen Fests. In der Nacht lassen die Bewohner den ›größten Papierglobus der Welt‹ (Eigenwerbung) in den Himmel steigen.

Übernachten

Einfach – **Los Angeles:** Los Angeles 11, Tel. 981 77 12 13, Fax 981 77 64 59. Zentral nahe dem Hauptplatz Praza dos Irmáns García Naveira. Sie ist zwar unspektakulär, aber eine der besseren Pensionen der Stadt, von denen es wenige gibt. Sauber, mit Bad, zwischen 15. Aug. und 15. Sept. fast um ein Drittel teurer. DZ 58 €.

Essen & Trinken

Gute, preiswerte Tapas bieten vor allem die Lokale in der Gasse Travesia do Progreso.
Deftig – **La Casilla:** Castilla 90 (Parkplatz), Tel. 981 77 01 61, Mo geschl. Deftige Küche wie Kutteln mit Kichererbsen, Seehecht und die populäre, gerade eben gare Tortilla de Betanzos. Ein Gedicht ist der hausgemachte Pudding (*flan*). Gerichte ca. 20 €.

Einkaufen

Frisch vom Markt – **Mercado:** auf dem Platz Irmáns García Naveira am Di, Do und Sa.

Infos & Termine

Information

Oficina de Turismo: Praza de Galicia 1, Tel 981 77 66 66, www.betanzos.es

Verkehr

Bus: Zum 24 km entfernten A Coruña fahren Busse mehrmals tgl. ab dem Platz Irmáns García Naveira, nach Santiago etwas seltener. Aktuelle Fahrzeiten erfährt man beim Infoamt.

Typisch für Galicien: Glasveranden wie hier in Betanzos

Termine

Feira Franca Medieval: Mittelalterfest am zweiten Juli-Wochenende mit Theater, Ritterspielen im ausgesprochen mittelalterlich wirkenden Stadtkern. Auch viele Besucher kommen zu diesem Anlass verkleidet.

Fiestas de San Roque y Santa María del Azorge: 14.–25. Aug., seit dem Jahr 1814 steigt am 16. Aug. ein riesiger Papierballon gen Himmel.

Os Caneiros: Am 18. und 24. Aug. lassen die Bewohner bei den Romerías de Os Caneiros auf dem Río Mandeo bunt geschmückte Schiffe zu Wasser

Festa do Mosto: 28./29. Sept. Bei diesem fröhlichen Weinfest wird ein erfrischend saurer Rotwein unter die Leute gebracht, den Weinpapst José Peñín wahrscheinlich niemals in seinem Nachschlagwerk »Guía Peñín« empfehlen würde.

Pontedeume ▶ C 2

Das 9000-Einwohner-Städtchen wirkt etwas wie die kleine Schwester von Betanzos. Eine Brücke (*ponte*) führt über den Fluss Eume in die Altstadt von Pontedeume. Hier ließ das Adelsgeschlecht der Andrade im 13. Jh. einen Verteidigungsturm bauen, der noch heute über die hübschen Arkadenhäuser des verkehrsberuhigten Zentrums wacht. In den urigen Gassen Real, Dos Freires und Virtudes lohnt eine kleine Verschnaufpause, bevor es zu den umliegenden Highlights geht.

Einkaufen

Alltagsmarkt – **Mercado:** In Pontedeume ist der Samstagsmarkt mitten im Zentrum. Hier kann man Agrarprodukte, Kunsthandwerk und Kleidung kaufen.

San Miguel, San Xoán und Monfero ▶ C/D 2

Von Pontedeume aus auf der N-651 nach Süden weist kurz vor Campolongo ein Schild zu der kleinen romanischen Kirche **San Miguel de Breamo** (1187). Die wenige Kilometer lange Anfahrt lohnt sich vor allem wegen des Panoramas. Denn aus gut 300 m Höhe lässt sich von hier aus herrlich die weite Bucht Ría de Betanzos überblicken.

Auf der LC-152 wiederum geht es 12 km am Eume-Fluss entlang bis zu den Ruinen des Klosters **San Xoán de Caaveiro**. Der besonders schöne Ausflug führt durch den geschützten Naturpark **Fragas de Eume**. Vorbei an Eichen, Stechpalmen und Birken geht es bis zu einem Parkplatz und von dort zehn Minuten zu Fuß zu den efeuüberwucherten Ruinen von 934. Die Gräber, der Glockenturm (12. Jh.) und das Wappen über dem Torbogen sind 1999 restauriert worden.

Noch verfallener zeigt sich das von Pontedeume 20 km entfernte Kloster **Monfero** (ausgeschildert). Zisterzienser haben es im Hochmittelalter gegründet und bis zur Enteignung 1834 geführt. Danach verrottete die große Anlage zu einem gespenstisch-morbiden Komplex, der aber allmählich wieder hergerichtet wird. Das romanische Monasterio hatte im 16. Jh. der berühmte Escorial-Architekt Juan de Herrera im Renaissance-Stil erneuert.

El Ferrol ▶ C 1

Auf dem Weg nach Norden liegt der Marinehafen El Ferrol (87 700 Einw.). Die Stadt ist keine Schönheit, besitzt aber eine der größten Werftindustrien Nordspaniens. Hier kam 1892 der Diktator Francisco Franco zur Welt, weshalb El Ferrol während der spanischen Diktatur ›Ferrol del Caudillo‹ (Ferrol des Führers) hieß. Die 7 t schwere Bronzestatue Francos ›zierte‹ noch bis Juli 2002 den Hauptplatz, bevor ein Lastkran das größte und umstrittendste Reiterstandbild Spaniens ins örtliche Marinemuseum beförderte. Die Stadt hat kaum Sehenswürdigkeiten und lediglich ein paar schöne Plätze und Parkanlagen im Zentrum.

Nördlich der Hafenstadt El Ferrol wohnen seit jeher nur wenige Menschen. Zu stürmisch ist die See, zu unruhig das Wetter an der rauen Felsküste. Grünes, welliges Hügelland, Maisfelder und kleine Siedlungen an der gezackten Küstenlinie prägen das Bild. Die langen Strände sind dem Atlantik relativ ungeschützt ausgeliefert, an manchen Abenden machen ausgedehnte, einsame Strandspaziergänge hier besonders viel Spaß.

Infos

Oficina de Turismo: Praza Cela s/n, Ferrol Tel. 981 31 11 79

Cedeira ▶ D 1

Der Fischerort Cedeira (4500 Einw.) bildet in der rauen Umgebung eine große Ausnahme, denn seine Hausstrände **Magdalena** und **Area Longa** an der weiten Bucht liegen vergleichsweise windgeschützt. Nur im August wird es voll, wenn vor allem spanische Familien zum mehrwöchigen Urlaub kommen, um die Atmosphäre auf der schönen Promenade zwischen den kleinen Booten und Tavernen zu genießen. Im Juni und September bekommt man aber leicht noch ein Zimmer in dem angenehmen Strandort am Atlantik.

Mein Tipp

Surfparadies ▶ C/D 1
Die gut 35 km zwischen **Cedeira** und **El Ferrol** sind bei Surfern für den hohen Wellengang an zahlreichen Stränden berühmt. Ein Eldorado für Surfer, keine Frage. Auf ein Bad sollte man wegen der teils starken Strömung besser verzichten.

Übernachten

In Strandnähe – **Chelsea:** Praza Sagrado Corazón 9, Tel. 981 48 23 40. Wenige Schritte bis zum Strand, alle Zimmer mit Bad und TV und manche mit Blick auf den Platz. DZ für rund 45 € zu haben, aber nur von Mai bis Oktober.
Zelten – **Valdoviños:** Ctra. Ferrol-Cedeira, km 13, Tel. 981 48 70 76, Fax 981 48 61 31. Relativ schattiger und sauberer Campingplatz, Juni–Sept., pro Pers., Auto, Zelt 6,50 €.

Essen & Trinken

Fisch und mehr – **Brisas:** Almirante Moreno 8, Tel. 981 48 00 85. Do und So abends geschl. In Hafennähe. Außer Entrecôte gibt es schmackhaften Thunfisch, marinierten Hering (*arenque marinada*) und leckeren Seehecht (*merluza a la cazuela*). Tagesgerichte kosten ca. 15 €.

Serra da Capelada ▶ D 1

Cedeira liegt am Rande der bis zu 620 m hohen Steilküste Serra da Capelada, einer kargen Landschaft, in der zwischen Pinien und seltenen Distelarteln plötzlich eine Gruppe von Wildpferden auftauchen kann. Am vierten Sonntag im Juni werden sie jedes Jahr für einen lokalen Rodeo in einen Pferch getrieben (Rapa das Bestas, s. S. 76), danach aber wieder entlassen. Das ganze Jahr über ungestört leben die Seevögel, die sich in den hiesigen Felswänden und auf den vorgelagerten Inselchen einnisten.

San Andrés de Teixido

▶ D 1

Auf dem Weg durch die abwechslungsreiche Gegend führt eine Straße zu der Kirche **San Andrés de Teixido** (während der Gottesdienste geöffnet). Sie thront hoch über dem Meer und ist zwischen August und November das ungewöhnliche Ziel vieler Pilger. Termine für wichtige Wallfahrten sind der 8. August und der 29. September. Ein galicisches Sprichwort verrät den Grund: »Ao San Andrés de Teixido vai de morto, o que no foi de vivo.« (»Wer nicht als Lebender nach San Andrés pilgert, muss es als Toter tun.«).

Christus, heißt es, habe San Andrés etwas aus dem Schatten Santiagos heben wollen, indem er diese Order aussprach. Tatsächlich ist San Andrés nach Santiago Galiciens wichtigster Wallfahrtsort geworden. Mancher Pilger nimmt noch heute die Seele eines Toten im Bus mit, löst entsprechend zwei Fahrkarten und überlässt dem Verstorbenen den Fensterplatz.

Andernfalls, so heißt es, müssen die Seelen Tiergestalt annehmen und nach San Andrés krabbeln und kriechen. Am sichersten bewahrt ein Besuch zu Lebzeiten vor einem solchen Schicksal. Und eine dringende Bitte: Nicht auf Käfer und Schnecken treten, es wäre grauenvoll!

Estaca de Bares ▶ E 1

Auf dem Weg (C-642) nach Viveiro zweigt eine Straße zu der Landzunge Estaca de Bares ab, dem nördlichsten Zipfel Galiciens. Vor der windumtosten, steilen Felsküste liegt die Insel Coelleira, wo zur Zugzeit Sturmtaucher, Seeschwalben, Pfuhlschnepfen und Basstölpel Station machen. Ein attraktives Ziel ist der kleine Ort Bares (auch O Porto de Bares) mit seinem wunderschönen, halbrund geschwungenen und relativ windstillen Strand.

Über der Steilküste: die Wallfahrtskirche von San Andrés de Teixido

Viveiro ►E 1

Bei einem abendlichen Spaziergang entlang der schönen, verglasten Häuserfassade an der breiten Uferpromenade kommt das Ambiente von Viveiro besonders zur Geltung. Stimmungsvoll sind auch die zentralen Gassen in dem Küstenstädtchen an einem Hügel. Seine 15 000 Bewohner glauben sich nicht zu Unrecht in dem lebendigsten Ort weit und breit. Und Viveiro bezeichnen sie als »la ciudad, que siempre ríe« (»die Stadt, die immer lacht«).

Berühmt, weil sehr aufwendig, ist die Prozession während der Karwoche, die an der romanischen Kirche **Santa María del Campo** beginnt. Nördlich davon liegt der Konvent **Concepción Franciscana** aus dem Jahr 1701. Gleich gegenüber entstand 1925 die **Gruta de Lourdes,** eine Reproduktion der Grotte in Südfrankreich, in der die Gläubigen Wachsfiguren für die gewünschte Heilung aufhängen.

Sehenswert sind auch die Reste der Stadtmauer mit dem alten Tor **Puerta de Carlos V.** (1548). Eine steile Straße führt von Viveiro aus auf den **Monte**

Mein Tipp

Magische Amulette ▶ E 1
14 km östlich von Viveiro liegt in Sargadelos die gleichnamige Keramikfabrik, in deren Laden nicht nur edle und farbenfrohe Teller und Tassen ausliegen, sondern auch kleine Amulette gegen böse Geister. Um den Hals gehängt, bieten sie Schutz vor Liebeskummer, nervigen Kollegen, herabstürzenden Blumenkübeln und selbstredend dem bösen Blick. Verkaufsschlager ist die *figa* (schmale Hand). Sie hilft gegen jede Form der Hinterhältigkeit und soll den Träger sogar vor Gruselträumen von der Exfrau bewahren. Traditionell verwendet Galiciens Ober- und Mittelschicht Keramik aus Sargadelos, während in einfachen Haushalten vor allem die beige glasierte Keramik aus Buño steht. Rund 150 € kosten z. B. die originellen, in satten Grundfarben lasierten Kopfkrüge, die den Maler Picasso oder auch die Dichterin Rosalía de Castro darstellen. Zur Fabrik gehört ein kleines Museum (Mo–So 10.30–14, 16–19 Uhr, Eintritt frei).
Fábrica de Cerámica Sargadelos: Cctra Sargadelos s/n, www.sargadelos.com, Mo–Fr 8.30–12.30, 14.30–17.30 Uhr, Eintritt frei.

de San Roque. In 357 m Höhe steht hier, umgeben von Picknickbänken, die kleine Kapelle **San Roque,** wo am 15.–16. Aug. ein feuchtfröhliches Patronatsfest gefeiert wird. Ganzjährig bietet sich von hier aus ein weiter Blick auf Viveiro und die Bucht. Zum Baden eignet sich östlich von Viveiro der Strand **Praia de Area,** ausgezeichnet mit der blauen Umweltflagge.

Übernachten

Familiär – **Pazo da Trave:** Galdo s/n, gut 3 km außerhalb, Tel. 982 59 81 63, www.pazodatrave.com. Ein stilvolles Landhaus mit Turm (15. Jh.), schönem Schwimmbad und Tennisplatz. Eine gute Wahl, auch für Familien geeignet. DZ 110 €.
Strandblick – **Hotel Ego:** Ctra. N-642, www.hotelego.es, Tel. 982 56 09 87, ca. 4 km nordöstlich von Viveiro direkt über dem Strand Area. Toller Blick von der Terrasse und den meisten Zimmern aus auf die Strandbucht, sympathische Betreiber. Noch ein Plus ist der Pool. DZ 100–150 €.
Zentral – **Hotel Vila:** Nicolás Cora Montenegro 57, Tel. 982 56 13 31, www.hotel-vila.net. Praktisch in der Altstadt gelegen. Zwölf einfache, aber helle Zimmer. Das Hotel gehört zu den günstigsten vor Ort. DZ 30–55 €.

Essen & Trinken

Zahlreiche Tavernen gibt es in den Gassen rund um die Rúa Melitón Cortiña.
Vom Chefkoch – **Nito:** Am Area-Strand, Tel. 982 56 09 87. Neben Steinbutt und Seehecht *a la galega* gibt es auch Entenmuscheln und exzellentes Fleisch aus der Region, alles mit Meerblick. Das Nito ist in ganz Galicien für seine gute Küche bekannt. Gerichte 20–40 €.
Frische Seekraken – **O Muro:** Margarita Pardo de Cela 57, Tel. 982 56 08 23.

Wunderbar in der Taverne ist der Pulpo (Seekrake), aber auch andere Tapas aus der Region. Dazu einfache Weine und oft viel Betrieb. 8–15 €.

Aktiv & Kreativ

Kajak und Wandern – **Roq Sport:** Estacada 3, Tel. 646 51 46 02, www.roqsport.com. Wanderungen im Inland ab 8 €, Kajak auf den Gewässern ab rund 20 € inklusive Ausrüstung.

Infos & Termine

Information

Oficina de Turismo: Avda. Ramón Canosa, Tel. 982 56 08 79, www.viveiro.es

Verkehr

Bahn: Westlich des Zentrums, tgl. 2–3 x nach Ferrol und Ribadeo.
Bus: Busbahnhof östlich der Porta de Carlos V., nachmittags 1 x nach Lugo und Ribadeo.

Termine

Karwoche: In der Zeit findet die berühmte Prozession ab der Kirche Santa María del Campo statt.
San Roque: Ein feuchtfröhliches Patronatsfest wird am 15./16. Aug. bei der Kapelle San Roque gefeiert.

Entlang der Todesküste ► A/B 2/3

An der Costa da Morte liegen authentische Fischerorte, deren Bewohner seit Jahrhunderten gegen Wind und Wetter kämpfen. Einst zogen die *pescadores* auf Walfang, heute ernten sie an den scharfen Riffen vor allem Entenmuscheln. An den Felsen sieht man vereinzelt noch Spuren der Havarie des Tankers ›Prestige‹. Baden ist wieder möglich, doch Vorsicht ist bei den oft gefährlichen Brandungen geboten!

Die Costa da Morte (Todesküste) ist eine wilde Landschaft mit hohen, spitzen Klippen, vorgelagerten Inseln, badegefährlichen Buchten und muschelreichen Felsvorsprüngen. Den Heimatkundler Otero Pedrayo (1888–1975) erinnerten die schroffen, vom stürmischen Atlantik ausgewaschenen Granitfelsgebilde gar an ›riesenhafte Zyklopen‹.

Dazwischen liegen kleine, hübsche und äußerst lebendige Fischerdörfer mit ein paar Kneipen, einer Hafenmole, einer Halle für Fischversteigerungen und der obligaten Kirche mit Bootsmodellen gleich neben dem Kruzifix. Die Fischer leben hauptsächlich von den Meeresfrüchten, mit denen der Küstenabschnitt gesegnet ist. Leuchttürme haben schon vor aberhundert Jahren den Weg an der hochgefährlichen Küste gewiesen – immer schon konnte eine Fahrt durch die Ría de Corme y Laxe oder entlang dem Kap San Adrián die letzte sein. Kreuze am Meer und Matrosenfriedhöfe künden von den zahlreichen Katastrophen, die sich am äußersten Rand Galiciens ereignet haben.

Malpica ► B 2

Zu den größeren Orten an der Todesküste gehört das 8500-Seelen-Dorf Malpica mit den vorgelagerten Islas Sisargas. Die Inseln sind ein Vogelparadies für bedrohte Arten wie die Iberische Trottellumme, deshalb sind sie für Besucher nicht zugänglich. Ganz anders ist das mit den Fischertavernen von Malpica, das wie ein Horn in den Atlantik ragt. Dort gibt es preiswert das Frischeste vom Frischen, ob Enten-

OFRADIA DE
PESCADORES
PLANTA FRIGORIFICA

Lieblingsort

Wo die Möwen auf die Fischerboote warten ▶ B 2
Malpica lebt vom Meer. In den frühen, nebligen Morgenstunden machen sich die Fischer mit Baguettes in der Sporttasche und einem kleinen Tresterschnaps im Magen auf zur Fahrt. Den Fisch nehmen Stunden später die Frauen entgegen. Die Männer arbeiten auf dem Meer, die Frauen an Land, so war das immer hier. Die Fischerboote dümpeln oft dutzendweise farbenfroh im Hafenbecken. Ein Ort, an dem man viel Beobachten kann.

muscheln, Barsch oder Seeteufel. Malpicas kastenförmige, nicht gerade architekturpreisverdächtige Häuser umgeben die kleine Landkirche **San Juan de Malpica,** in der neben so einigen Heiligenbildern auch Fischerbootminiaturen an der Wand hängen. Gottes Segen ist bei der stürmischen See gefragt. Über eine Stichstraße geht es zum windumtosten Kap **San Adrián** mit seiner gleichnamigen kleinen Kapelle. Von hier aus hat man vor allem in den Abendstunden einen fantastischen Blick auf Malpica.

Übernachten

Familiär – **Casa da Sebe:** in Barizo, Tel. 981 72 06 55, www.casadasebe.net. Emilio Rojo führt westlich von Malpica eines der schönsten Landhäuser weit und breit. Er weiß viel über die Gegend und seine Gäste kommen immer wieder gern hierher. Schön ist der Blick auf die Sisargas-Inseln, und es gibt einen Garten mit Pool. DZ 65–90 €.

Corme ►B 2

Zu den Orten an der Todesküste gehört auch die freundliche Siedlung Corme. Am äußersten nördlichen Ende des Hafens führt eine unscheinbare Straße durch einen Tunnel zu dem idyllischen Leuchtturm des Rotundo-Kaps. Hier erinnern zwei windumtoste, weiß getünchte Steinkreuze an die Unglücke früherer Jahre. Die Bewohner leben vom Fischfang vor den gefährlichen Klippen am Atlantik. Mehr noch als Dorsch und Kabeljau bringen die Entenmuscheln ein. Sie sind in Spanien eine Delikatesse. Der Teil, den man essen kann, saugt sich am Felsen fest. Er sieht aus wie ein Schlauch in Miniaturform, unter dem sich das zarte, salzige Muskelfleisch verbirgt. Daran schließt die krallenförmige, harte Schale an, die Nahrung aus dem Wasser filtert. In den Bars und Häusern rund um den Hafen werden die Entenmuscheln nur knapp drei Minuten in Salzwasser und etwas Lorbeer gekocht und häufig mit Kartoffeln gereicht. Vor allem beim Entenmuschelfest im Juli biegen sich die Verkaufsstände am geräumigen Hafenplatz. Doch die Ernte ist riskant. Wegen der kleinen *percebes* haben schon viele Bewohner von Corme ihr Leben gelassen.

Termine

Fiesta del Percebe: Je nach Wetter an einem der Samstage im Juli. Bei diesem Fest werden am Hafen von Corme gut 1400 kg des delikaten, frischen Meerestiers unter die Leute gebracht. Dazu gibt es Kartoffeln, Seekraken und trockenen, leicht säuerlichen galicischen Weißwein.

Dolmen de Dombate/ Castro A Cida ►B 2

Die Gegend zwischen Corme und Camariñas ist landwirtschaftlich geprägt, die vereinzelten Siedlungen sind weit weniger reich als im südlichen Teil Galiciens und die nahen Riffe der Todesküste nur etwas für knallharte Überlebenskünstler. Ein paar schwere Granitbrocken, ein paar Eukalyptusbäume – wenige Besucher verirren sich in diese Landschaft. Zu entdecken gibt es aber schon etwas, mal ganz abgesehen vom authentischen Lebensstil der Bewohner. 5 km hinter Ponteceso geht es links Richtung Baio zurück in die Steinzeit: zu dem 4500 Jahre alten **Dolmen de Dombate.** Dieser als Grabkammer errichtete ›Felsentisch‹ (so die Übersetzung des keltischen Worts *dolmen*) gehört zu den ganz wenigen Spuren aus der Megalithzeit in Galicien.

Wesentlich jünger ist der 500 m entfernte **Castro A Cida**, eine vermutlich schon im 6. Jh. v. Chr. errichtete Keltensiedlung. Die Grundmauern entstanden noch früher als die der spektakulären Siedlung Santa Tegra bei A Guarda an der portugiesischen Grenze.

Camariñas ▸ A 2

Weniger gefährlich als die *percebeiros* im nördlichen Corme leben an der Todesküste in Camariñas die heute noch tätigen Spitzenklöpplerinnen. Weil das Handwerk allmählich auszusterben droht, gibt es in dem kaum verbauten Küstenort mit kleinem Hausstrand auch das **Museo do Encaixe** (Sommer Di–Sa. 11–14, 17–20 Uhr, 2 €) mit über 900 Mustern und Spitzenstücken, teils noch aus dem 17. Jh.

Knapp 4 km nordwestlich leuchtet der Faro am **Cabo Vilán** 40 Seemeilen weit hinaus aufs Meer. Versteckte kleine Strände, ein Friedhof englischer Matrosen und ein Forschungszentrum für Windenergie liegen in der direkten Umgebung des wildromantischen Kaps, wo Wanderfalken und Kormorane nur selten aufgescheucht werden. Eine paar kleine Buchten liegen weiter südlich Richtung Muxía, so die verschwiegene **Area Blanca.**

Übernachten

Funktional – **Scala:** Tras Playa 6, Tel. 981 73 71 09, www.hostal-scala.com. Schlichtes Hostal mit simplen Möbeln. Das Haus ist wie die Webseite etwas in die Jahre gekommen, aber sauber und genau das Richtige für den kleinen Geldbeutel. DZ rund 35 €.

Muxía ▸ A 2

Die 1500 Einwohner von Muxía wohnen an der weiten, windigen Camariñas-Bucht, wo schon vor 800 Jahren Mönche lebten und sich von den ortsüblichen *caldeiradas* ernährten, Fischplatten mit Kartoffeln. In den schmalen Gassen und am Hafen werden sie bis heute frisch zubereitet. Auf einer Landzunge etwas außerhalb liegt seit dem 17. Jh. wildromantisch eines der berühmtesten Heiligtümer Galiciens: das **Santuario de Nosa Señora da Barca,** ›unserer Frau vom Boot‹.

Der Legende nach soll hier die Gottesmutter mit einem Steinschiff gelandet sein, um dem Apostel Jakob bei seiner Missionstätigkeit zu helfen. Nahe der Wallfahrtskirche liegt ein 9 m breiter, stellenweise nur 30 cm dicker Stein (pedra da abalar). In ihm sieht der Volksglaube das Segel des wunderlichen Schiffes. Bis Dezember 1978 konnten Besucher versuchen, den gewaltigen Stein zum Wackeln zu bringen, um so einen Wunsch frei zu haben. Eine heftige Sturmwelle war dann aber auch die letzte, die an dem ›Segel‹ rüttelte. Sie verschob den 60-Kilo-Stein an eine Stelle, wo ihn bis jetzt partout niemand mehr zum Wackeln gebracht hat. Wer danach eine Abkühlung braucht: Zum Baden eignet sich der Dünenstrand Lago. Er liegt attraktiv in einer kleinen Bucht etwa 5 km von Muxía entfernt. Und Baden kann man hier längst wieder nach dem schrecklichen Tankerunglück der Prestige im Jahr 2002. Ein Denkmal neben der Wallfahrtskirche erinnert noch an die Katastrophe, die Muxia besonders tra Der Fischerort profitierte von Fördergeldern aus Madrid und sogar Real Madrid gab ein Benefizspiel zugunsten der Bewohner hier und in der Nachbarschaft. Damit ist vor allem die Hafenpromenade modernisiert worden.

Übernachten

Zelten – **Camping Lago Mar:** oberhalb des Lago-Strands, Tel. 981 75 06 28, www.campinglagomar.es. Dieser Platz ist schattig und gut gelegen. Pro Pers., Auto, Zelt rund 5 €.

Infos & Termine

Information

Oficina de Turismo: Casa de Cultura, Tel. 981 74 25 63, www.concellomuxia.com

Termine

Romería: Wallfahrt und Tanz um das ›Felssegel‹ Pedra da abalar: am ersten Wochenende nach dem 8. Sept. Dann sieht man hier auch die traditionellen *gaítas* (Dudelsäcke).

Fisterra/Finisterre ! ▶ A 3

Fisterra ist der berühmteste Ort an der Todesküste. Kelten, Römer und mittelalterliche Pilger vermuteten hier das Ende (lat. *finis*) der Welt (*terra*). Besucht man das 3,5 km entfernte Kap mit seinem Leuchtturm, glaubt man tatsächlich, am äußersten Rand der Erdscheibe zu stehen. Allerdings: Das nördlich davon gelegene, weit weniger frequentierte Touriñan-Kap ist in Wirklichkeit der westlichste Zipfel Spaniens. Im Ort Finisterre erwarten einen zahlreiche, nicht ganz preiswerte Fischrestaurants. Ein kleiner Spaziergang lohnt sich entlang dem Hafen zur romanischen Kirche **Santa María das Areas.** Sie ist das letzte Gotteshaus am Jakobsweg.

Am nördlichen Hafenrand liegt die Schutzanlage **San Carlos.** Darin klärt ein kleines **Fischereimuseum** (Di–So 11–13.30, 16.30–19 Uhr, Eintritt 3 €) über diverse Fangmethoden, die besten Fischsorten und die schlimmsten Schiffsunglücke auf. Einmal übrigens holten die Bewohner aus einem gesunkenen Schiff Kondensmilch, die sie nicht kannten. Sie wunderten sich daraufhin, dass die ›weiße Farbe‹ so mäßig an den Häuserwänden haftete.

Zum Baden eignen sich mehrere Sandstrände zwischen Fisterra und Corcubión. Rund 10 km nördlich liegt der etwas abgeschiedenere Strand Praia do Rostro.

Übernachten

Mit hübschem Meerblick – **O Semáforo:** Ctra. do Faro s/n, Tel. 981 72 58 69, semaforo@finisterrae.com. Von den fünf Zimmern in der einstigen Wetterstation bietet sich ein grandioser Blick auf den Ozean. Eines der attraktivsten *casas rurales* (ländliche Gästehäuser) der Region, DZ 100 €.
Bescheiden – **Casa Velay:** A Cerca s/n, Tel. 981 74 01 27. Familiäre Bleibe plus angeschlossenes Restaurant, das so gut ist, dass hier selbst Hochzeitsessen veranstaltet werden (der Autor war auch schon mal als Gast dabei ...). Sieben einfache Zimmer, zum Hafen hin mit wunderbarem Blick auf den Sonnenuntergang. DZ rund 40 €.
Zeltplätze – **Camping Ruta de Finisterre:** Tel. 981 74 63 02, www.finisterrae.com/camping/rutafinisterre. Großer und ordentlicher Platz zwischen Fisterra und Corcubión, Juni–Mitte Sept., Pro Pers., Auto Zelt rund 5 €.

Essen & Trinken

Einfache Tavernen reihen sich dicht an dicht am Hafen sowie entlang der nahe gelegenen Strände Langosteira und O Sardineiro.

Lange glaubte man, Fisterras Leuchtturm stehe am Ende der Welt

Gehoben – **Don Percebe:** Carretera del Faro s/n, Tel. 981 74 05 12. Neben Entenmuscheln (*percebes*) gibt es in dem renommierten Restaurant auch deliziöse Schwertmuscheln (*navajas*) und vieles mehr aus dem Atlantik und dazu eine gute Weinauswahl, vor allem Weißweine aus Südgalicien. 25 €.
Köstlich – **Tira do Cordel** (auch: Baixa Mar): San Roque 2, Tel. 981 74 06 97, So abends und Mo geschl. María Carmen kocht in dem alten Steinhaus beim Strand Langosteiro so nah am Meer, dass sie die Meeresfrüchte und Fische fast nur mit einer Leine herausziehen muss (Tira del Cordel). Ein Gedicht sind vor allem die gebratenen *robalizas* (kleine Wolfsbarsche). 30 €.

Infos & Termine

Information

Oficina de Turismo: Rúa Real, Tel. 981 74 07 81, www.concellofisterra.com

Termine

San Juan: In der Johannisnacht am 24. Juni tobt der Bär an den umliegenden Stränden. Lagerfeuer und viel Musik inklusive. Der Bürgermeister lässt sich die Sache etwas kosten und stellt sogar schon mal Gratisgetränke zur Verfügung (ohne Alkohol, versteht sich).
Fin do Camiño: Folkmusik am 3. Aug.-Wochenende.
Carmen: 8–10. Sept. Umzüge zu Ehren der Schutzheiligen der Fischer.

Das Beste auf einen Blick

Die Westküste Galiciens

Highlights!

Pontevedra: Die Provinzhauptstadt hat einen fantastischen, verkehrsberuhigten Altstadtkern und strahlt typisches galicisches urbanes Leben aus. Anders als in Santiago ist hier kaum ein Pfarrer, Souvenirhändler oder Pilger unterwegs. Auch die Tapa-Bars lohnen den Besuch. S. 232

Cíes-Inseln: Die Inselgruppe steht unter Naturschutz, ist per Boot ab Vigo erreichbar und Welten vom Rummel à la Mallorca oder Ibiza entfernt. Auch weil hier keine Autos fahren. Wunderbare Strände locken hier, eine große Vogelkolonie und jenseits der Wochenenden ist es auch nicht allzu voll hier. S. 242

Auf Entdeckungstour

Auf Fischfang mit Kapitän Javier: Ein echtes Erlebnis für alle, die schon immer davon geträumt haben, acht Stunden mit galicischen Fischern auf dem Meer zu verbringen. S. 228

Blick in die Seele Galiciens – das Museo Provincial in Pontevedra: Streifzug durch Pontevedras ungewöhnlichestes Museum: Keltisches Gold, bissige Karikaturen und auch eine nachgebaute Schiffskajüte gibt es hier zu entdecken. S. 240

Kultur & Sehenswertes

Grabplatten der Zünfte: In Noias kleiner Kirche Santa María la Nova sind ungewöhnliche Granitplatten zu sehen, auf denen statt Namen Zunftzeichen gemeißelt sind. S. 218

Museum der Dichterin: Das Museo Rosalía de Castro ist der berühmtesten Dichterin Nordwestspaniens gewidmet. Es liegt in Padrón südlich von Santiago de Compostela. S. 222

Aktiv & Kreativ

Ausflug mit dem Glasboot: Mit Acquavisión ab dem Hafen von O Grove zu den Muschelflößen vor Vigo. S. 227

Genießen & Atmosphäre

Keramik von Nacho: Hoch über dem Carnota-Strand hat Nacho Porto eine Keramikwerkstatt und stellt kuriose Fabelwesen her. S. 216

Weißwein: Agro de Bazán bei Cambados heißt eine idyllisch gelegene Bodega zwischen Weinfeldern. S. 224

Abends & Nachts

Iguana Club: Einer der berühmtesten Rock-Clubs Nordspaniens in der Stadt Vigo, beliebt wegen der hochkarätigen Livebands, die hier auftreten. S. 247

Infobox

Internet
www.turgalicia.es: Ausführliches Portal über die gesamte Region Galicien.

Fremdenverkehrsämter
Am besten sind die Oficinas de Turismo in Pontevedra und Vigo.

Anreise und Weiterkommen
Die nächsten Flughäfen liegen in Santiago und Vigo. Pontevedra lohnt sich wegen der günstigen zentralen Lage besonders als Aufenthaltsort. An den Küstenstraßen kann es vor allem im August ziemlich voll werden, daher ist je nach Reiseziel eine Teilstrecke über die gut ausgebaute Autobahn sinnvoll.

Die Westküste ist bei Urlaubern besonders beliebt, denn die Wassertemperaturen im Sommer sind wärmer als an der Nordküste. Es gibt viele Sportmöglichkeiten und Orte wie Muros, Noia, Padrón und Pontevedra mit jeweils wunderschönem Altstadtkern. Mit dem Auto kann man wunderbar an den Rías entlangfahren und ein besonders beliebtes Ziel für Strandliebhaber und Wochendausflügler sind auch die Cíes-Inseln.

Von Fisterra nach Noia

Als Gott die Erde in sechs Tagen erschuf, so geht die Mär, nahm er sich am siebten eine Auszeit und stützte sich an der Westküste Galiciens auf. Seine Finger gruben sich dabei in den Küstenstrich und hinterließen fünf Buchten: die Rías Baixas. Mit ihren schönen Stränden sind diese Rías längst beliebte Urlaubsziele geworden. Guten Wein liefern angesehene Winzer ganz in der Nähe, vor allem die beliebten Weißweine.

Carnota ▶ A 3

Von der rauen Klippenküste bei Fisterra wird die Landschaft von Fisterra aus Richtung Santiago immer sanfter. Man kommt an kleinen Orten vorbei wie Cee und Corcubión. Sie liegen auf dem Weg nach Carnota mit seinem langen Strand und seinem Maisspeicher, der so lang ist, dass er dem Strand offenbar Konkurrenz machen will. Dieser *hórreo* aus dem Jahr 1768 ist – statt die üblichen rund 3 m – ganze 35 m lang und steht auf 22 Stelzenpaaren. Solche Vorratskammern gibt es überall in Galicien. Sie haben anders als in Asturien keinen quadratischen, sondern einen rechteckigen Grundriss. Wie dort soll die Bauweise auf Stelzen den Inhalt vor Fäulnis und Nagetieren schützen. Mais wird in den Bauten erst seit dem 16. Jh. luftgetrocknet, doch sollen ihre Vorläufer schon in keltischer Zeit errichtet worden sein. Und so kommt es auch, dass das oft ziegelgedeckte Dach nicht nur ein christliches Kreuz schmückt, sondern auch eine pyramidenförmige *fica*: das keltische Symbol für Fruchtbarkeit.

Einkaufen

Keramik kurios – **Nacho Porto:** in Cornido wenige km nördlich von Carnota auf dem Berg Pindo (ausgeschildert), Tel. 981 76 25 00, www.nachoporto.com. Mo–Fr 10–14, 16–20 Uhr, an Wochenenden, falls er da ist. Nacho stellt aus Ton Fabelwesen aus der galicischen Sagenwelt her und hat in seinem Haus mit tollem Blick über den Carnota-Strand eine Werkstatt, die man auch besichtigen kann.

Muros ▶ A 3

Muros (2800 Einw.) ist einer der schönsten Fischerorte an den südgalicischen Meeresbuchten. Unter den Arkadengängen der gotischen und barocken Granithäuser beobachten die Anwohner den Betrieb am Hafen. Und in der denkmalgeschützten Altstadt dahinter führen schmale Gassen – mit Namen wie ›Geduld‹, ›Schmerz‹, ›Bitternis‹ oder ›Gesundheit‹ – zu kleinen Plätzen, Kapellen, Wegkreuzen (*cruceiros*) und zu der spätgotischen Pfarrkirche **San Pedro.** Vor ihr traf sich im Hochmittelalter der Stadtrat. In der Kirche fällt heute ein Weihwasserkessel auf, in dem sich ein kurios verdrehtes Schlangenmotiv befindet.

Eine noch etwas ältere gotische Kirche ist **Virxe do Camiño.** Sie stammt ebenfalls aus dem 14. Jh. und liegt am Ortsausgang Richtung Noia. Von ihrer Holzdecke baumeln kleine Boote, mit denen die Fischer die ›Heilige des Weges‹ (*virxe do camiño*) um ihren Segen bei der Arbeit bitten. Nach der Arbeit treffen sie sich oft in den einfachen Tavernen an der Avenida da Marina am Hafen oder in der Gasse Pescadería (›Fischgeschäft‹), um einen Kräuterschnaps zu trinken und den Frauen nachzuschauen. Grund haben sie: Die *señoras* von Muros gelten als die schönsten Galiciens.

Nicht in Muros selbst, sondern wenige Kilometer außerhalb liegen mehrere feinsandige Strände, z. B. die 3 km entfernte, windgeschützte Praia de San Francisco (Duschen vorhanden) oder der Nudistenstrand Ancoradoiro. Im Hochsommer zieht das türkisblaue Wasser zahlreiche Badegäste an.

Übernachten

Klösterlich – **Padres Franciscanos:** Tel. 981 82 61 46, in Louro, etwa 4 km westlich von Muros. Trotz Strandnähe herrscht im Franziskanerkonvent die Ruhe selbst. Nur im Sommer öffnen die Mönche die 25 Zimmer im oberen Stock des Kreuzgangs für Gäste. Im Klostergarten haben die *padres* einen guten Campingplatz eingerichtet (Juni–Sept.). Die Einnahmen aus dem Betrieb tragen zum Erhalt des Konvents aus dem 17. Jh. bei. DZ rund 40 €.

Essen & Trinken

Regionalküche – **Esmorga:** Paseo Bombé 5, Tel. 981 82 65 28, am Ortsausgang von Muros Richtung Louro. Auf einer Anhöhe mit Meerblick gibt es in dem preiswerten Restaurant u. a. Paella, Empanada-Pasteten, Tortilla, galicischen Ribeiro-Weißwein und leckere Nachtische. 15–20 €.

Infos & Termine

Information

Oficina de Turismo: Curro da Praza 1, Tel. 981 82 60 50, www.muros.es

Verkehr

Bus: Station an der Avda. de Castelao s/n. Monbus-Busse fast stündlich über Noia nach Santiago, Fisterre-Busse mehrmals tgl. nach A Coruña.

Termine

Virgen del Carmen: 16. Juli, Meeresprozession zu Ehren der Schutzheiligen der Fischer.
Gran Prix de Carrilanas: am Wochenende unmittelbar vor oder nach dem 18. Juli dreht sich in dem westlich an der C-50 gelegenen Ort Esteiro alles

um handgemachte, motorlose Holzwagen.
San Pedro: 29. Juli, mit Feuerwerk und Pasteten-Wettbewerb.

Noia ▶ B 3

Mit dem 30 km entfernten Muros teilt sich Noia (7000 Einw.) eine der schönsten Buchten Galiciens, die Ría de Muros e Noia. Der Name der Kleinstadt am Río Tambre, so will es die Legende, leitet sich von Noah ab, der demnach nicht in Armenien, sondern hier gestrandet sein soll. Kein Zufall also, dass sich seine Arche im Stadtwappen wiederfindet. Nach Noah – das gehört nicht mehr ins Reich der Legenden – steuerten zahlreiche Pilger aus England, Schottland, Irland und Holland den inzwischen versandeten Hafen an, um von dort aus nach Santiago zu pilgern. Und weil auch Noia einige hübsche Paläste und Kirchen hat, nannten sie den Ort nicht nur ›Schlüssel zu Galicien‹, sondern auch ›kleines Santiago‹.

San Martiño

Plaza Tapal s/n, Mo–Fr 10.30–13.30, 16–18, Sa 10.30–13.30, So 11–13.30 Uhr

Dem Beinamen alle Ehre macht die spätgotische Wehrkirche **San Martiño.** Ihr Portal mit den zwölf Aposteln und den musizierenden Ältesten ist gekonnt dem Pórtico de la Gloria in Santiago de Compostela nachempfunden.

Santa María a Nova

Escultor Ferreiro s/n, Mo–Fr 10.30–13.30, 16–18, Sa 10.30–13.30, So 11–13.30 Uhr

Beeindruckend ist vor allem der Friedhof der Kirche **Santa María a Nova** aus der erste Hälfte des 14. Jh. Rätsel geben die rund 500 Grabsteine aus dem Mittelalter auf, die teilweise im Innern der Kirche ausgestellt sind. Statt Namen tragen sie Zunftzeichen und geometrische Bilder. Es heißt, die Friedhofserde habe man per Schiff aus dem Heiligen Land importiert.

Noia ist in zwei Bereiche aufgeteilt: die Altstadt mit den zahlreichen Tavernen wie der Tasca Tipica nahe San Martiño, die in einem der schmucken Paläste aus dem Mittelalter untergebracht ist, und die sich nordwestlich anschließende Gartenanlage Jardínes Felipe de Castro und das Stadtviertel O Calveiro, das vor allem für seine Kneipen und Musikbars berühmt ist. Südwestlich an der C-550 Richtung Ribeira liegen mehrere attraktive Strände.

Übernachten

Praktisch – **O Ceboleiro:** Galicia 15, Tel. 981 82 44 97. Mittelklassehotel gegenüber der Gartenanlage Felipe de Castro und damit sehr zentral gelegen, gute Zimmer mit Bad und TV (Parabolantenne). DZ rund 60 €.
Familiär – **Casa do Torno:** Lugar do Torno 1, Tel. 981 84 20 74. Ländliches Gästehaus, von jungen Besitzern geführt, 1 km südlich oberhalb von Noia, mit Meerblick. Ein panoramareicher Spazierweg führt bis ins Ortszentrum von Noia. DZ rund 50 €.
Zelten – **Camping Punta Batuda:** Wenige Kilometer von Noia Richtung Ribeira gelegen, Tel. 981 76 65 42. Die gepflegte Anlage liegt direkt am Meer. Pro Person, Auto, Zelt je rund 5 €.

Essen & Trinken

Fischküche – **Arborés:** Ferreiro 28, Tel. 981 82 01 52, im Winter Mo geschl. In der zentralen Restaurant-Gasse. Bietet Meeresfrüchte von Calamares bis zur Jakobsmuschel (*vieira*). Leckere Tapas. A la carte 25 €.

Rustikal – **O Ceboleiro:** Galicia 15, Tel. 981 82 44 97. Wohl bestes Restaurant der Stadt in dem gleichnamigen Zweisterne-Hotel. Spezialisiert u. a. auf Herzmuschel-Pasteten (*empanadas de berberechos*) und Kalbsfilet in Portweinsauce (*solomillo al oporto*). Hauptgerichte 15–45 €.
Urig – **Tasca Típica:** Nahe der Kirche San Martiño liegt diese alteingesessene Altstadt-Taverne in einem Palast aus dem Mittelalter. Auch für den kleinen Hunger zwischendurch genau das Richtige. Tapas rund 5 €, Mittagsmenü rund 12 €.

Infos & Termine

Information

Oficina de Turismo: Alameda s/n, Tel. 981 84 21 00, nur Juli–Sept.

Verkehr

Bus: Der Busbahnhof liegt gegenüber der Alameda an der Hafenmole, 6 x tgl. nach Santiago und Muros.

Termine

San Bartolomé: 24.–28. Aug., Patronatsfest mit Folklore und einem kulinarischen Pasteten-Wettbewerb.

Halbinsel Serra do Barbanza ► A 3/4

Von Noia führt die C-550 einmal rund um die Halbinsel der Serra do Barbanza. Eine schöne Fahrt, zumal sie immer wieder an versteckten und weniger versteckten Sandbuchten vorbeiführt. 5 km südlich des Badeorts Porto do Son taucht der Castro de Baroña

Erholsame Ruhe bei wenig Seegang in der großen Meeresbucht Ría de Noia

auf, eine formvollendet auf einem Felsvorsprung gelegene Keltensiedlung, deren Bewohner von oben vor 2000 Jahren eine gute Aussicht auf den halbrunden Strand im Süden hatten. Noch gut erkennbar sind die Eingangsbereiche des Mauerrings und die typischen runden Grundrisse der Hütten.

Hinter dem Leuchtturm der Halbinsel am Cabo Corrubedo erstreckt sich nach Süden hin der größte Dünenstrand Galiciens, Dunas de Corrubedo. Die fast 1 km lange und 15 m hohe Wanderdüne formt mit den Lagunas de Vixán eine attraktive Einheit an den galicischen Rías Baixas. Die Lagunen sind Brutplatz für über 100 Vogelarten.

Im Osten liegt an der LC-303 der **Dolmen de Axeitos** (auch: Pedra do Mouro). Der ca. 4500 Jahre alte Megalithbau ist eines der seltenen prähistorischen Zeugnisse an der galicischen Atlantikküste und besitzt eine immerhin 4,5 x 3,5 m großen Steinplatte.

Ganz im Hier und Heute lebt der Thunfisch-Hafen Ribeira (Santa Uxia). An der schnörkellosen Fischerstadt beginnt die Arousa-Bucht, in der Miesmuschelflöße im seichten Wasser dümpeln. Das nährstoffreiche Wasser eignet sich bestens für die Zucht der *mejillones*, die an Seilen unter den Flößen zur vollen Größe heranwachsen.

Übernachten

Zelten – **Camping Coroso:** 3 km östl. von Ribeira gelegen, Tel. 981 83 80 02 www.campingcoroso.com. Großer, akzeptabler Platz an einem Strand, auch Bungalow-Vermietung. Im angeschlossenen simplen Restaurant arbeitete 2009 Toni Vicente, nachdem die eins-

Mein Tipp

Historische Schlacht beim Wikingerfest in Catoira ▶ B 4

Der erste Sonntag im August ist in Catoira zwischen Padrón und Vilagarcía wild bis ungestüm. Nachgestellt wird die Landung von Wikingern, die in einem formvollendet gebauten Schiff angerudert kommen.

Ob bei der anschließenden mit Plastikschwertern ausgefochtenen Schlacht die in Felle gehüllten, Hörnerhelme tragenden Heiden oder die Kreuzritter siegen werden, bleibt das Geheimnis der Organisatoren. Schauplatz der kriegerischen Auseinandersetzung ist die Festungsruine **Torres del Oeste.** Erzbischof Gelmírez ließ sie im 12. Jh. zum Schutz des Hafens von Padrón errichten. Als Tribüne mit hervorragender Sicht auf das Spektakel dient die Betonbrücke über dem Fluss.

Es lohnt sich allerdings, bereits vor elf Uhr da zu sein und keine teure Kleidung anzuziehen – Rotweinspritzer sind unvermeidlich. Inzwischen stellen nicht mehr nur Studenten aus Santiago die Wikinger dar. Denn seit das galicische Catoira mit Frederikssund auf der dänischen Insel Seeland unweit von Kopenhagen eine Städtepartnerschaft eingegangen ist, verbergen sich auch schon mal echte Nordmänner unter den Helmen. Die Galicierinnen jedenfalls sind begeistert.

tige Sterneköchin wegen illegal eingekaufter Jakobsmuscheln ihr renommiertes Restaurant in Santiago aufgeben musste (s. S. 75). Möglicherweise ist sie nach wie vor dort beschäftigt. Pro Pers., Auto, Zelt je 5,20 €.

Zwischen Padrón und Pontevedra

Entlang der Buchten Ría de Arousa und Ría de Pontevedra erwarten den Besucher die wärmsten Badestrände, die beliebtesten Urlaubsorte und manch schmucker Altstadtkern. Und schließlich hat das Wildpferdetreiben nirgends so viel Tradition wie im unmittelbaren Hinterland der galicischen Westküste.

Padrón ▶ B 3

Wenn der Verwalter der kleinen Santiago-Kirche am Flussufer richtig in Stimmung ist, erzählt er die Legende noch einmal: Am Hafen des römischen Iria Flavia sei das Boot mit dem enthaupteten Leichnam des Apostels Jakob gelandet. So sei der Heilige in das Land zurückgekehrt, in dem er einst missioniert habe. Das Boot, weiß der Mann, wurde an einem säulenartigen Stein (*pedrón*) festgebunden. Zum Beweis öffnet er am Hauptaltar zwei Holztüren und unter dem Altar kommt der Findling zum Vorschein. Aus *pedrón* wurde Padrón, aus Padrón aber nicht das Zentrum der Pilgerfahrt, obwohl ein Einsiedler das Grab des Apostels im 9. Jh. ganz in der Nähe fand. Zu gefährlich nah an der Küste lag der Ort und weil die Kirchenväter mit den zerstörerischen Überfällen struppiger Wikinger schlechte Erfahrungen gemacht hatten, verlegten sie das Pilgerzentrum kurzerhand etwas weiter ins Inland – und nannten es Santiago de Compostela.

Nicht als Anlandungsplatz für den Apostel ist die Kleinstadt **Padrón** (4000 Einw.) spanienweit bekannt. Ein galicischer Refrain verrät, wofür: »Os pementos de Padrón, uns pican, outros non« (»Paprikaschoten aus Padrón, einige nicht scharf, andere schon«). Anfang August feiern die Bewohner zu Ehren der Schote sogar ein Erntefest. Dabei werden die kurz angebratenen Früchte wie ›kulinarisches Roulette‹ serviert, denn wie gesagt: Einige sind sehr scharf!

Auch große Literaten brachten der kleinen Stadt Ruhm ein. Literaturnobelpreisträger Camilo José Cela (1916–2002) kam hier zur Welt und schrieb so packende – auch ins Deutsche übersetzte – Romane wie »Mazurka für zwei Tote« über den brutal geführten Spanischen Bürgerkrieg im galicischen Hinterland.

Museum Camilo José Cela

Santa María 22, www.fundacioncela.com, Führungen auf Spanisch und Englisch Mo–Fr 11, 12 und 13 Uhr, Mo–Do auch 17, 18 und 19 Uhr, Eintritt 8 €

Das Museum am Stadtausgang Richtung Santiago zeigt neben Manuskriptfragmenten und Gemälden zahlreiche Flaschen mit illustren Autogrammen. Der Romancier hatte andere Künstler immer wieder zum Wein eingeladen und sich von ihnen die Etiketten unterzeichnen lassen. So kam mit der Zeit eine kuriose Sammlung zustande. Celas Großvater leitete übrigens das Eisenbahnunternehmen West Galicia, das die erste Bahnlinie zwischen Santiago und Vilagarcia de Arousa installierte. Deshalb zeigt das Haus weitere Ausstellungsstücke rund um die Lokomotive.

Casa Museo Rosalía de Castro
A Matanza s/n, www.rosaliadecastro.org, Di–Sa 9.30–14, 16–19, So 11–14 Uhr, Eintritt 2 €
Bereits im 19. Jh. machte Galiciens berühmteste Dichterin Rosalía de Castro (1837–1885) Padrón zu ihrer Wahlheimat. Sie kam als Halbwaise in einem Krankenhaus in Santiago zur Welt und hat nie einen Hehl daraus gemacht, die Tochter eines Pfarrers zu sein. Ihr Wohnhaus beherbergt heute das **Casa Museo Rosalía de Castro.** Das Anwesen ist noch weitgehend so erhalten wie damals und man sieht die Räume so, wie die Autorin sie zu Lebzeiten bewohnt hat. »An den Ufern des Sar« ist ihr letztes und wohl bestes Werk. Die Lyrikerin, die in galicischer Sprache schrieb, der sie so zu neuem Leben verhalf, thematisiert Trauer und Einsamkeit im Land der zurückgelassenen Frauen, deren Männer nach Lateinamerika emigriert waren. Einen ihrer Gedichtbände nannte sie entsprechend »Witwen der Lebenden« (»Viudas de vivos«). Nachdem man sie auf dem örtlichen Friedhof Adina bestattet hatte, kam es Jahrzehnte später zum Eklat. Die Regierung in Santiago ließ den Leichnam in den ›Pantheon illustrer galicischer Persönlichkeiten‹ der galicischen Hauptstadt überführen. Ein Bewohner soll daraufhin bei der Stadtverwaltung in Santiago angefragt haben, ob man nach dem Leichnam des Apostels Jakob und der Dichterin Rosalía jetzt jeden Toten aus Padrón stehlen wolle.

Essen & Trinken

Preisgekrönt – **Chef Rivera:** Enlace Parque 7, Tel. 981 81 04 13, So abends im Winter geschl. Foie gras in Armagnac und geschmorter Seeteufel (*rape*) sind in dem preisgekrönten Restaurant nicht teuer. Neben den Untertanen aus Padrón nimmt auch schon mal das spanische Königspaar Platz. 25–38 €.

Preiswert – **O Pementeiro:** del Castro s/n. Gemütliche Taverne mit vielen Tapas und *raciónes,* darunter natürlich Pfefferschoten, denen man von außen nicht ansieht, wie scharf sie sind. Vorsichtshalber schon mal ein großes Glas Bier dazubestellen. Das Mittagsmenü gibt es schon für rund 10 €.

Die Arousa-Insel ▸ B 4

Hinter der Hafenstadt Vilagarcia de Arousa und dem Fischerort Vilanova de Arousa mit seinem hübschen Stadtkern führt eine lange Brücke zu der vorgelagerten Insel Illa de Arousa. Die Strände und der (mäßig saubere) Campingplatz des 6 km langen Inselchens locken in der Hauptsaison zwischen Juli und September viele Besucher an. Wildcampen ist streng verboten. Verboten war auch der Schmuggel, aber gerade der florierte auf der Insel noch bis vor kurzem.

Übernachten

Am Strand – **Camping Salinas:** Praia de Xasterlas s/n. Der Platz mit Bar und kleinem Supermarkt liegt direkt am Strand und ist relativ sauber. Pro Pers., Auto, Zelt je rund 5 €.

Infos & Termine

Information
Oficina de Turismo: Av. de Arousa s/n, www.illadearousa.com

Termine
Fiesta del Mejillón: Miesmuschelfest um den 25. Juli im Ort Illa da Arousa.

Cambados ▶ B 4

Der kleine Ort **Cambados** (5500 Einw.) ist das Zentrum des Albariño-Anbaus. Die Rebe wird zu wohlschmeckenden Weißweinen gekeltert, die zum Hauswein vieler Spanier geworden sind. Mönche aus Cluny hatten die Traube hierher gebracht und an jedem ersten Augustsonntag ist der *vino blanco* schon seit 1952 Mittelpunkt des ältesten Weinfests Galiciens.

Cambados besteht aus drei Ortsteilen: Fefiñáns, Cambados und Santo Tomé. Überall stehen prächtige Adelshäuser mit üppig gestalteten Wappen an den Frontseiten. So umgibt den **Fefiñáns-Platz** neben der Kirche **San Benito** (18. Jh.) und den Weinhandlungen auch ein burgähnliches Adelshaus mit zinnenbekrönten Türmen. Bauen ließ es José Pardo de Figueroa, der im 17. Jh. einen überaus exotischen Job bekam: Der Mann wurde spanischer Botschafter am russischen Zarenhof. Das Gutshaus **Pazo Bazán** wiederum gehörte im 19. Jh. der coruñensischen Autorin Emilia Pardo Bazán, die mit ihrem verwegenen Buch »Mutter Natur« die Gemüter ihrer Zeitgenossen zum Kochen brachte: Sie beschrieb als Erste das Tabuthema Inzucht. Der Pazo ist inzwischen ein ansehnlicher Parador geworden. Der Palast **Santo Tomé** des Marquis von Montesacro zeigt zum Meer hin. Wie alle größeren barocken Adelshäuser besitzt der Bau eine eigene Hauskapelle.

Doch nicht nur ältere Paläste, auch modernere Bauten zeugen vom Reichtum Cambados'. Ursache hierfür ist zum einen der in Spanien heiß geliebte Weißwein. Ein Übriges tat zum anderen das unrühmlichere Kapitel Schmuggel dazu. Noch bis weit in die 1990er-Jahre des 20. Jh. blühte der Handel mit gefälschten Zigaretten und harten Drogen, bis aus Madrid gesteuerte Razzien dem Spuk ein Ende bereiteten. Vor allem der damals noch blutjunge Staatsanwalt Baltasar Garzón machte auf sich aufmerksam. Gern ließ er sich auf Schmugglerbooten inmitten der heißen Ware fotografieren und arbeitete so an seinem Ruf als unerbittlicher Kämpfer für die gerechte Sache. International berühmt wurde er später durch die vergebliche Forderung an London, den chilenischen Ex-Diktator Pinochet nach Madrid zu überführen. Spanier hatten Klage gegen Pinochet erhoben, weil sie unter dessen Diktatur in Chile gefoltert worden waren.

Aber zurück zum Ort: Zu den ältesten Gebäuden von Cambados gehört der Turm **San Sardoniño,** der vor dem Hafen auf einer kleinen Insel steht und im 10. Jh. als Leuchtturm fungierte. Gut 500 Jahre später entstand gleich in der Nähe die heute morbid-schöne

Mein Tipp

Blick über die Küste ▶ A 4
Einer der schönsten und dabei eher unbekannten Aussichtspunkte in Galicien ist der Gipfel des 242 m hohen **Monte Tahume** auf der Halbinsel Serra do Barbanza. Von hier aus bietet sich eine wunderbare Sicht auf die galicische Küste. Gut ausgeschildert war er zur Zeit meiner Recherche nicht, daher hier eine genaue Beschreibung: Von Santa Eugenia de Riveira fährt man Richtung Corrubedo. Auf dem Weg dorthin sieht man rechter Hand ein Ausflugslokal und die Straße biegt nach Espiñerido ab. Man folgt ihr ca. 5 km bis zur Beschilderung des nun noch 3,2 km entfernten Monte Tahume (GPS: N 42°36.229′, W 009.02.717′).

Ruine der Kirche **Santa Mariña de Dozo.** Sie steht inzwischen unter Denkmalschutz. An der Hauptkapelle und der Sakristei sind noch Spuren verblasster spätgotischer Wandgemälde zu erkennen. Zwischen den zugigen Gemäuern und Gewölbebögen liegt mitten im ruinösen Gotteshaus der romantische Friedhof von Cambados.

Übernachten

Nobel – **Parador del Albariño:** Paseo da Calzada s/n, Tel. 986 54 22 50, www.parador.es. Noble Unterkunft mit drei Sternen, geräumigen, ruhigen Zimmern, Tennisplatz und Garten. Da er einer der beliebtesten Paradore Galiciens ist, besser vorher reservieren. DZ ab 165 €.
Die Ruhe selbst – **Pazo Carrasqueira:** in Sisán-Ribadumia, knapp 3 km von Cambados entfernt, Tel. 986 71 00 32, p.carrasqueira@eresmas.net. Traumhaft ruhige Finca mitten im Albariño-Weintal Salnés, Pool plus Wein-Bodega, da fühlt man sich schnell wohl. DZ ca. 80 €.
Einfach und gut – **Carisán:** Eduardo Pondal 3, Tel. 986 52 01 08. Schlicht, aber zentral gelegen und mit ordentlichen und sauberen Zimmern, alle mit TV. DZ ca. 48 €.

Essen & Trinken

Frisch aus dem Ofen – **O Arco:** Real 14. Tel. 986 54 23 12. Frischer Kabeljau, Seezunge, Langusten und auch Lamm aus dem Ofen werden serviert in verkitschtem Ambiente gleich neben der Villa Fefiñáns serviert. Rund 25 €.
Leckerer Fisch – **Casa Rosita:** Avda. Villagarcía 8, Tel. 986 54 28 78, So abends geschl. Liegt etwas außerhalb, aber der Weg lohnt: Es gibt gute Meeresfrüchtesalate (*salpicón de marisco*) und ab und zu Flussforellen (*truchas*). 18 €.

Einkaufen

Bodegas – **Agro de Bazán:** Neben den zahlreichen Bodegas im Zentrum lohnt sich ein Besuch des Weinguts Agro de Bazán in Treomedo, Tel. 986 55 55 62, 5 km nordöstlich von Cambados. In dem Bau umgeben von Weinfeldern wird u. a. der gehaltvolle Gran-Bazán-Weißwein gekeltert.

Infos & Termine

Information

Oficina de Turismo: Praza do Concello s/n, Tel. 986 52 07 86, www.cambados.es

Weingut Agro de Bazán, eine der besten Weißwein-Bodegas der Region

Verkehr

Bus: 10 x tgl. nach Pontevedra, 5 x tgl. nach Padrón.

Termine

Festa do Viño Albariño: Erstes Aug.-Wochenende, mit viel Wein, Konzerten und Feuerwerk zu Ehren des besten Weißweins der Region.

O Grove/Isla A Toxa ▶ B 4

So wie Cambados als Hauptstadt des Albariño-Weins gilt O Grove als die Hauptstadt der *mariscos*, der Meeresfrüchte. Und auch O Grove lässt es sich nicht nehmen, deshalb ein großes Fest zu feiern: das Fest der Meeresfrüchte im Oktober. Bei Ebbe sieht man viele der rund 10000 Bewohner bei der Ernte der Herz- und Venusmuscheln. Dem Fischerort mit seinen umliegenden Stränden ist die kleine Insel A Toxa (La Toja) vorgelagert, die seit 1909 eine Brücke mit dem Festland verbindet. A Toxa besitzt ein Thermalbad, ein Grandhotel, Spielkasinos, zahlreiche Souvenirstände und eine ganz mit Jakobsmuscheln ausgeschmückte Kapelle, die angeblich meistfotografierte Nordspaniens. Die Insel war der Vorläufer des modernen Tourismus und der aus Galicien stammende Schnulzensänger Julio Iglesias verhalf ihr mit seinen Besuchen immer wieder zu sommerlichem Glamour. Während A Toxa im Sommer dem Rummel ausgesprochen betuchter Gäste ausgesetzt ist, geht es in O Grove weitaus familiärer zu. Der mit seiner Kastenarchitektur etwas verbaute Ort ist auch bei deutschen

Sprachschülern beliebt. Eine Attraktion ist das 5 km westlich in der Nähe von Rebodero gelegene **Acquárium Galicia** (www.acquariumgalicia.com, Sommer tgl. 10–21, sonst 10.30–14.30, 16–19 Uhr, 12 €, Kinder 8 €, unter 6 Jahren gratis). Das zweitgrößte Aquarium der Region nach dem in A Coruña liegt im Norden der Halbinsel. 15 000 Meerestiere sind in den 18 Becken zu sehen. Die Betreiber organisieren auch Katamaran-Fahrten entlang der Bucht (Näheres beim Infoamt, S. 227).

Übernachten

Schlicht – **Argibay:** Rúa Castelao 200, Tel. 986 73 04 49. Einfache, geräumige Zimmer mit TV, teils mit Blick auf die vorgelagerte Insel A Toxa. Speiseraum und Einrichtungen ganz im Stil der Entstehungszeit im Jahr 1981. Vom Preis-Leistungs-Verhältnis aber besonders empfehlenswert. Rund 60 €.

Essen & Trinken

Am Hafen sind die Restaurants touristischer und teurer als im Ortskern.
Delikessen aus dem Atlantik – **Paraíso del Marisco:** Teniente Domínguez 52, Tel. 986 73 21 53. Nahe der A-Toxa-Brücke. In dem ›Paradies der Meeresfrüchte‹ sind selbige erschwinglich. Spezialität u. a. Seehecht mit Venusmuscheln (*merluza con almejas*). Ein Menü ist für 15 € zu haben und auch die Weinauswahl lässt nichts zu wünschen übrig.

Aktiv & Kreativ

Per Glasboot – **Acquavisión:** Hospital s/n, Tel. 986 73 12 46, www.acquavi

Die legendenumwobene Praia A Lanzada

sion.com. Bietet 75-minütige Glasbootausflüge zu den nahen Muschelflößen: Los geht es ab dem Hafen von O Grove. Der Ausflug kostet ca. 15 € pro Person und Fahrt.

Infos & Termine

Information

Oficina de Turismo: Praza do Corgo s/n, Tel. 986 73 14 15, Fax 986 73 12 46

Verkehr

Bus: am Hafen, stdl. nach Pontevedra, mehrmals tgl. über Vilagarcía nach Santiago, 2 x tgl. nach Vigo.
Schiff: Unregelmäßige Verbindungen nach Ribeira und Cambados.

Termine

Festa do Marisco: Am zweiten Wochenende im Oktober stehen die Meeresfrüchte ganz im Mittelpunkt eines lebhaften kulinarischen Festes. Zu dem köstlichen Essen gibt es Wein, Tanz und Musik.

Praia A Lanzada ► A/B 4

Südlich von O Grove geht es Richtung Sanxenxo entlang feinsandiger Strandbuchten zu der 7 km langen Sandbucht Praia A Lanzada. Hier ist das Wasser etwas kühler und die Strömungen weiter draußen sind nicht ganz ungefährlich. Der mit der blauen Umweltflagge ausgezeichnete Strand A Lanzada macht seinem Ruf als bestbesuchter Strand Galiciens im Hochsommer alle Ehre. Auch Windsurfer fühlen sich hier wohl. Dabei war und ist er nicht nur tagsüber interessant. An Mitternacht zum Sonntag – bei Vollmond und nur in Monaten ohne ›r‹ – haben Galicierinnen frü-

Auf Entdeckungstour

Auf Fischfang mit Kapitän Javier

Die Sehnsucht, einmal mit Fischern aufs Meer zu fahren, lässt sich im nordwestspanischen Galicien verwirklichen. Über die Organisation Pescanatur dürfen Besucher aufs Boot. Ein waschechtes Erlebnis.

Reisekarte: ► B 4

Kontakt und Reservierung: Pescanatur, 36 980 O Grove, Praza do Congo 2, Tel. 986 733 590, www.pescanatur.es.

Preis: 45 €, Kleidung und Versicherung inklusive.

Es ist noch stockdunkel. 6 Uhr morgens auf der »Vendaval«. Gefühlte 50 Möwen schreien gegen den Schiffsmotor an. Das Meer ist ruhig. Vom Fischerdorf O Grove bis vor die galicischen Ons-Inseln werden wir fahren und acht Stunden lang eine ganz typische Arbeitsschicht der *marineros* miterleben. Und danach eine Seezunge essen, die gerade noch im Netz hing. Zugegeben: Diese Tour eignet sich eher für diejenigen, denen schaukelnde Boote wenig ausmachen. An Bord gibt es nur ein simples Plumpsklo, die Jungs sprechen allenfalls gebrochen Englisch und für das Lunchpaket haben wir selber gesorgt.

Dafür wird man aber mit schönem Küstenpanorama und einem einzigartigen Einblick in die Welt der Fischer belohnt. Das ist schon etwas anderes, als gemütlich im Glasbodenboot den Lautsprecheransagen des Fremdenführers zu lauschen.

»Pescanatur« heißt die Organisation lokaler Fischerverbände, die hinter dem Projekt steht, den Fischeralltag zum touristischen Erlebnis zu machen. Den Kapitän stört diese Art von Begleitung nicht. Im Gegenteil: Er bekommt 75 % von jeder »Eintrittskarte«. Und weil die Besucher sich im vorderen Bootsbereich aufhalten, während die Fischer arbeiten, stehen sie auch nicht im Weg.

Nicht bei hohem Wellengang

Im Vorfeld haben wir unsere Schuhgröße angegeben und eine Kopie des Ausweises gefaxt, wegen der Versicherung. Nun tragen wir Gummistiefel, gelbe Gummianzüge und Sicherheitswesten. Doch Sorgen machen wir uns nicht, denn hier in den südlichen Rías (Fjorden) von Galicien weht der Wind viel harmloser als oben an der »Todesküste«, wo die Fischer weit härtere Bedingungen haben. Wer die Tour unternimmt, sollte am besten in O Grove in Hafennähe übernachten. Es geht früh raus, doch sollte nachts ein Sturm aufziehen, wird die Fahrt abgesagt und auf einen späteren Termin verschoben, denn die Sicherheit der Passagiere steht im Vordergrund.

Fischer aus Peru mit an Bord

Wir sitzen im hinteren Teil des Boots, dort, wo später die Netze aufgerollt werden. Wir, das sind zwei galicische und zwei deutsche Besucher sowie die Schiffsmannschaft. Kapitän Javier Iglesias hat neben einem Galicier zwei Peruaner in seiner Mannschaft, wie so viele seiner Kollegen auch. Jetzt rauchen sie an Deck und erzählen, das Fischerleben in Peru sei ganz ähnlich, nur die Kälte im Winter auf dem Atlantik finden Victor und Hamilton gewöhnungsbedürftig. In ihrer Heimat fallen die Temperaturen auf See kaum unter 14 °C. Doch der geringen Löhne wegen lassen sie sich trotzdem gern von den Galiciern abwerben. Je nach Fang verdienen sie hier im Monat bis zu 1200 € netto. Viel Geld im Vergleich zum Heimatland, aber für die Söhne galicischer Fischer ein Hungerlohn. Sie ziehen eher in andere Regionen Spaniens und erlernen andere Berufe.

Noch haben wir Zeit, uns zu unterhalten, während es langsam heller wird und die Schiffslampen ausgeschaltet werden. Sobald die erste Boje der *vendaval* erreicht ist, an der die Netze hängen, ist Schluss mit Reden. Am Vortag haben die Männer das Netz ausgeworfen und hoffen, dass sich über Nacht möglichst viele Meerestiere darin verfangen haben. Dann beginnt die Knochenarbeit: Fisch und Schalentiere aus den Maschen holen und vor allem das Netz aufrollen, das hoffentlich nicht viel Schaden genommen hat. Meine Güte, haben die *marineros* Oberarme! Das Netz einzurollen dau-

Auch die Gäste an Bord freuen sich über den Fang

ert gut 45 Minuten, danach hat Kapitän Xavier wieder Zeit für ein Gespräch. Er zeigt uns die vorgelagerte kleine **Ons-Insel** und erzählt, wie wichtig es für das Überleben der Seevögel ist, dass diese Isla heute unter Naturschutz steht.

Kapitän mit Herz

Dann reden wir über seine Arbeit und über das Angebot von Pescanatur für die Touristen. Ja, die Idee dafür sei dem Verband gekommen, weil die Einnahmen immer unsicherer, die Fischbestände magerer und das Dieselbenzin teurer wurden. Vor allem aber ist eine gute Ausbeute für ihn wichtig, sagt Javier und geht ins Detail: Erst wenn er in acht Stunden Fisch für mindestens 600 € zurück zum Hafen bringt, hat sich die Fahrt gelohnt. Denn er muss nicht nur die Mitarbeiter bezahlen, sondern auch die Verkäufer in der Fischhalle und die Bootswartung. Heute, soviel ist sicher, sieht es gut aus.

Steinbutt und Seezunge

Javier ist ein 5 kg schwerer Steinbutt ins Netz gegangen. Wunderbar, denn der fast kreisrunde Speisefisch ist sehr wertvoll. Er bekommt für ihn 30 € pro kg, 10 € mehr als für eine Seezunge. Der Kapitän weiß also: Die Fahrt rentiert sich. Manchmal reißen die Netze und alles ist umsonst. Sorgen um die Zukunft macht Javier sich schon, aber seine Frau arbeitet beim galicischen Regionalfernsehen. So hängt zum Glück nicht alles Finanzielle von ihm ab. Als wir nach acht Stunden wieder an Land gehen, sind drei Netze eingeholt und die weißen Plastikkisten randvoll mit wertvoller Ware. Den bärtigen Kapitän und seine Crew haben alle ins Herz geschlossen und ein paar spanische Vokabeln sind auch hängengeblieben. Seezunge heißt *lenguado*, Steinbutt *rodaballo* und »hervorragend« *estupendo*. Das rief Javier gegen die Möwenschreie an, als ihm sein erster Steinbutt vor die Nase kam.

her versucht, hier schwanger zu werden: Dazu hockten sie sich in das Wasser und warteten neun Wogen ab, bevor sie sich wieder abtrockneten. Als besonders geeigneter Termin galt die Mitternacht zum Johannistag (am 24. Juni). Mag der Brauch auch heidnischen Ursprungs sein, in der Kapelle Santa María de A Lanzada am östlichen Ende des Strands findet am letzten Sonntag im August heute noch immer die ›Wallfahrt der neun Wogen‹ statt. Und es heißt, selbst Managerinnen aus Vigo und Santiago seien erst kürzlich nachts beim ›Baden‹ gesehen worden …

Bucht von Pontevedra

▶ A/B 4

Sanxenxo ist so sehr mit Appartements und Hotels übersät, dass es schon in den 1970er-Jahren völlig zu Recht den Beinamen ›Marbella Galiciens‹ bekam. Grund für die vielen Besucher – vor allem aus Madrid – sind die warmen Wassertemperaturen, die Strände, der schöne Jachthafen mit seiner Segelschule und das beachtliche Angebot an Diskotheken, das an Wochenenden die Kids aus der nahen Provinzhauptstadt Pontevedra gleich busweise anzieht. Denn dort, sagen sie, sei nicht halb so viel los.

Die kaum besiedelte, 5 km lange Isla de Ons ist vor allem außerhalb der Saison ein ruhiger Ort mit kleinen Sandstränden zwischen den Felsen, einem Leuchtturm, der Felsformation Buraco do Inferno (Höllenhöhle) und Tavernen an der Anlegestelle. Hier und an der südlichen Onceta-Insel gibt es einige Seevogelkolonien. Der östlich gelegene Fischerort Combarro ist vor allem wegen seiner Maisspeicher direkt am Wasser und den winzigen Gassen einen Besuch wert. 2 km entfernt liegt das Benediktiner-Monasterium Poio (17. Jh.), in dessen Kirche die Barmherzigen Brüder samstags das Dankgebet an die heilige María singen. In dem angeschlossenen Gebäude ist eine Unterkunft im Stil einer Jugendherberge eingerichtet.

Übernachten

Zentral – **Rotilio:** Avda. do Porto s/n, Sanxenxo, Tel. 986 72 02 00, www.hotelrotilio.com. Ein großer Kasten gleich am Hafen in zentraler Lage. Die Zimmer mit Balkon haben teils einen tollen Blick auf den Strand und die Fischerboote. Funktional und praktisch eingerichtet. DZ ca. 120 €, in der Nebensaison günstiger.

Bei den Mönchen – **Monasterio de Poio:** Tel. 986 77 00 00, 4 km vor Pontevedra. Etwas Rummel auf dem Flur sollte einem in dieser preiswerten, jugendherbergsartigen Unterkunft mit über 200 schlichten Zimmern direkt neben einem Kloster nichts ausmachen. Die dortigen Benediktinermönche sind übrigens nicht selten mit gregorianischen Gesängen zu hören. Günstige DZ für 25–30 €.

Essen & Trinken

Fischspezialitäten – **Rotilio:** Avda. do Porto s/n, Sanxenxo, Tel. 986 72 02 00, Restaurant im gleichnamigen Hotel mit guter Fischkarte, auch bei größeren Gruppen beliebt, da geräumig. Lecker sind hier in der Saison auch die Muscheln. À la carte 25–40 €.

Infos

Fähren: von Sanxenxo etwa 4 x tgl. zur Ons-Insel.

Pontevedra ! ►B 4

Um es gleich vorweg zu sagen: Die kleine, charmante Stadt ist ein ganz besonders attraktiver Aufenthaltsort. Gleichzeitig dient sie bestens als Ausgangspunkt für Exkursionen aller Art, ob nach Santiago, an die schönen Strände der Morrazo-Halbinsel oder nach Süden zur portugiesischen Grenze.

Ganz anders als die brummende Hafenstadt Vigo ist Pontevedra mit seinen kaum 70 000 Einwohnern zudem eher eine ruhige Kleinstadt. Dennoch ist sie die Provinzhauptstadt der Region. Der Grund dafür: Das Alter gab ihr den Vortritt. Zwar hatten die Römer sie namensstiftend Pontis Veteris (alte Brücke) genannt, doch stuften die legendenverliebten Bewohner das Datum ihrer Entstehung nochmals um zahlreiche Jahrhunderte zurück. Womit auch der Name der Praza do Teucro zu tun hat:

Praza do Teucro 1

Im Trojanischen Krieg soll der griechische Held Teukros nach seinen Irrfahrten über das Meer den Ort um 1200 v. Chr. gegründet haben. Und damit das auch jeder glaubt, heißt einer der schönsten Plätze in der Altstadt **Praza do Teucro**. Seine Orangenbäume geben ihm ein beinahe mediterranes Flair. Der Platz liegt mitten im Zentrum, das weit über die Region Galicien hinaus als besonders schön gilt. Herausgeputzte Adelshäuser, kleine, mit Platanen bepflanzte Plätze, weiß gestrichene Holzbalkone und Arkadengänge aus grauem Granit sorgen genauso dafür wie so manches kuriose Bauwerk.

Santo Domingo 2

Paseo de Montero Ríos s/n, Di–So 10–14, 17–20 Uhr

Die morbid-melancholisch wirkende Ruine der Kirche **Santo Domingo** steht am nördlichen Rand der Alameda. Sie entstand im 14. Jh. und ist seither derart verfallen, dass nur noch die fünf Apsiden mit ihren hohen, glaslosen Fenstern zu sehen sind. Im Schatten der zugigen Mauern ist ein Teil der archäologischen Abteilung des hervorragenden Provinzmuseums untergebracht (s. S. 240). In weit besserem Zustand zeigt sich die schmale barocke Kirche Peregrina.

Gut besucht: die Cafés am Altstadtplatz Praza da Verdura

Peregrina-Kirche 3

Plaza de la Peregrina, geöffnet zu den Gottesdiensten

Den hohen Bau mit schlanken Türmen legte Antonio Souto 1778 mit dem originellen Grundriss einer Jakobsmuschel an. Passend dazu ist im Kircheninnern die Darstellung der Maria als Pilgerin (*peregrina*) zu sehen. Sie ist nicht nur Schutzheilige, sondern auch ›Festheilige‹ der Stadt: Während der Fiesta de la Peregrina im August gibt es ihr zu Ehren Rock- und Keltenmusik im Fußballstadion, einen Stierkampf in Galiciens einziger stilechter Arena, Schauspielkunst im Teatro Principal und zahlreiche Kulturveranstaltungen in den modernen Stadtanlagen auf der anderen Seite des Río Lérez.

San Francisco 4

Jardines de Castro San Pedro s/n, Mo–Sa 8–13, 17.30–21 Uhr

Nur wenige Schritte von der Peregrina-Kirche entfernt liegen an der weiten, zentralen Praza da Herrería kleine Gar-

Pontevedra

Sehenswert
1 Praza do Teucro
2 Santo Domingo
3 Peregrina-Kirche
4 San Francisco
5 Provinzmuseum
6 Praza da Leña

Übernachten
1 Casa do Barón
2 O Casal
3 Granja O Castelo
4 O Pozo
5 Madrid

Essen & Trinken
1 Eirado da Leña
2 Alameda
3 Veracruz

Einkaufen
1 Mercado

Abends & Nachts
1 Desván de los Lumière
2 House of Colours
3 Teatro Principal

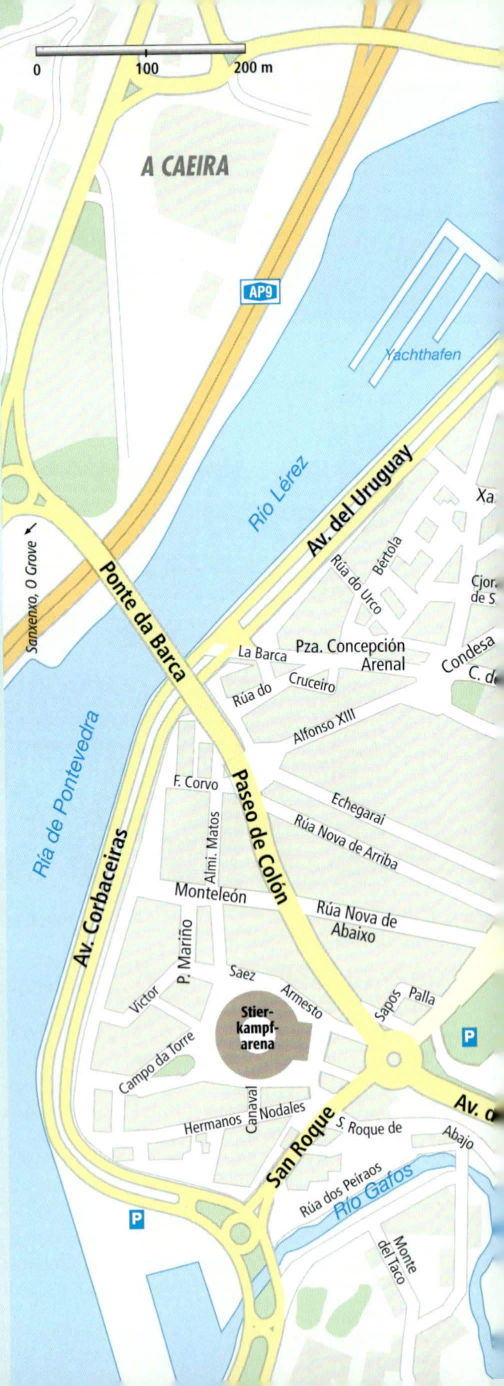

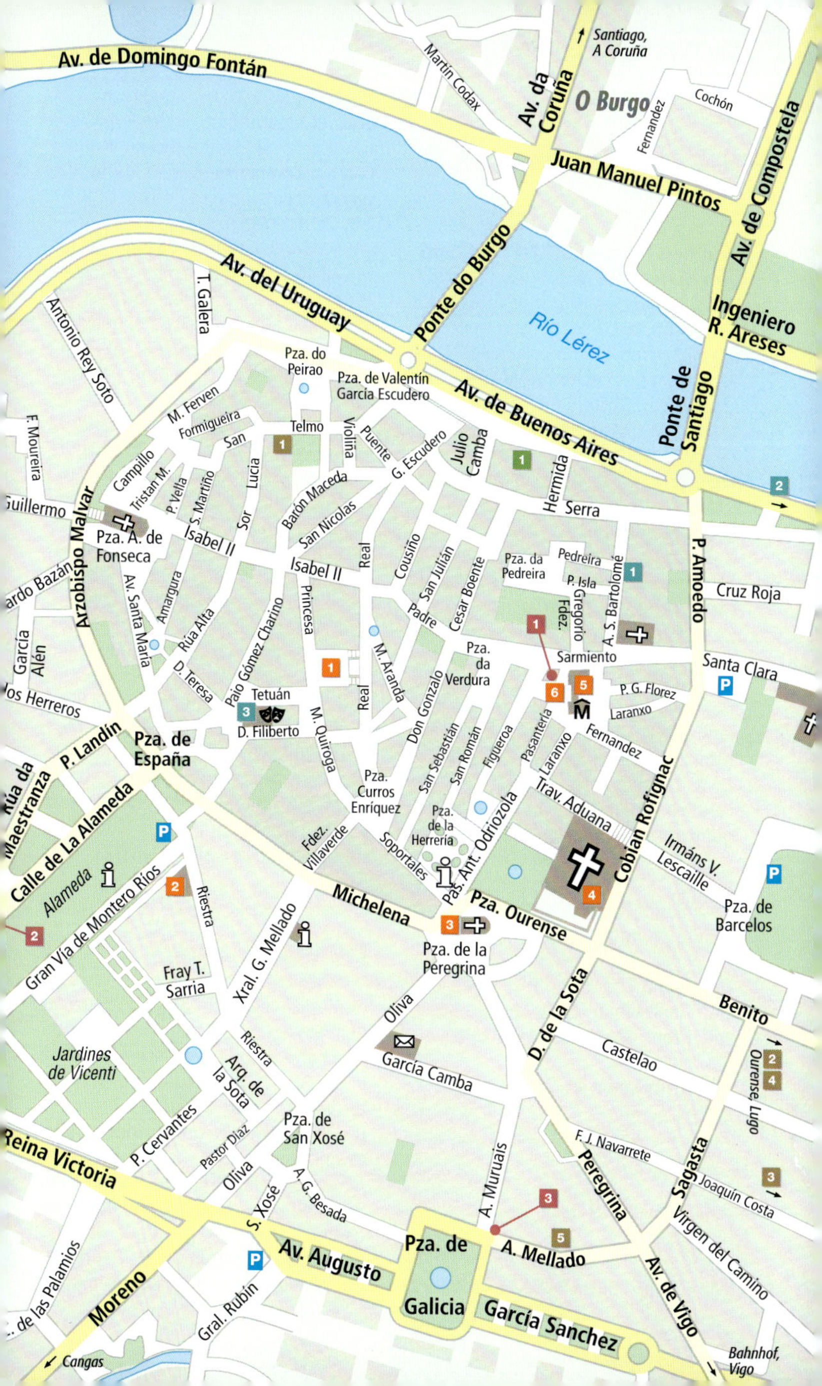

Av. de Domingo Fontán
Santiago, A Coruña
Martín Codax
Av. da Coruña
O Burgo
Fernandez
Cochón
Juan Manuel Pintos
Av. de Compostela
Ponte do Burgo
Río Lérez
Ingeniero R. Areses
Ponte de Santiago
Av. del Uruguay
T. Galera
Antonio Rey Soto
Pza. do Peirao
Pza. de Valentín García Escudero
Av. de Buenos Aires
M. Ferven
Formigueira
Telmo
Violiña
Puente
G. Escudero
Julio Camba
San
Lucía
F. Moureira
Campillo
Tristan M.
P. Vella
S. Martiño
Barón Maceda
San Nicolas
Hermida
Serra
Guillermo
Arzobispo Malvar
Pza. A. de Fonseca
Isabel II
Sor
Real
Cousiño
San Julián
Cesar Boente
Pza. da Pedreira
Pedreira
P. Isla
A. S. Bartolomé
P. Amoedo
Cruz Roja
ardo Bazán
Av. Santa María
Amargura
Rúa Alta
Paio Gómez Chariño
Princesa
M. Aranda
Padre
Gregorio
Fdez.
García Alén
Pza. da Verdura
Sarmiento
Santa Clara
Real
Don Gonzalo
os Herreros
D. Teresa
Tetuán
D. Filiberto
M. Quiroga
P. G. Florez
Laranxo
Fernandez
Pasantería
Laranxo
San Sebastián
San Román
Figueroa
P. Landín
Pza. de España
Rúa da Maestranza
Pza. Curros Enríquez
Trav. Aduana
Cobián Rofignac
Calle de La Alameda
Alameda
Fdez. Villaverde
Pza. de la Herrería
Soportales
Pas. Ant. Odriozola
Irmáns V. Lescaille
Pza. de Barcelos
Gran Vía de Montero Ríos
Riestra
Xral. G. Mellado
Michelena
Pza. Ourense
Pza. de la Peregrina
Fray T. Sarria
Benito
D. de la Sota
Oliva
Castelao
Ourense, Lugo
Jardines de Vicenti
Riestra
Arq. de la Sota
García Camba
P. Cervantes
Pastor Díaz
Pza. de San Xosé
A. Muruais
F. J. Navarrete
Peregrina
Sagasta
Joaquín Costa
Reina Victoria
Oliva
S. Xosé
A. G. Besada
Virgen del Camino
Av. Augusto
Pza. de Galicia
A. Mellado
Av. de Vigo
García Sanchez
. de las Palamios
Moreno
Gral. Rubín
Cangas
Bahnhof, Vigo

Mein Tipp

Wohnen im schmucken Landhaus von María José ▶ B 4

Die charmante María José führt eines der schönsten Landhäuser Galiciens, mit herrlichen Zimmern, Schwimmbad, Tennisplatz, Tischtennisplatte und schattigem Garten mit altem Steinkreuz. Man kann den Blick weit über ein altes Kloster, Weinreben und das sattgrüne Hinterland von Pontevedra schweifen lassen. Übrigens: Ihr Mann Celestino vertreibt den Albariño-Weißwein Campus Stella, den es auch zum Abendessen gibt. Das Abendessen nach Vorbestellung am Morgen kostet 21,40 € plus Getränke. Lohnt sich, María José kocht richtig gut.

O Casal 2: Tel. 986 76 41 41, in Tenorio, 9 km von Pontevedra rechts oberhalb der N-541 Richtung Ourense (am Kloster Mosteiro de San Pedro de Tenorio vorbei). Reservierung: ce lestino casal@hotmail.com. Mit behindertengerechtem Doppelzimmer. DZ ca. 75 €.

tenanlagen, Terrassen und die schwerfällige frühgotische Kirche **San Francisco** mit ihrer großen Rosette, Holzdecke und Chor mit drei eckigen Apsiden. Sie wacht über die kleinen Gassen mit ihren Tavernen und Plätzen.

Provinzmuseum 5: s. S. 240

Praza da Leña 6: s. S. 238

Übernachten

Herrschaftlich – **Casa do Barón 1**: Barón 19, Tel. 986 85 58 00, Fax 986 85 21 95, www.parador.es. Ansprechender Dreisterneparador in einem Adelshaus aus dem 16. Jh. Hinter dicken Mauern sind die Zimmer besonders ruhig, der Service ist einwandfrei und die Lage relativ zentral.115 €.

Mit Reitstall – **Granja O Castelo 3**: Tel. 986 42 59 37, castelo@comunired.com. 16 km südöstlich über die C-531 in Pontecaldelas. Mitten im Grünen gelegen, mit einem besonderen Plus: Im Angebot sind Reiten, Tennis und Fahrradverleih. DZ ca. 60 €.

Familiär – **O Pozo 4**: Tel./Fax 986 76 32 50, www.opozo.com, von Pontevedra auf der N-541 Richtung Ourense, bei km 95,3 Richtung Carballedo, dann Richtung Borela, weiter ausgeschildert. Abgelegenes, ruhiges Landhaus mit portugiesischen Möbeln (teils ungewöhnlich hohe Betten) und einem sehr netten Wachhund. In einem kleinen Ort mit Ziegen und Eseln. Man kann Fahrräder leihen. Behindertengerechtes Doppelzimmer. DZ ca. 70 €.

Funktional – **Madrid 5**: Andrés Mellado 5, Tel./Fax 986 86 51 80. Sauberes Hotel am Altstadtrand, nichts Besonderes, auch die Zimmereinrichtung ist schlicht. Dafür hat es aber eine günstige Lage und ist nicht teuer. DZ kosten 38–52 €.

Essen & Trinken

Gemütlich-lebhafte Tapa-Bars liegen in den Gassen Figueroa und San Sebastián nahe dem Provinzmuseum sowie in der Straße San Nicolás wenige Meter vom Parador entfernt. Auch rund um das Theater (*teatro principal*) gibt es viel Auswahl.

Gourmetküche – **Eirado da Leña 1**: Praza da Leña 3, Tel. 986 86 02 25, So geschl. Koch Nacho ist so gut, dass ihn die Regierung schon oft als Repräsentanten der galicischen Küche mit ins

Ausland genommen hat, darunter nach Tokio, Paris und Düsseldor Doch dem sympathischen Mann ist das nicht zu Kopf gestiegen. Seine Küche ist kreativ und schlichtweg lecker, von der hausgemachten Foie gras, bis zu Fischkreationen und Fleisch wie etwa Spanferkel (*cochinillo*) aus dem Ofen. Auch die Nachtische sind köstlich – Nacho hat zunächst eine Ausbildung zum Konditor gemacht. Menü 30–38 €. Übrigens: Im angeschlossenen Restaurant A Casa do Lado gleich nebenan gibt es im Innenraum und an den Tischen auf dem Platz günstige Tapas.

Vielfältig – **Alameda** 2: Alameda 10, Tel. 986 85 74 12. Beliebtes Restaurant für Fisch, Meeresfrüchte und Fleisch. Vor allem die Stadtbewohner kommen gern hierher. 25–40 €.

Schlicht und gut – **Veracruz** 3: Andrés Muruais 13, Tel. 986 21 20 75, So abends geschl. An den Granitwänden hängen Schiefertafeln mit Tapas und Weinen aus eigenem Anbau. Der geräumige Essraum ist bis auf den hochmodernen Flachbildschirm mit seinen einfachen Holztischen und Stühlen bewusst schlicht. Es gibt u. a. Hackfleischbällchen (*albóndigas*), Kalamares, freitags und samstags oft Seekrake (*pulpo*) und herrliche kleine Tintenfische (*chipirones*). Die Tapas sind großzügig und frisch zubereitet, das Publikum ist meist relativ jung. Ein Teller *chipirones* mit einer *caña* (Glas Bier) kosten rund 8 €. Es liegt etwas ab vom Schuss, lohnt aber den Weg.

Einkaufen

Haupteinkaufsmeile für Mode, Schuhe und Bücher ist die verkehrsumtoste Calle de Michelena.

Regionale Produkte – **Mercado** 1: Sierra 4/Plaza de Abastos. In der Markthalle nahe dem Fluss werden von Di–Sa zwischen 9 und 14 Uhr jede Menge Gemüse, Fleisch und vor allem Fisch und Meeresfrüchte verkauft. Auch Mo ist der Markt geöffnet, doch weil die Fischer sonntags nicht arbeiten, ist an den Ständen nicht viel los.

Abends & Nachts

Auf dem Herrería-Platz und in den Seitengassen geht es sehr lebhaft zu. An den Wochenenden fahren Nachtbusse zu den hippen Discos des Urlaubsorts Sanxenxo, der Pontevedra in Sachen Nightlife um Längen schlägt.

Junges Ambiente – **Desván de los Lumière** 1: Rúa los Arcos 6. Freitags und samstags trifft sich ein junges Publikum ab Mitternacht unter Kino-Plakaten zum Gin Tonic.

Angesagte Disco – **House of Colours** 2: Italia 3, im Viertel Monteporreiro nördlich vom Zentrum. Beliebter Tanzschuppen, Soundmix aus Flamenco- und Brit-Pop, an Wochenenden 23 bis mindestens 3 Uhr.

Theaterstücke – **Teatro Principal** 3: Sehr angesehen und für spanischsprechende Theaterfans ein Muss, Kartenreservierung unter Tel. 986 85 19 32.

Infos & Termine

Information

Oficina de Turismo: Xeneral G. Mellado 1, Tel. 986 85 08 14, www.concellopontevedra.es

Verkehr

Bahnhof: Alféreces Provisionales s/n, Tel. 986 85 13 13. Mehrmals tgl. nach Santiago und Vigo.

Busbahnhof: Alféreces Provisionales s/n, Tel. 986 85 24 08. 12 x tgl. nach Cangas und Sanxenxo, stdl. nach Vigo und Santiago (90 Min. Fahrzeit).

Lieblingsort

Platz mit Charme

Einen schöneren Platz als die **Praza da Leña** 6 in Pontevedra zu finden, ist wirklich nicht leicht. Die arkadengeschmückten kleinen Stadtpalais bilden den Rahmen und mitten auf der Plaza steht ein kleines barockes Wegkreuz. Und schließlich sind die Tavernen einfach klasse, darunter die Bar Casa o Lado, in der es leckere Tapas aus der Region gibt. Einfach gegen 14 Uhr vorbeikommen, auf einen der Terrassenstühle setzen und das Leben genießen.

RESTAURANTE
RÚAS

Auf Entdeckungstour

Blick in die Seele Galiciens – das Museo Provincial in Pontevedra

Das schönste Provinzmuseum Galiciens 5 ist einen Besuch wert. Einen Einblick in die Seele Galiciens bekomme man hier, schrieb einmal ein amerikanischer Journalist. Und das ist gar nicht mal übertrieben. Zu den Highlights des Museums zählt eine Schiffskajüte.

Adresse/Webseite: Praza da Leña s/n, www.museo.depo.es

Öffnungszeiten: im Sommer Di–Sa 11–13.30, 17–20, sonst Di–Sa 9–13, 16.30–20, So 11–13/14 Uhr

Eintritt: frei

Ausgangspunkt ist die schmucke **Praza da Leña** mitten in der Altstadt von Pontevedra. Hier stehen kurioserweise nur zwei der insgesamt sechs Gebäude, in denen das Provinzmuseum der Stadt eingerichtet ist: Die kleinen Stadtpalais **Castro Monteagudo** und **García Florez,** die durch eine Granitbrücke miteinander verbunden sind. Dazu kommen das Gebäude **Sarmiento,** die Ruine der Kirche **Santo Domingo** und das erst 2009 eröffnete **Sexto Edificio** mit einem Auditorium und vielen Wechselausstellungen. Doch die beiden erstgenannten Villen sind das Herz des Museums.

Gold und Silber aus Galicien und der Ferne

Der Besuch beginnt in der **Villa Castro Monteagudo,** die schon 1929 als Museum eröffnet wurde und im 18. Jh. aus reinem Granit entstand. Sogleich geht es um die Frühgeschichte der Region, denn in Saal C im Erdgeschoss ist hinter schweren Gittern 5000 Jahre alter Schmuck der Kelten ausgestellt, darunter Haarspangen und Ketten aus purem Gold. Archäologen fanden sie bei Ausgrabungen der Keltensiedlungen Santa Tegra und Catoira. Silberschätze wiederum sind in Saal D zu sehen: hübscher Silberschmuck aus dem Iran, China und Portugal. Die Region spielte in Seefahrt und Handel eine große Rolle, was im Nebengebäude **Garcá Flórez** sehr anschaulich wird.

In der Kajüte des Kapitäns

Eine schmale Treppe führt im Palais Garcia Flórez direkt hinunter in die nachgebaute Kajüte des Kapitäns Méndez Nuñez, der 1824 in Vigo zur Welt kam und 1869 hier in Pontevedra verstarb. Mit seiner Fregatte Numancia bombardierte der Galicier drei Jahre vor seinem Tod erfolglos die ehemalige spanische Kolonie Peru. Als das Boot seinen Dienst quittierte, machte man aus den Stahlwänden kurzerhand jede Menge Rasierklingen. Ein Modell des Boots ist in Saal M aufgestellt, ein anderes zeigt die Gallega, die wahrscheinlich in Pontevedra konstruiert wurde und als Santa Maria eines der Schiffe von Christoph Kolumbus auf dem Weg nach Amerika war. In Saal L ist das Wohnzimmer des Kapitäns nachgebaut, mit Teppichen und Möbeln ganz im viktorianischen Stil. Es mag verwundern, dass sich das Museum so mit der Seefahrt beschäftigt, doch noch bis ins 19. Jh. war Pontevedra mit dem Meer verbunden und eine Stadt der *marineros*, der Seemänner.

Fantastische Karikaturen

Im Edificio García Flórez ist ein Sammelsurium galicischen Kulturguts zu sehen, z. B. Kupferplatten zum Druck von Pilgerdokumenten, Keramik aus Sargadelos in Weiß und Koboldblau, romanische Heiligenbildchen, pechschwarzer Gagatschmuck und eine traditionelle Küche im Obergeschoss mit großem Kamin. In Saal Q sind die Werke des bedeutenden galicischen Intellektuellen Alfonso Daniel Castelao ausgestellt. Niemand symbolisiert den regionalen galicischen Stolz so sehr wie dieser Politiker, Maler und Schriftsteller, der 1886 in Rianxo zur Welt kam. Zu sehen sind hier seine bissigen politischen Plakate gegen Konservative, Monarchen und Kapitalisten, vor allem aber die Zeichnungen vom galicischen Landleben, deren Stil an Francisco Goya erinnert. Castelao porträtierte das Elend auf dem Land, fette Unternehmer, betende Witwen und die Grauen des Bürgerkriegs. Heute zitieren ihn alle Parteien im Parlament von Santiago und in keinem Museum nimmt sein Werk so viel Raum ein wie im Museo de Pontevedra.

Termine

Romería de San Benitiño de Lérez: 11. Juli, Wallfahrt zu Ehren des Heiligen, dessen Wunder übrigens Geschwüre und Pickel entfernen (können sollen).

La Peregrina: aufwendiges Stadtfest vor allem am 2. Sonntag im Aug., mit Konzerten und Stierkamp Karten-Vorverkauf im Teatro Principal.

Von Pontevedra bis Portugal

Neben dem beliebten Strand von Baiona findet man auch einsame, kleine Buchten an der Morrazo-Halbinsel, die in der Nebensaison menschenleer sein können. In A Guarda am Miño-Grenzfluss gibt es die besten Langusten und auf dem nahen Santa-Tegra-Berg die spektakulärste Keltensiedlung weit und breit.

Morrazo-Halbinsel ▶ B 5

Wer die Autobahn Richtung Vigo ignoriert, wird auf dem Küstenweg (60 km) entlang der Morrazo-Halbinsel (Península de Morrazo) nicht nur mit einer schönen Landschaft rund um den Leuchtturm am Kap Home (Cabo de Home) belohnt, sondern auch mit den umliegenden attraktiven Stränden. Südlich von Marín liegt auf dem Weg zum leuchtturmbewachten Kap Udra die feinsandige Praia de Aguete mit kleinem Jachthafen und Restaurant sowie weiter zum Kap hin eine kleine Pferderanch (*picadero*).

In dem winzigen Ort Hío steht gegenüber dem romanischen Portal der Kirche **San Andrés** das eindrucksvollste Wegkreuz Spaniens: Es zeigt im oberen Teil die Kreuzabnahme. Ein Steinmetz aus Pontevedra fertigte es im 19. Jh. aus nur drei Granitblöcken. So filigran fallen die *cruceiros* normalerweise nicht aus, die an zahlreichen Weggabelungen schon seit dem 13. Jh. aufgestellt worden sind. Sie waren als Wegweiser für die vielen Pilger bestimmt und sind mit Marien- und Christusfiguren geschmückt. Doch umhüllt die Kreuze nicht nur der häufige galicische Nebel, sondern auch ein gewisser Schauer. Denn sie sollten die Hexen vertreiben, die gerade in dieser Gegend ihre Rituale vollzogen. Und wenn es in der unmittelbaren Umgebung des Kreuzes nach Wachs roch, fürchteten die Wanderer den baldigen Tod. 2 km von Hío entfernt liegt der Nudistenstrand Nerga vor dem romantischen Cabo de Home. Vom Kap zweigt eine Stichstraße ab zur Praia de Melide. Durch Kiefernwald geht es hoch über dem Meer eine kurze Strecke bis zu drei Leuchttürmen und einem winzigen Strand aus grobem Sand. Davor liegen die Cíes-Inseln: Idylle pur.

Die Cíes-Inseln ! ▶ A 5

Die Illas Cíes (433 ha) gehören zum Nationalpark Islas Atlánticas und sind per Fähre ab Vigo in 45 Minuten erreichbar. Auf dem naturbelassenen Archipel lebt die größte Gelbfußmöwen-Kolonie der gesamten spanischen Küste. Der Tagesausflug lohnt zum Spazierengehen und Baden. Hotels gibt es natürlich nicht, wohl aber einen kleinen Campingplatz.

Die Illa do Norte (Agudo) und die Illa do Faro (Medio) sind durch eine wunderschöne, 1200 m lange Sandbank verbunden, die zu den schönsten Galiciens zählt. Am Infohäuschen neben Fährstation und Bar-Restaurant gibt es Karten mit den Wegen zu den Stränden, Aussichtspunkten und Leuchttürmen. Keine Verbindung besteht zur südlichen kleinen Illa do Sur (San Martiño), damit die dortigen Kormorane, Fischreiher und Lummen ganz unter sich bleiben können.

Infos

Fähre: Alle halbe Stunde ab Vigo (schnellste Überfahrt), mehrmals tgl. ab Baiona, mittags ab Cangas. Sa/So und im Aug. sind die Überfahrten besonders beliebt, die Zahl der täglichen Besucher darf 2200 nicht übersteigen, deshalb solte man besser vormittags kommen.

Cangas ▶ B 5

Als Wohnort so mancher Hexe gilt seit Jahrhunderten der Fischerhafen Cangas. Der hübsche Ort bietet weite Sicht auf Vigo, allerdings ist der Durchgangsverkehr zu den westlichen Stränden enorm. Türkische Piraten hatten 1619 die Bewohner überfallen und dabei gemeuchelt und vergewaltigt. Einige Frauen sollen darauf den Verstand verloren haben. Die Inquisition verurteilte sie im Anschluss als Hexen und behielt ihr Vermögen ein. Das Haus der Richter ist im 3 km entfernten Ort Coiro zu sehen (Boubeta Nr. 20). Die Fassade schmückt noch das Wappen der Inquisition mit Feder, Kreuz und Schwert: die Waffen im Kampf gegen den vermeintlich bösen Zauber.

Übernachten

Camping – **Playa Liméns:** Tel. 986 30 46 45, www.campinglimens.com. Campingplatz mit Dusche, Restaurant und Bar am gleichnamigen Strand. Mit Blick auf die Ría de Vigo und die Cíes-Inseln. Pro Pers., Auto, Zelt 6 €.

Essen & Trinken

Sternekoch – **Casa Simón:** Balea 2, 1 km Richtung Aldán, Tel. 986 30 00 16, Mo geschl. Top-Restaurant mit eigener Austernzucht. Der Koch bekam bereits zwei ersehnte galicische Gastronomiepreise: Platz eins für die ›hausgemachte Pastete‹ sowie für die ›goldene Entenmuschel‹. À la carte ab 30 €.
Essen mit Aussicht – **Gatañal:** Gatañal 20, Vorort San Roque, Tel. 986 30 24 22. Neben typisch galicischen Fisch- und Fleischgerichten werden auch Pizzen serviert. Der Blick geht weit über die Bucht von Vigo. Tagesgerichte ab 15 €.

Infos & Termine

Information

Info-Häuschen im Sommer an der Meerespromenade, www.cangas.org

Verkehr

Bus: Haltestelle an der Hafenmole. Nach Vigo, Pontevedra und Bueu 10–12 x tgl.
Schiff: Alle halbe Stunde nach Vigo, mittags zu den Cíes-Inseln, Karten neben dem Tourismushäuschen an der Estación Marítima.

Termine

Festas do Cristo: Patronatsfest mit Straßentheater und Feuerwerk am letzten Aug.-Sonntag.

Vigo ▶ B 5

In der ausufernden Großstadt Vigo (300 000 Einw.) dreht sich (fast) alles um Fischerei und Fußball. Die Stadt arbeitet hart. Sie besitzt einen der größten Handelshäfen der Welt, dazu eine beachtliche Automobil- und Werftindustrie, aber auch den Fußballclub

Lieblingsort

Meeresbrise und weiter Blick auf die Cíes-Inseln ▶ A/5
Knallrot ist der Leuchtturm hier am Kap Home, und die Sicht auf die Cíes-Inseln einfach genial. Ein wunderbarer Ort, um die Natur zu genießen und die kleinen Fischerboote vorbeifahren zu sehen.
Von der Ortschaft Donón rund 5 km westlich von Cangas aus führt die Piste PO-1006 dorthin.

Celta de Vigo, der dem erfolgsverwöhnten Deportivo La Coruña aus dem Norden gern die Stirn bietet. Die Vereine ›lieben‹ sich etwa so wie die Revier-Rivalen Schalke und Dortmund.

Besuch von Touristen aus dem Ausland bekommt Vigo nur selten, obwohl der nahe Strand Samil und die vorgelagerten Cíes-Inseln durchaus touristische Pluspunkte sind. Auch das alte Fischerviertel **Berbés** hat sehr viel Charme. Hier, oberhalb des Hafenbeckens, liegt der Markt **A Pedra,** von dem die berühmte Austerngasse **Rúa da Pescadería** abzweigt. Nirgendwo gibt es die *ostras* so frisch wie hier an den Ständen vor den Restaurants.

Einen Eindruck von der Größe der Stadt vermittelt der Blick von der hoch gelegenen Befestigungsanlage **Castillo de Castro** (17. Jh.). Für Badefans: Im Süden liegt Vigos gut besuchter Hausstrand **Samil** mit der 3 km langen Meerpromenade. Dahinter folgt die kleinere **Playa O Bao.** Anfahrt: Von Vigos Zentrum aus über die Praza de América der Avda. de Castelao folgen.

Übernachten

Gediegen – **Gran Hotel Husa Samil:** Avda. de Samil 15, Tel. 986 24 00 00, Eines der besten Häuser am gleichnamigen Strand außerhalb des Zentrums und mit allen Extras ausgestattet. Daher auch vier Sterne. DZ 130–150 €.
Zentral – **La Nueva Colegiata:** Praza da Igrexa 3, Tel. 986 22 09 52 10. Schlichte Zimmer, preiswert, gepflegt und sehr günstig in einem historischen Gebäude gelegen. DZ ca. 50 €.

Essen & Trinken

Tapa-Bars liegen in der Altstadt u. a. in den Gassen Real und Cesteiros. Neben dem Markt A Pedra gibt es Open-Air-Stände mit frischen Austern.
Autark und gut – **La Oca:** Purificación Saavedra 8, Tel. 986 37 12 55, Sa und So geschl. Galicisch-baskische Kochkunst in geschmackvollem Ambiente. Fleisch aus eigener Schlachterei, Fisch aus eigenen Fanggründen und selbst gemachtes Minze- und Schokoladeneis. Menü 30 €.
Muy galego – **Puerta del Atlántico:** Vía Norte 60, Tel. 986 47 00 20, So abends und Mo geschl. Funktionales Restaurant gegenüber der Fátima-Kirche, in dem sich die Gäste durch die ganze Palette galicischer Köstlichkeiten essen können, ohne angesichts der Rechnung bleich zu werden. 15 €.
Schlicht – **Bitácora:** Rúa Carral 28, Tel. 986 43 96 99. So maritim wie die Einrichtung ist auch das Essen. In der urigen Taverne gibt es Fisch und Schalentiere satt und eine richtig leckere Meeresfrüchte-Paella ab rund 22 € pro Person.

Einkaufen

Markt – **Mercado A Piedra:** nahe dem Hafen. Hier gibt es frisches Gemüse, Fisch und Fleisch in Hülle und Fülle.
Regionalweine – **La Despensa Gallega:** Carral 32. Gute Auswahl an galicischen Weinen.
Kitsch & Kräuter – **Tarot:** Pi y Margall 72, Amulette gegen den bösen Blick, Heilkräuter, Mistelpulver und Kitschhexen in verschiedenen Größen.

Abends & Nachts

Im Berbés-Viertel sowie rund um die Calle Lepanto (in Bahnhofsnähe) geht das Nachtleben los, in den Diskos am Strand Samil klingt es dann vor allem an den Wochenenden sehr spät aus.

Legendär – **Iguana Club:** Churruca 14, www.laiguanaclub.com. 1990 gaben die »Devil Dogs« mit krachender Rockmusik das Eröffnungskonzert, seither sind hier Bands wie »Los Planetas« »Sex Museum« und »Mano Negra« aufgetreten. Konzerte um 22 oder 24 Uhr, Preis zwischen 10 und 20 € (Infos s. Webseite).

Aktiv & Kreativ

Tauchen – **Alfaya Náutica:** Oporto 24, www.alfayanautica.com. Tauchexkursionen in der Bucht von Vigo.

Infos & Termine

Information

Oficina de Turismo: am Markt A Pedra, Tel. 986 22 47 57, www.turismodevigo.org

Verkehr

Abfahrtszeiten in der Lokalzeitung »Faro de Vigo« (»Leuchtturm von Vigo«) unter »Servicios«. Sie liegt tgl. in allen Kneipen und Cafés aus.
Flug: Avda. del Aeropuerto s/n, 10 km entfernt, Tel. 986 27 05 50. Inlandsflüge sowie nach Genf und Zürich.
Bahn: Praza da Estación s/n, Tel. 986 43 11 14. Stdl. nach Pontevedra, Santiago und A Coruña, 4 x tgl. nach Tui, 11 x tgl. nach Ourense.
Bus: Avda. de Madrid s/n, im Süden der Stadt, Tel. 986 37 34 11. (Vom Zentrum erreichbar u. a. mit der Linie 7 – blau). Nach Pontevedra, Baiona und A Guarda alle 30 Min., nach Santiago stdl., mehrmals tgl. nach Madrid.
Fähre: Estación Marítima de la Ría, As Avenidas s/n, Tel. 986 43 77 77. Sommers 4 x tgl. zu den Cíes-Inseln (Fahrzeit 45 Min.), ganzjährig alle 30 Min. nach Cangas.

Baiona ► A/B 5

1. März 1493: Die Karavelle »La Pinta« läuft im Hafen von Baiona ein. Das erste der drei Schiffe von Christoph Kolumbus bringt eine sagenhafte Nachricht mit, die bald in ganz Europa kursiert: die Entdeckung der Neuen Welt (Amerika). An das Ereignis erinnert nicht nur das alljährliche Mittelalterfest am 1. März am Hafen, sondern auch der Nachbau der »Pinta« am Hausstrand Ribeira.

Längst hat sich Baiona (10 000 Einw.) von einer Hafenstadt zu einem der beliebtesten Badeorte Galiciens entwickelt. Milde Wassertemperaturen an den umliegenden Stränden, der Parador innerhalb des meerumspülten Mauerrings des **Castillo de Monterreal** (Spaziergang auf der Mauer tgl. 10–20 Uhr) und der schmucke Altstadtkern ziehen im Hochsommer zahlreiche Gäste an. Über der Stadt thront die ro-

Mein Tipp

Kunstvolle Blumenteppiche ► A/B 5
Die Fronleichnamsprozession in Baiona schreitet während des Corpus Cristi in den Altstadtgassen der Stadt über kunstvoll angefertigte Blumenteppiche. In der Nacht zuvor malen die Frauen des Orts mit Kreide Muster auf den Asphalt und gestalten sie dann mit Blüten, Kieseln und Sand zu Bildern wie Tauben und Girlanden. Kistenweise Blütenblätter sind dazu nötig, die eine ganze Woche lang vorher gezupft werden. Noch aufwendiger sind die Blumenteppiche nur noch in Ponteareas, gut 25 km von Vigo entfernt.

manische Kirche **Santa María,** um die sich einige Wegkreuze gruppieren. Der interessanteste aber liegt östlich davon auf der **Praza Santísima Trinidade:** Der *cruceiro* aus dem 15. Jh. ist in einem kunstvollen Renaissance-Baldachin eingefasst. Geschmacklich weit weniger gelungen ist die 15 m hohe Statue **Virxe da Roca** (ausgeschildert) auf dem Berg A Grova. In der ›Jungfrau des Felsens‹ aus weißem Marmor und Beton führen Treppenstufen hinauf zu einem Schiff, das die Heilige in der rechten Hand hält: Das Steinboot dient als Aussichtsplattform.

Übernachten

In der Wehranlage – **Parador de Baiona** (auch: Conde de Gondomar): Castello de Monte Real, Tel. 986 35 50 00, www.parador.es. Über 100 komfortable Zimmer innerhalb der weitläufigen Wehrmauer der historischen Burg. Mit großem Pool, Sauna und Garage. Der Parador de Baiona ist der größte seiner Art in ganz Nordwestspanien und sicher einer der attraktivsten, schon wegen der Aussicht und auch wegen dem ausgesprochen guten Restaurant. DZ ca. 170 €.

Abends romantisch beleuchtet: Burg und Strand von Baiona

Herrschaftlich – **Pazo de Mendoza:** Rúa Elduayen 1, Tel. 986 38 50 14, www.pazodemendoza.es. Moderne Zimmer, die ihren historischen Charme aber nicht ganz verloren haben. In der alten, arkadengeschmückten Villa im Stadtkern fühlt man sich sofort pudelwohl. DZ 80–120 €.
Günstig – **Carabela la Pinta:** Carabela la Pinta s/n, Tel. 986 35 51 07. In der Preisklasse vor Ort auf jeden Fall die erste Wahl, wobei die Zimmer etwas klein sind. Mit WIFI-Gemeinschaftsraum und Internetanschluss in den Zimmern. DZ ca. 52 €.

Essen & Trinken

Zahlreiche preiswerte Tavernen liegen in der lebhaften Altstadtstraße Ventura Misa.
Anspruchsvoll – **El Candil:** San Juan 46, Tel. 986 35 74 93. Gehobene Küche mitten in der Altstadt, auf tagesfrischen Fisch und leckere Pilzpfannen spezialisiert. Und ganz besonders auch auf Wild, was bei den Geweihen an der Wand nicht wundert. Zu empfehlen ist beispielsweise: Wildschwein mit Ziegenkäse, Foie und Dijon-Senf (*solomillo de jabalí con queso de cabra, foie y mostaza de Dijon*). Ein Gedicht! Gerichte 15–40 €.

Infos & Termine

Information

Oficina de Turismo: Paseo de Ribeira s/n, Tel. 986 68 70 67

Verkehr

Bus: Halbstdl. nach Vigo, 2 x tgl. nach A Guarda.
Schiff: Ab der Hafenmole mehrmals tgl. zu den Cíes-Inseln.

Termine

Arribada de la carabela Pinta: 1. März, das Stadtfest im Stil des Mittelalters erinnert an die Rückkehr des ersten Kolumbus-Schiffs nach der Entdeckung Amerikas.
Rapa das Bestas: Wildpferdetreiben in den Bergen von Baiona und Oia: letzter Sonntag im Mai und erste zwei Sonntage im Juni.
Corpus Cristi: Fronleichnams-Prozession über in der Nacht von Hand gelegte Blumenteppiche in den Altstadtgassen.
Virgen de la Anunciada: Patronatsfest am ersten Sonntag im Aug. mit großem Kulturprogramm.

Das Beste auf einen Blick

Galiciens Inland

Highlight!

Tui: Die Stadt am Miño-Fluss ist längst nicht so berühmt wie das Touristikunternehmen TUI. Und viel besucht wird sie auch nicht. Dabei ist die Kleinstadt mit ihren verwinkelten Gassen, der robusten Kathedrale und der charmanten Lage ausgesprochen anziehend. Von hier lohnt auch ein Abstecher in die portugiesische Nachbarstadt Valença do Minho. Sie bietet einen hübschen Blick auf Tuis Kathedrale, viele authentische Läden und an Donnerstagen einen beliebten Markt. S. 256

Auf Entdeckungstour

Zur berühmten Keltensiedlung Santa Tegra: Erst vor rund 100 Jahren haben Forstarbeiter beim Anlegen eines Waldwegs die größte Keltensiedlung Nordspaniens entdeckt. Sie liegt oberhalb des Städtchens A Guarda und war aus Sicherheitsgründen auf einer beachtlichen Höhe errichtet worden, von der man noch heute eine tolle Sicht hat. S. 254

Kultur & Sehenswertes

Ribadavia: Die kleine Stadt am Fluss Miño ist berühmt für guten Weißwein, ruhige Unterkünfte und ein schönes Theaterfestival. Der Gegenpol zur quirligen Hafenmetropole Vigo sozusagen. S. 261

Römermauer: Eine der besterhaltenen Stadtmauern der Römer steht in Lugo und dient den Bewohnern als Joggingpfad und Flanierweg. S. 269

Aktiv & Kreativ

Rafting: Mit Arrepions rund um Tui in landschaftlich grandioser Umgebung die Gewässer erkunden. Für Anfänger und Profis geeignet. S. 259

Klettern & Co: Aventurocio bietet Kletterkurse in der Provinz Ourense an, aber auch Wandertouren und Bogenschießen. S. 266

Genießen & Atmosphäre

Heilbad: Mondariz, das älteste Thermalbad Galiciens, strahlt nach wie vor das Flair der Belle Epoque aus und liegt versteckt im Hinterland. S. 259

Wohnen beim Winzer: Nahe Ribadavia im Pazo Viña Mein einfach mal ausspannen und einen guten Wein auf dem Zimmer genießen ... S. 261

Abends & Nachts

Miudiño: Galicischer und irischer Folk werden hier live geboten. Die urige Taverne der Provinzhauptstadt Ourense lohnt immer einen Besuch und ist an Wochenenden gut gefüllt. S. 266

Das Inland Galiciens lässt sich am besten ab A Guarda entlang dem Miño-Fluss und dann über Ribadavia bis Ourense erkunden. Viel Natur und wenig Tourismus prägen es. Und auch die beiden Provinzhauptstädte im Landesinneren – Ourense mit seinem schönen Altstadtkern und Lugo mit seiner Römermauer, seiner Kathedrale – sind einen Besuch wert.

Von A Guarda nach Ourense

Wenige Besucher verirren sich in diese Gegend am Río Miño, dabei – oder gerade deswegen – sind die mittelalterlichen Klöster und entlegenen Städte mit ihrem recht altmodischen Charme besonders anziehend. Ein zusätzliches Plus, über das sich Touristen freuen: die attraktiven Unterkünfte bei Winzern, in Pfarrhäusern, in Thermalhotels und schmucken Landhäusern.

Infobox

Internet
www.turgalicia.es: Das ausführliche Portal informiert zu ganz Galicien. **www.viveaonatural.xunta.es:** Infos zu den Schutzgebieten Monte Aloia, O Courel und Ancares.

Fremdenverkehrsämter
Am besten sind die Oficinas de Turismo in Ourense und Lugo, S. 266 und S. 273.

Anreise und Weiterkommen
Die nächsten Flughäfen liegen in Santiago und Vigo. Von dort aus gibt es gute Busverbindungen in die Provinzstädte Ourense und Lugo.

A Guarda ► A 6

A Guarda (»die Wächterin«, 6400 Einw.) ist ein guter Ausgangspunkt für eine Tour mit dem Auto durch das Landesinnere Galiciens, wobei das Meer nie sehr weit entfernt ist. Sie liegt direkt am Río Miño, dem Grenzfluss zu Portugal und hat längst alle Grenzstreitigkeiten hinter sich. Heute widmet sie sich am Hafen mit seinen farbenfrohen Fischerhäusern ganz dem Handel mit Steinbutt, Seeteufel,

A Guarda, Galiciens südlichster Ort, lebt von der Fischerei

Wolfsbarsch und Entenmuscheln. Berühmt ist der südlichste Ort Galiciens aber vor allem für seine *langostas* und so heißt er auch ›Hauptstadt der Langusten‹. Die Delikatesse steht auf fast jeder Speisekarte in den Hafenrestaurants. Der schönste Strand bei A Guarda heißt Camposancos und liegt piniengeschützt an der Flussmündung des Miño. Weitere *playas*, beispielsweise Area Grande, Fedorento und Aldramán, findet man in Richtung Baiona.

Übernachten

Klösterlich – **Convento de San Benito:** Praza San Benito s/n, Tel. 986 61 11 66, www.hotelsanbenito.es. Im verschachtelten Innern des einstigen Benediktinerklosters aus dem 16. Jh. sind knarrende Holztreppen, Heiligenstatuen und Antiquitäten allgegenwärtig. Die Zimmer sind klein, aber gut ausgestattet. Fotos kann man sich auf der Homepage (auch auf Deutsch) ansehen. DZ 60–120 €.

Auf Entdeckungstour

Zur berühmten Keltensiedlung Santa Tegra

Von A Guarda geht es hoch zur Keltensiedlung Castro de Santa Tegra. Von dort bietet sich der wohl spektakulärste Ausblick ganz Galiciens, mit Sicht auf das Landesinnere, auf A Guarda, das angrenzende Portugal und den Atlantik.

Reisekarte: ► A 6

Museo Arqueológico de Santa Tecla: www.aguarda.com/museo/inicio.htm

Öffnungszeiten: Di–So 11–17 Uhr

Eintritt: 1 €

Waldarbeiter, die im Jahr 1913 einen Forstweg anlegten und zufällig auf Steinmauern stießen, entdeckten diese fantastische historische Anlage. Erstaunlich ist ihre Lage. Keltiberische Stämme errichteten diese Siedlung ganz bewusst nicht in A Guarda, sondern strategisch günstiger auf dem angrenzenden, heute pinienbewachsenen Berg Santa Tegra (kastilisch: Santa Tecla). Die Steine und das Essen hinaufzuschleppen, muss eine ungeheure Anstrengung gewesen sein, doch Sicherheit ging offensichtlich vor. Die Bewohner sahen den Feind früh und konnten entsprechend gut reagieren. Wer heute das Castro besucht, übernachtet gerade in der Hauptsaison im Hochsommer am besten in A Guarda oder in der Nähe. Morgens um 9.30 Uhr hat man die Aussicht fast für sich allein und kann ungestört zwischen den Grundmauern hindurchlaufen. Der Weg ist gut ausgezeichnet und man ist mit dem Wagen in einer knappen Viertelstunde oben.

Geniale Sicht damals wie heute

Aus immerhin 340 m Höhe sahen die Kelten Schiffe an der Miño-Mündung und auf dem Atlantik, blickten nach Süden bis zum heutigen Portugal, nach Norden in die Sierra A Groba und nach Nordosten in das fruchtbare Tal O Rosal, das heute für spritzige, leichte Weiß- und Roséweine bekannt ist.

Im 7. Jh. v. Chr. begannen sie mit dem Bau der ersten von insgesamt über 1000 Rundhäusern, die sie bis in die römische Zeit (ca. bis 1. Jh. n. Chr.) bewohnten. Danach, als friedlichere Zeiten anbrachen, zog es die Kelten an bequemere Plätze direkt am Wasser. Santa Tegra ist noch heute eine der wichtigsten Keltensiedlungen des Landes. Die dicht an dicht liegenden Grundmauern der hüttenartigen Häuser sind ausgesprochen gut erhalten. Archäologen haben die Ergänzungen der Mauern durch schmale, helle Steintafeln sichtbar gemacht und gleichzeitig versucht, zwei komplette Rundhäuser zu rekonstruieren. Mit ihren Strohdächern erinnern sie stark an die *pallozas* der ostgalicischen Bergregionen Ancares und Courel. Ob die Hütten aber wirklich so ausgesehen haben, bleibt reine Spekulation. Noch älter sind einige steinzeitliche Felsbilder (Petroglyphen), die neben den Resten keltischer, aber auch römischer Zeugnisse im Archäologischen Museum auf dem Gipfel ausgestellt sind.

Grabsteine und Waffen

Das Museum zeigt zudem Eisenwerkzeuge, Grabsteine, Münzen aus der Zeit des Augustus und einen keltischen Schwertknauf aus Gold. Bis 1965 gab es einen bronzenen Herkules, doch ist die römische Statue gestohlen und angeblich in die Dominikanische Republik verkauft worden. Im Museum sind gelegentlich auch Fotos aus der Zeit kurz nach der Entdeckung ausgestellt. Denn nach dem Fund der Waldarbeiter machte sich ein Archäologe namens Ignacio Calvo Sánchez schon 1914 an die Grabungsarbeiten, was er für die Nachwelt fotografisch festhalten ließ.

Schutz vor Kopfschmerzen

An dem ›heidnischen Ort‹ bauten Christen im Mittelalter eine Einsiedelei (erneuert im 15. Jh.) und widmeten sie der Santa Tegra. Sie ist für die Linderung von Kopfschmerzen zuständig. In der zweiten Augustwoche gibt es deshalb von A Guarda aus eine (schweißtreibende) Wallfahrt über einen Fußweg zu dem kleinen Heiligtum. Bequemer ist der Besuch der Bergspitze aber natürlich ganzjährig über die kostenpflichtige und kurvige Autostraße.

Essen & Trinken

Am Hafen von A Guarda liegen einige Restaurants, die sich auf Meeresfrüchte spezialisiert haben. Die Köstlichkeiten sind nicht ganz billig und wer sich lieber preiswert satt essen möchte, findet nur wenige Kilometer Richtung Tui ganz ordentliche Fernfahrerrestaurants, die preiswerte Menüs inklusive Wein anbieten.

Solide Küche – **Os Remos:** Plaza de San Benito 11, 986 61 37 31, nahe dem Hafen von A Guarda neben dem Kloster San Benito gelegen, So abends geschl. Das Os Remos ist genau das Richtige für Liebhaber von Langusten und anderen Meeresfrüchten. Im Sommer hat die große Außenterrasse geöffnet, wobei viele Einheimische dennoch drinnen essen. Die Besitzer sind sehr zuvorkommend und das Essen ist wahrlich nicht überteuert, was man von den Tavernen direkt am Hafen nicht unbedingt sagen kann. A la carte rund 25 €.

Aktiv & Kreativ

Wandern – **Ruta de Muiños de Folón:** im Infoamt (s. u.) gibt es nähere Auskünfte zu dieser schönen Rundwanderung auf dem historischen Mühlenpfad Muiños de Folón bei Santa Tegra. Für die 4,5 km lange Tour mittleren Schwierigkeitsgrads mit schönen Aussichtspunkten benötigt man rund zwei Stunden. Man kommt an mehreren historischen Mühlen vorbei, von denen einige sogar noch aus dem 12. Jh. stammen.

Infos

Oficina de Turismo: im Kulturzentrum an der Avda. Portugal s/n, Tel. 986 61 18 50

Tui ! ▶ B 5

Heute ist Tui (16 000 Einw.) ein friedlicher, erdbebensicherer und ausgesprochen attraktiver Ort. Doch das war nicht immer so: Im 9. Jh. ruderten Wikinger und Sarazenen den Miño hin-auf, um zu plündern. Doch die Stadt Tui zeigte sich wehrhaft, eine Einnahme war ausgeschlossen. Den mutigen Bewohnern blieb indes keine lange Atempause. Denn kaum hatte sich im 11. Jh. Portugal von Kastilien-León getrennt und zu einem eigenständigen Königreich gemausert, wandelte sich der Miño zum umkämpften Grenzfluss zwischen Tui und der gegenüberliegenden Stadt Valença do Minho in Portugal. Die Kämpfe führten dazu, dass die Kathedrale der galicischen Bischofsstadt immer mehr einer Befestigungsanlage glich. Zusätzlich sorgte eine Naturkatastrophe für eine noch robustere Statik. 1755 erschütterte ein Erdbeben Tui und weite Bereiche an der westiberischen Atlantikküste bis hinunter nach Lissabon. Zahlreiche Stützpfeiler halten seither das Gotteshaus zusammen.

Die etwas abgeschiedene Lage am Miño (portugiesisch: Minho) macht Tui zu einem charmanten Ort ohne allzu viel sommerlichen Rummel. Die Stadt treibt Handel mit Portugal, verbessert durch einen neuen Autobahnanschluss, und setzt inzwischen auch auf touristische Infrastruktur. Zu den Sportangeboten gehören Rafting und Fischen, zu den lokalen Köstlichkeiten Glasaale (*angulas*) und Mandelplätzchen in Fischform (*pececitos*).

Die schmalen, von Treppen durchsetzten Gassen rund um die zinnenbewehrte Kathedrale laden zu Spaziergängen ein. Auf krummem Pflaster geht es vorbei an Kneipen und Kirchen, an mancher Häuserruine und einem großen Schild über einem der

Rundbögen. Es zeigt eine knorrige Frauengestalt in einem Baum. Die Aufschrift lautet: »Hexen gibt es in Tui schon.« Auf Anfrage meinte der hier lebende Pfarrer Ramón Vidal Lafuente einmal: »Wer würde das Schild schon abhängen wollen: In Tui glauben viele Menschen noch an außergewöhnliche Kräfte.« Und nach einer kleinen Pause fügt er hinzu: »aber im Grunde sind diese Kräfte schlimmer als Big Brother und die Psychoanalyse«.

Sein Vorgesetzter, der Bischof von Tui, wacht indes über die Geschicke der imposanten Kathedrale.

Kathedrale

Plaza de San Fernando s/n, tgl. 10–13, 16–19 Uhr, Eintritt Museen 3 €
Ihr dreischiffig angelegter Querhaus-Grundriss orientiert sich an dem der Kathedrale von Santiago. Das Nordportal mit den doppelten Blendarkaden entstand schon im 12. Jh., doch das recht monumentale Hauptportal an der Westfassade schufen die Baumeister erst im frühen 13. Jh. Unter den Archivolten haben die Steinmetze zahlreiche Skulpturen von Königen, Propheten, Aposteln und Moses zu einem Glanzwerk galicischer Gotik vereint. Das Bogenfeld im Portal (Tympanon) zeigt Herodes, die Verkündigung, Maria im Kindbett und die Heiligen Drei Könige, darüber ist die Silhouette von Jerusalem zu erkennen. Einhelliges Urteil der Fachwelt: Hervorragend.

Zwei Museen gehören zum Komplex. Im **Kathedralenmuseum** in der Kapelle **Capilla de Santa Catalina** umfassen die sakralen Kunstwerke auch einen aus einer Kokosnuss geschnitzten Messkelch, der im 15. Jh. nach der Entdeckung Amerikas nach Spanien kam. Dem Museumsbesuch schließt sich die Visite des äußerst schiefen Kreuzgangs und des Wehrturms an, von dem sich ein weiter Blick über Tui bietet. Das **Diözesanmuseum** gegenüber dem romanischen Nordportal

Löwenskulpturen im Kreuzgang der Kathedrale von Tui

Mein Tipp

Spazierweg mit Panorama ▶ B 5
8 km nördlich von Tui liegt der Naturpark **Monte Aloia.** Spazierwege mit weitem Panorama führen vorbei an keltischen Häuserresten und einem wahrlich pittoresken Forsthaus aus dem Jahr 1921. In dem Park, dem ältesten Naturpark Galiciens übrigens, bekommt man mit etwas Glück sogar Wildpferde zu sehen.

wiederum beherbergt u. a. einen bronzenen Keltenhelm, Waffen und einen römischen Marmorsarkophag.

Im Schatten der Kathedrale liegt flusswärts die **Capilla de San Telmo** (unregelmäßig geöffnet), die Kapelle des Schutzheiligen der Seefahrer. Der portugiesisch beeinflusste Zuckerbäcker-Barockbau stehe im krassen Gegensatz zu der Strenge des hier Ruhenden, behaupten viele, die es ungeprüft abschreiben. In der Kapelle liege der gnadenlose Hexenjäger Diego de Torquemada begraben, seines Zeichens Großinquisitor unter den Katholischen Königen: Würde das stimmen, hätten seine Verfolgungen im 16. Jh. kaum etwas gebracht, denn geben soll es sie in Tui ja noch immer ... Allerdings: Die Pointe ist zu schön um wahr zu sein, denn es handelt sich um einen Namensvetter.

Übernachten

Luxuriös – **San Telmo:** Tel. 986 60 03 00, www.parador.es. Viersterneneubau in schöner Lage mit Blick auf Tui und die portugiesische Grenzstadt Valença, mit schönem Pool im Garten und Tennisplatz. Manche der Zimmer sind etwas klein, aber alle gut ausgestattet. Und der Service ist erstklassig. DZ 175 €.
Im Pfarrhaus – **Rectoral de Areas:** in Areas 3,5 km Richtung A Guarda, Tel. 986 60 39 86. Gut geführtes Gästehaus (ehem. Pfarrhaus von 1688) gleich neben der kleinen Kirche. Sehr schöne Zimmer, guter Service, aber nah an der Straße. Eine Plage können die Mücken sein. DZ ca. 63 €.
Liebenswert – **O Buxo:** Barrio Cruceiro 3, Currás, Tel. 986 63 35 03, www.turismoruralobuxo.com. Das attraktive Landhaus der sympathischen Señora Esperanza liegt 5 km Richtung A Guarda in der kleinen Ortschaft Currás: preiswert, ruhig gelegen, mit Garten, Terrasse, Bibliothek, geschmackvoll eingerichteter Küche (Frühstück mit Selbstbedienung) und ziemlich verschmusten Hofhunden. DZ ca. 63 €.

Essen & Trinken

Einige gute Tapa-Bars gibt es nahe der Kathedrale. Wer portugiesisch essen gehen will, überquert die Brücke nach Valença: Um die Verteidigungsanlage gibt es ein paar einfache Restaurants.
Viel Fisch – **O Novo Cabalo Furado:** Praza do Concello, Tel. 986 60 12 15, So und zweite Julihälfte geschl. Haben Sie schon einmal Glasaale (*angulas*) oder Neunaugen (*lampreas*) probiert? In Tui sind sie *die* lokale Spezialität. Aber in dem steinalten Haus gegenüber der Kathedrale gibt es alternativ auch sehr schmackhafte Flussforellen und Fleischgerichte. 18–25 €.
Unspektakulär – **Galicia:** González Besada 8, Tel. 986 60 00 01. Eigentlich ist dieses Restaurant nichts Besonderes, aber die Paella überzeugt und die Nachbarn selbst sind die häufigsten Gäste. Menüs ca. 15 €.

Einkaufen

Im portugiesischen Valença auf der anderen Seite des Flusses decken sich die Galicier gern in den zahlreichen Geschäften und auf dem turbulenten Markt am Donnerstag mit preiswerten Bademänteln, Handtüchern, Tischdecken und Teppichen ein. Beliebt sind ebenfalls Portwein und relativ preiswertes Fotomaterial.

Frische Ware – **Mercado:** An der zentralen Straße Calvo Sotelo ist schon seit 1679 jeden Donnerstag portugiesisch-galicischer Markt.

Mandelplätzchen – **Monjas de Clausura:** Rúa das Monxas s/n. Die Nonnen verkaufen *pececitos*, kleine Mandelplätzchen in Fischform.

Aktiv & Kreativ

Die Oficina de Turismo (s. u.) gibt Infos zu Rafting und Fischen.

Rafting – **Arrepions:** Avda. de la Concordia 31, www.arrepions.com. Einer von mehreren guten Anbietern für Rafting auf dem Miño.

Infos & Termine

Information

Oficina de Turismo: Colón s/n, Tel. 986 60 17 89

Verkehr

Bahn: 3 x tgl. ab dem zentralen Bahnhof nach Vigo. 3 km Richtung Vigo liegt der Bahnhof Guillarei: von hier aus u. a. 7 x tgl. nach Ribadavia und Ourense. Die Bahnstrecke dorthin (entlang dem Miño-Ufer) ist die wohl schönste ganz Galiciens. Bis Ribadavia ist man rund 1 Std. unterwegs.

Bus: Ab Haltestelle an der Straße Calvo Sotelo stdl. nach A Guarda und Vigo.

Termine

Patronatsfest: In der Woche nach Ostern, mit Verzehr von Glasaalen, Volkstänzen und keltischer Livemusik.

Fest der Kastanie: im Nov. (Fest mit variablen Terminen).

Valença do Minho/ Salvaterra ▶ B 5/6

Ein Abstecher von Tui nach Portugal führt in die massiv wirkende, von einer Mauer umringten Festungsstadt Valença do Minho (17. Jh.). Sie ist von Tui aus über eine von Gustave Eiffel konstruierte Eisenbrücke, per Fähre oder über eine moderne Brücke schnell erreicht. Innerhalb der massiven Stadtmauern haben sich zahlreiche Geschäfte vor allem auf Tuchwaren spezialisiert. Fährt man am Miño-Fluss entlang Richtung Ourense, taucht nach 15 km Salvaterra auf. Der kleine Ort mitten in Rebenfeldern gilt als Hauptstadt des Condado-Weins, der ähnlich wie der weiter westlich angebaute Weißwein O Rosal einem guten Rheinhessen durchaus Konkurrenz macht.

Mondariz Balneario/ Castillo Sobroso ▶ B/C 5

Rund 40 km nordöstlich von Tui befindet sich der berühmteste Thermalort Galiciens. Das wunderbar idyllisch gelegene Mondariz Balneario entstand 1862, als der heilwasserreiche Brunnen erstmals aus dem Boden sprudelte. Bald speiste diese *fuente troncoso* das neue Grandhotel, dort badete die aristokratische wie künstlerische High Society Galiciens. Der Karikaturist Alfonso Castelao kam, ebenso die Dichterin Emilia Pardo Bazán. Staatschef Primo de Rivera ließ in dem Nass sogar schon mal seine Ministerrunden tagen.

Doch 1973 brannte das Gebäude ab und der Ort mit seinen kaum 600 Einwohnern verfiel. Inzwischen ersetzt das Hotel Tryp Mondariz das ehemalige Balneario und sorgt wieder für einen gewissen Aufschwung am sauberen Río Tea. Neben dem Heilwasser zeichnet den Ort aber noch etwas anderes aus: Seine Bewohner leben in der kleinsten Gemeinde Spaniens.

Burg Castillo de Sobroso

Di–So 10–13, 16–19 Uhr, Eintritt 1 €
Mondariz kann man übrigens auch von den Turmspitzen der südwestlich gelegenen Burg **Castillo Sobroso** sehen. Im 15. Jh. hatten Bruderschaften (*irmandiños*) die Burg bei ihren letztlich vergeblichen Volksaufständen gegen den Adel stark beschädigt, zu einer Zeit, als an eine Französische Revolution noch gar nicht zu denken war. Die Gemächer, die Falltür und der Turm innerhalb der hohen Mauern sind inzwischen wieder sorgfältig restauriert. Die Burg dient immer wieder als Ausstellungsforum für lokale Künstler.

Übernachten

Luxuriös – **Hotel Tryp Mondariz:** Av. Enrique Peinador s/n, Mondariz, Tel. 986 65 61 56. Mit Pool, Golfplatz, Sauna und vielen Extras. In dem Viersternehotel kann man sich in historischem Ambiente so richtig verwöhnen lassen. DZ 120–150 €.

Aktiv und Kreativ

Wellness – **Mondariz Balneario:** Av. Enrique Peinador s/n, Tel. 986 65 61 56 www.balneariomondariz.com. Thermalbad mit modernen Einrichtungen und diversen Anwendungen von Hydromassage bis Dampfbädern.

Mein Tipp

Wohnen beim Winzer ► C 5
Der **Pazo Viña Mein** ist ein rustikales, gut geführtes Landhaus zwischen Ribeiro-Weinfeldern und gehört zu einer Bodega gleichen Namens. In der Umgebung liegen mehrere Klöster.
Pazo Viña Mein: Lugar de Mein s/n, in Leiro, Tel. 617 32 63 85, www.vinamein.com, 12 km von Ribadavia entfernt. Mit Schwimmbad. DZ ca. 100 €.

Ribadavia ► C 5

Bei der Porta Nova zwischen Praza Maior und dem Miño-Zufluss Avia liegt noch bis heute das hervorragend erhaltene Judenviertel von Ribadavia, dessen Bewohner vor allem vom örtlichen Weinhandel lebten – bis ein Dekret der Katholischen Könige sie 1492 brutal vertrieb. Geblieben sind die mittelalterlichen Häuser und Gassen rund um die Synagoge sowie der florierende Handel mit dem Ribeiro-Wein. Benediktinermönche aus den nahen Klöstern Oseiro und San Clodio hatten die Trauben schon im 12. Jh. in der unmittelbaren Umgebung angepflanzt. Am letzten Augustwochenende jeden Jahres gehen die knapp 4000 Bewohner an ihre Verkleidungskoffer. Beim Geschichtsfest (*Festa da Istoria*) zeigen sie, wie sich die jüdischen Einwohner im Spätmittelalter kleideten, und erinnern so mit viel Tanz und Spaß an die lange jüdische Tradition des Orts.

Ribadavia am Fluss Avia

Die denkmalgeschützte Stadt am Avia erkundet man am besten von der zentralen Praza Maior aus. In der **Burgruine** finden im Sommer unter freiem Himmel Theateraufführungen statt. Die von Maltesern gegründete romanische Kirche **Sant Xoan** (12. Jh.) zeigt sich noch im Originalzustand. Und manche der Kragsteine am Dach des gotischen Konvents **Santo Domingo** stellen – wie sollte es anders sein – Zechbrüder und Weinfässer dar.

Übernachten

Wellness & Sport – **Arnoia:** Vila Termal 1,3 km außerhalb, Tel. 988 49 24 00, www.caldaria.es/arnoia.htm. Das ruhig gelegene Thermal-Hotel am Miño-Fluss bietet einige sportliche Attraktionen: Ausritte, Bootfahren, Fahrradtouren, Schwimmbad und Sauna. DZ ab 95 €.
Günstig – **Plaza:** Praza Maior 15, Tel. 988 47 05 76. Das Plaza mit seinen elf Zimmern ist sehr zentral gelegen, hat freundliches Personal und ist für seinen Preis durchaus akzeptabel. DZ knapp 40 €.

Essen & Trinken

Taverne in Reinkultur – **Bar O Papuxa:** Porta Nova de Arriba s/n. Dies ist eine der ältesten Tavernen der Stadt. Sie liegt mitten im Judenviertel und ist mit ihren Weinfässern, den karierten Tischdecken, dem Ofen und den guten Tapas einfach sehr urig und sehr einladend. 20 €.
Sehr galicisch – **Plaza** (s. o.): Hier wird eine einfache, preiswerte Regionalküche serviert, vom saftigen Braten bis zur zartgekochten Seekrake. Dazu schmeckt der süffige Ribeiro-Weißwein. 25 €.

Infos & Termine

Information
Oficina de Turismo: Praza Mayor 7, www.ribadavia.com

Verkehr
Bahn: 7 x tgl. nach Ourense und Vigo, 4 x nach Leiro.

Termine
Mostra Internacional de Teatro: Theaterfestival mit zahlreichen Aufführungen auch unter freiem Himmel in der zweiten Julihälfte.
Feria do Viño do Ribeiro: Weinmesse rund um den Ribeiro Ende April, Anfang Mai.
Festa da Istoria: Geschichtsfest am letzten Samstag im Aug.
Virgen del Portal: Patronatsfest Mitte September zu Ehren der Schutzpatronin des Ribeiro.

Ourense ▸ D 5

Um mit dem Charme der kleineren Städte Ribadavia und vor allem Tui mithalten zu können, ist die Provinzhauptstadt Ourense (100 000 Einw.) etwas zu groß geraten. Dafür ist sie schon sehr alt, denn bereits die Römer schätzten die strategische Lage. Die schöne Altstadt umgibt ein Ring so praktischer wie unansehnlicher Hochhäuser, deren Bewohner z. T. aber einen herrlichen Blick auf den Stadtkern haben.

Geschichte

Römische Kundschafter bewogen vor 2000 Jahren zwei Argumente, hier eine Stadt zu gründen und die siebenbogige, 370 m lange Ponte Vello (im 13. Jh. erneuert) über den Miño zu bauen: Goldminen und Thermalquellen. Die Vorzüge der Gegend um Ourense, das kostbare Edelmetall und das 67°C heiße Schwefelwasser sprachen sich bis zu Kaiser Augustus herum. Aus *aurum* (Gold) wurde Ourense, doch kaum hatten germanische Stämme die Römer aus ganz Spanien vertrieben, versank die ›Goldene‹ mehr und mehr in Bedeutungslosigkeit. Und dies, obwohl die Sueben sie vorübergehend sogar zur Königsresidenz gemacht hatten. Seit Beginn des 19. Jh. war die Provinzhauptstadt ähnlich wie das nördlich gelegene Lugo zudem von erheblicher Arbeitslosigkeit und Emigration betroffen. Intellektuelle rund um den Schriftsteller Curros Enríquez (1851–1908), die Ourense vorübergehend den Spitznamen ›das Athen Galiciens‹ einbrachten, machten gerade die wirtschaftliche Not im galicischen Hinterland zum Thema. Heute sieht mancher Besucher aus Dortmund, Frankfurt und Zürich den Namen seiner Stadt in Neonschrift über einer hiesigen Bartür blinken. Denn das bis weit in die 1970er-Jahre verdiente Geld investierten Galicier nach ihrer Rückkehr in die Heimat nicht selten erfolgreich in eine Gastwirtschaft.

Zu dieser Zeit machten in Ourense auch einige Straßenkinder als Gangs die Hinterhöfe unsicher. Ein Jesuitenpater schuf Abhilfe: Er gab ihnen eine Unterkunft und gründete mit ihnen wenige Kilometer südlich der Stadt den Kinderstaat Bemposta: mit Zirkuszelt, eigener Währung und Bürgermeister im Teenie-Alter. Die Jungs machten landesweit schon kurz nach ›Staatsgründung‹ Furore, als sie völlig überraschend die spanischen Hockey-Jugendmeisterschaften gewannen.

Ourenses Kathedrale San Martiño

So arm wie in den 1970ern ist die Stadt heute längst nicht mehr. Subventionen, ein moderner Industriepark und schließlich die Mode sorgten für neuen Schwung. Vor allem die Kreationen des Ourenser Modedesigners Adolfo Dominguez (bekannt für seine Bemerkung »die Falte ist schön«) sind für die Beschäftigungszahlen der Stadt heute einfach ›Gold‹ wert.

Stadtrundgang

Der arkadengesäumte Hauptplatz **Praza Maior** ist das Herzstück von Ourense. In den umliegenden, engen, gelegentlich steilen Gassen liegen etliche kleine Shops und hervorragende Tapa-Bars. Gleich am Platz befindet sich das zum Teil verglaste und beste Museum der Stadt.

Museo Arqueolóxico Provincial

www.musarqourense.xunta.es, Di–Sa 9.30–14.30, 16–21 Uhr, So nur vormittags, Eintritt frei

In dem ehemaligen Bischofspalast sind prähistorische, römische und mittelalterlichen Funde aus der Umgebung untergebracht, darunter auch Wandbilder der umliegender Kirchen.

Kathedrale San Martiño

Praza de Trigo 1, 8.30–13.30, 16.30–20.30 Uhr, Diozesanmuseum Di–So

Ein leckerer Milchcafé (café con leche) lädt zu einer Pause in den Altstadtbars ein

11.30–13, 16.30–18.30 Uhr, Eintritt frei
Wenige Schritte von der Praza Maior entfernt liegt die **Kathedrale San Martiño** mit Stilformen von der Romanik bis zum Barock. Nach 1188 entstand an der Westfront das **Paradiestor** (Pórtico del Paraíso) als eine gekonnte Nachbildung des Pórtico de la Gloria in Santiago. Im etwas düsteren Innern fasziniert zunächst das vergoldete Dekor der barocken **Capilla del Santo Cristo** mit der ausgemergelten gotischen Christusfigur. Bart und Haare, munkelt man hier, seien nicht nur echt, sie würden sogar nachwachsen. Naja. Sehenswert sind aber auch der spätgotische Hochaltar von Cornelis de Holanda (1521) sowie das kleine **Diözesanmuseum** mit dem Kirchenschatz. Ausgestellt ist neben einem Hirtenstab aus Elfenbein und maurischen Schachfiguren aus Bergkristall das älteste in Galicien gedruckte Buch, der »Misal Auriense de Monterrei« (1494).

As Burgas

Am Südwestrand der Altstadt liegen etwas versteckt die As Burgas-Quellen aus noch römischer Zeit. An den drei *fuentes* sind noch die von Römern eingemeißelten Danksagungen an das schwefelhaltige Nass zu sehen. Die berühmten, fast 70 °C heißen Burgas-Quellen sehen nicht besonders spektakulär aus, sie gleichen im Grunde schlichten Brunnen.

San Francisco

Lorenzo Fernández s/n, geöffnet zu den Gottesdiensten, Eintritt frei
Beachtlicher ist da der Kreuzgang des Klosters **San Francisco** oberhalb der Altstadt. Die immerhin 120 Kapitelle stammen aus dem 14. Jh. und machen den *claustro* zu einem der interessantesten Galiciens. Keiner der kunstvoll gemeißelten Säulenabschlüsse gleicht dem anderen.

Übernachten

Historisches Flair – **Pazo de Bentraces:** Tel. 988 38 33 81, www.pazodebentraces.com. 5 km südlich von Ourense an der N-540 in Bentraces (Barbadás). Das schöne Landhaus mit allem Komfort und Pool war im 15. Jh. ein bischöflicher Sommersitz. DZ 105–140 €.
Zentral – **Zarampallo:** Hermanos Villar 19, Tel. 988 23 00 08, www.zarampallo.com. Das Mittelklassehotel hat nette Besitzer und bietet freien Internetzugang in den relativ frisch renovierten Zimmern. Hunde sind hier erlaubt. In der ersten Julihälfte geschl., DZ ca. 50 €.
Schlicht – **San Miguel:** Rúa de San Miguel 14, Tel. 988 22 86 07. Das einfache Hostal in ruhiger Altstadtlage bietet DZ mit und ohne eigenes Bad für rund 40 €. Dazu gehört auch ein gutes Restaurant (s. u.).

Essen & Trinken

Zahlreiche Restaurants befinden sich in der zentralen Gasse San Miguel und der Umgebung. Schöne, stilvolle Cafés findet man in der Straße Coronel Ceano.
Vielfalt pur – **San Miguel:** San Miguel 12–14, Tel. 988 22 12 45, www.restaurantesanmiguel.com 10. Jan.–1. Febr. geschl. Traditionelle und innovative galicische Küche zu gehobenen Preisen. Die Auswahl der Speisen ist so groß wie die der verschiedenen hausgemachten Tresterschnäpse. Tagesgerichte um 36 €, das Mittagsmenü schon für rund 12 €.
Beliebt – **Habana 83:** Avda. de la Habana 61, Tel. 988 22 83 19, So und zweite. Augusthälfte geschl. Ob Lachs auf Algen in Albariño-Weißwein, gegrillte Seezunge oder selbst gemachtes Tiramisú, das Bar-Restaurant mitten im

Geschäftsviertel ist gut, lebhaft und preiswert. À la carte um 25 €.
Tapas und mehr – **Porta da Aire:** Los Hornos (Rúa Fornos) 4, Tel. 988 25 07 49. Von allen Altersklassen frequentiertes, preiswertes Bar-Restaurant mit galicischen Käsesorten, Tortillas und Solomillo. Menü ca. 15 €.

Einkaufen

Konditoreien, Modegeschäfte und Antiquitäten liegen rund um den San Lázaro-Park sowie in den Straßen Calvo Sotelo und Habana.
Modisch – **Adolfo Dominguez:** Habana 56. Pfiffig designte Damen-Mode vom berühmten gleichnamigen Sohn der Stadt.

Abends & Nachts

In der Calle Santo Domingo und um die Kathedrale gibt es zahlreiche Bars und Tavernen, zu später Stunde geht es in der Straße Valle Inclán weiter.
Keltisch – **Miudiño:** Rúa Arcediagos 13. In dem Pub aus Stein und Holz nahe der Kathedrale spielen oft Livebands irischen und galicischen Folk. Tgl. ab 16 Uhr geöffnet.

Aktiv & Kreativ

Klettern und mehr – **Aventurocio:** Av. de Buenos Aires 19, Tel. 988 61 89 20, www.aventurocio.net. Breites Angebot von Wandertouren über Kletterkurse, Rafting und Bogenschießen.
Skifahren – **Estación de Manzaneda:** www.manzaneda.com. 75 km östlich der Stadt Ourense liegt bei Pobra da Trives die einzige Skistation Galiciens mit einer Pistenlänge von insgesamt rund 15 km.

Infos & Termine

Information

Oficina de Turismo: Burgas 12, Tel. 988 36 60 64, www.turismourense.com

Verkehr

Die Lokalzeitung »La Región« druckt die Abfahrtszeiten unter »Servicios«.
Bahn: Plaza de la Estación s/n, Tel. 988 21 02 02. Bis zu 8 x tgl. nach Vigo, mindestens 2 x tgl. nach Santiago und León, bis zu 4 x über Lugo nach A Coruña.
Bus: Estación de autobuses, Carretera Vigo-Madrid 1, Tel. 988 21 60 27. Bis zu sechs Verbindungen tgl. nach Santiago, Pontevedra und Lugo.

Termine

Os Maios: Tanz und Gesang begrüßen am 3. Mai den Frühling.
Fiestas de Ourense: Stadtfest mit Konzerten, Sport und Blumenschmuck in der zweiten Junihälfte.
El Magosto: Am 11. Nov., Tag des Schutzpatrons der Stadt San Martiño (St. Martin), ziehen die Bewohner in die umliegenden Berge, um Kastanien (*magostos*) zu rösten und den neuen Wein zu probieren. Feuchtfröhlich geht es danach im Zentrum weiter.

Klooster San Salvador ▸ C 5

28 km südlich von Ourense liegt das **Mosteiro San Salvador** an der N-540 bei Celanova (Führungen April–Okt. Mo–Sa stdl. zwischen 11–18, So/Fei 11.30, 13, 16, 17, 18, Nov–März Mo-Sa stündl. zwischen 11–17, So/Fei 11.30, 13, 16,17 Uhr, Eintritt 1,50 €). Zeitweilig lebten hier seit dem 10. Jh. über 1000 Benediktinermönche, doch aus ihrer Zeit stammt nur noch die mozarabische Kapelle San Miguel. Kloster und Klosterkirche entstanden

im 16. und 17. Jh. neu, hauptsächlich im barocken Stil.

Santa Comba de Bande

▶ C 6

Nach weiteren 20 km vom Mosteiro San Salvador aus liegt die Kirche **Santa Comba de Bande** (Anmeldung: Tel. 988 44 30 01, Eintritt frei) am Stausee Embalse das Conchas. Die westgotische Kirche aus dem 7. Jh. mit ihrem Grundriss eines griechischen Kreuzes entstand 200 Jahre später neu, nachdem Mauren sie zuvor bei ihren Feldzügen in Schutt und Asche gelegt hatten. Im Innern tragen zwei Säulenpaare mit korinthischen Kapitellen die Hufeisenbögen. 25 km nordöstlich von Ourense liegt das schönste Kloster der Umgebung, das romanisch-gotische **Monasterio de Ribas de Sil** mit wunderbaren Kreuzgängen in einer grandiosen Landschaft über der Schlucht des Río Sil. Hier ist einer der neuesten Paradore Galiciens eingerichtet.

Übernachten

Klösterlich – **Parador de Santo Estevo:** im Monasterio de Ribas de Sil, Tel. 988 01 01 10, www.parador.es. Luxus pur im Kloster, mit fantastischem Kreuzgang und modernstem Komfort. Fantastisch gelegen und auch Küchenchef José Ramón Rodríguez del Río versteht seinen Job. Bachforellen und gutes Rindfleisch gehören zu den Spezialitäten. DZ ab rund 190 €.

Kloster Oseira ▶ D 4

30 km nördlich von Ourense befindet sich das älteste (12. Jh.) und größte Zisterzienserkloster der Provinz Ourense, das **Mosteiro de Oseira** (Anmeldung: Tel. 988 28 20 04, tgl. 9.30–12, 15.30–17.45 Uhr, www.mosteirodeoseira.org, 2 €). Ein Großbrand verschonte nur die Kirche, das Klostergebäude entstand im 16. Jh. völlig neu. Heute führen Benediktinermönche durch die Anlage aus dem Übergang zwischen Renaissance und Barock. Wegen seiner enormen Ausmaße bekam es den Spitznamen ›Escorial Galiciens‹.

Monforte de Lemos ▶ D/E 4

Oberhalb der Kleinstadt (20 000 Einw.) 40 km nordöstlich von Ourense thront schon seit 500 Jahren der ruinöse **Palacio Condal** mit seinem 30 m hohen Wachturm. Von hier aus konnten die Grafen von Monforte weit über die Sierra, die Weinberge und Flusstäler sehen, für deren Erkundung die Stadt am Río Cabe ein idealer Ausgangspunkt ist. Monforte ist ein wichtiger Bahn-Verkehrsknotenpunkt, aber sicher kein gut besuchtes Urlaubsziel. Kaum ein Tourist verirrt sich hierher, obwohl die Stadt doch einiges zu bieten hat.

Die reichen Grafen stifteten im 16. Jh. u. a. das **Colegio de Nuestra Señora de la Antigua** (auch: Colegio de la Compañía), das in seinem strengen Renaissance-Stil wie das Monasterio de Oseira als ›Escorial Galiciens‹ gilt. Das **Convento de las Clarisas de Monforte** (am rechten Ufer des Río Cabe, Mo–Fr 9.30–14, 16–19, Sa und So 9–15 Uhr, Eintritt frei) besticht durch seine Sammlung von Sakralkunst aus dem 17. Jh. Zu den über 200 religiösen Kunstgegenständen zählen auch einige makaber anmutende Reliquien. In der Fußgängerzone schließlich gehen die Spezialitäten Monfortes über die Theke und kommen auf die Tische: Forellen, Pilzgerichte, Wild, Eintöpfe und Fleischklößchen.

Infos & Termine

Information

Oficina de Turismo: beim Colegio de Nuestra Señora de la Antigua, Tel. 982 40 47 15.

Verkehr

Bahn: Praza da Estación s/n, Tel. 982 40 24 96, bis zu 7 x tgl. nach Ourense, 5 x tgl. nach Lugo und 1 x nachmittags nach Santiago.
Bus: San Pedro s/n, Tel. 982 40 26 94, 2 x tgl. nach Santiago und Ourense.

Termine

Fiestas Patronales: um den 15. Sept. mit großem Kulturprogramm.

Parque Natural O Courel

▶ E 4

Ein attraktiver Ausflug führt in das nahezu menschenleere Naturschutzgebiet O Courel. Innerhalb der 21 000 Hektar zwischen den Kantabrischen Kordilleren und dem Río Sil schrauben sich die Straßen an so manchem verlassenen Dorf vorbei. Ein idealer Ort also für Wildschweine, Wölfe, Marder und Hermeline, die hier zwischen Eiben, Stechpalmen und Steineichen so gut wie unbehelligt leben. Entsprechend ist das touristische Angebot ganz bewusst gering gehalten.

Einer der wenigen Orte mit kleinem Supermarkt und Restaurant ist Folgoso do Courel. Nur ein paar Kilometer östlich liegt das Schutzgebiet Devesa da Rogueira bei dem Ort Moreda. Das Info-Häuschen Aula da Naturaleza ist Ausgangspunkt für eine halbtägige Wanderung auf den Berggipfel, von dem man das sattgrüne Courel-Gebiet überblicken kann. In einem alten Steinofen im Ort Moreda backen die sympathische Bäuerin Dolores Pais Fuentes und ihr Mann Divonso Aida Gallego frisches Brot für das Frühstück ihres Gästehauses Devesa da Rogueira (s. u.). »Glauben Sie ja nicht, Sie seien der erste Journalist hier«, erklärt Dolores. Wie sich herausstellt, war vor wenigen Jahren das galicische Fernsehen da. Rechercheauftrag: Filmen, wie einer der letzten galicischen Orte an das Stromnetz angeschlossen wird.

Übernachten

Idyllisch – **Devesa da Rogueira:** im winzigen Dorf Moreda nahe Folgoso do Courel, Tel. 982 15 56 23. Das frisch restaurierte Haus hat nur zwei Doppelzimmer mit Balkonen, guten Bädern, TV, Waschmaschine und eingerichteter Küche, in der die Gäste selber Kochen können. So ruhig wie hier übernachtet man sonst fast nirgendwo. DZ ca. 40 €.

Santa Eulalia da Bóveda

▶ D 3

Folgt man 5 km vor Lugo dem Wegweiser nach Friol, geht es weitere 10 km bis zu der kleinen, aber dafür umso berühmteren Pfarrkirche **Santa Eulalia de Bóveda** (Di–Sa 11–14, 15.30–19, So 11–14 Uhr, Eintritt frei). Hier haben die Westgoten in grauer Vorzeit eine Kirche gebaut. Im Jahr 1926 machten Archäologen dann eine sensationelle Entdeckung: Zum Vorschein kam eine Krypta und an deren Wänden fand man farbige, gut erhaltene Malereien, geometrische Ornamente, Vögel und Girlanden, die aus der Römerzeit stammen könnten. Allerdings sind sich die Archäologen mit der Datierung der Gemälde bislang noch unsicher. Sie vermuten hinter dem geheimnisvollen Bau ein ursprünglich heidnisches Quellheiligtum.

Von Lugo zur Küste

Beachtlich, was Architekten hier geleistet haben: Die römische Mauer rund um Lugos Altstadt ist nach 2000 Jahren noch so stabil, dass die Bewohner sie als Joggingpfad nutzen. Aber auch die Natur hat ›gebaut‹: Bei Ribadeo gleichen die bizarren Strandfelsen einem gotischen Gotteshaus. Folgerichtig heißt die Sandbucht dort auch ›Kathedralenstrand‹.

Lugo ►E 3

Im Jahr 2000 erfüllte sich endlich ein lang ersehnter Traum der Lugueños: Die UNESCO nahm ihre vollständig erhaltene römische Stadtmauer in die Liste des Welterbes auf. Die *muralla* umrundet die gesamte Altstadt. Und auch wenn sie an manchen Stellen immer wieder bröckelt, sie steht. Als die Römer sie im 3. Jh. n. Chr. errichteten, sollte sie ein wichtiges Bollwerk des Imperiums sein: Die Baumeister ließen sie 8–12 m hoch und 4,5–7 m breit anlegen; 85 halbrunde Türme verstärkten den Ring. Doch der strategische Wert erwies sich als gering.

Im 5. Jh. kamen die Sueben und im 8. Jh. die Mauren. Sie mussten die Mauern nur zum Teil schleifen und nutzten lieber gleich die zehn Stadttore, um Lugo einzunehmen. Ernsthafte Gefahr drohte dem inzwischen denkmalgeschützten Bauwerk im Grunde erst in den 1930er-Jahren. Pläne tauchten auf, sie bei der Stadterweiterung niederzureißen. Doch die Lugenser verteidigten ihren Schutzwall, der sie seinerseits selbst nie wirklich verteidigen konnte. Und so heißt es in Lugo (80 000 Einw.) auch, die *muralla* schütze allenfalls vor winterlicher Kälte – und vor allzu modernem Zeitgeist.

Mein Tipp

Hotel über römischen Thermen 4

Das **Balneario de Lugo** liegt gleich am Ufer des Río Miño und birgt noch Reste römischer Bäder. Hier gibt es preiswerte, einfache Zimmer (TV, Bad) mit Flussblick und auf Wunsch eine schwefelhaltige Heilwasserkur.

Balneario de Lugo: Barrio da Ponte s/n, Tel. 982 22 12 28, www.balneariodelugo.com, DZ ca. 70 €.

Der Name Lugo könnte vom keltischen ›Lug‹ stammen, was soviel heißt wie ›heiliger Berg‹. Sicher ist das nicht, doch liegt die oft in Nebel gehüllte Stadt am Miño immerhin fast 500 m über dem Meeresspiegel. Damit ist sie nicht nur Galiciens ärmste, sondern auch höchste Provinzhauptstadt. Und die älteste, wie das attraktive Museo Provincial zeigt:

Provinzmuseum 1 und Franziskanerkonvent 2

Plaza de la Soledad 7, www.museolugo.org, Juli/Aug. Mo–Fr 11–14, 17–20, Sa 10–14, sonst Mo–Fr 10.30–14, 16.30–20.30, Sa nur bis 20 Uhr, Eintritt frei

Das **Museo Provincial** ist teilweise in einen spätmittelalterlichen Franziskanerkonvent integriert, daher gehören zum Museum auch ein Kreuzgang, Speisesäle und die Küche. Der Kamin ist so groß, dass man darin nicht nur kochen, sondern auch zum Essen Platz nehmen konnte. In verschiedenen Sälen sind keltiberische Inschriftsteine, römische Fußbodenmosaiken, pechschwarzer Gagat (*azabache*), Sonnenuhren, Sargadelos-Porzellan und Ge-

Lugo

Sehenswert
- 1 Provinzmuseum
- 2 Franziskanerkonvent
- 3 Porta de Santiago
- 4 Kathedrale
- 5 Praza Mayor
- 6 Praza de Campo
- 7 Römische Thermen

Übernachten
- 1 Pazo de Vilabade
- 2 Méndez Núñez
- 3 Alba
- 4 Balneario de Lugo

Essen & Trinken
- 1 Verruga
- 2 La Barra
- 3 Outes

Einkaufen
- 1 Markt
- 2 Keramikdorf Bonxe

Abends & Nachts
- 1 Anagrama
- 2 Medievo

mälde galicischer Künstler ausgestellt. Dazu gehören der Modernist Arturo Souto (1901–1964) und der in Lugo geborene Xesús Corredoyra (1887–1939), dessen finstere Malweise etwas an die tiefreligiösen Porträts von El Greco erinnert. Höhepunkt des Museums und ganzer Stolz der Museumsleitung ist die einzigartige Sammlung keltischer Halsreifen aus Gold (*torques*) mit ihren verdickten Enden.

Porta de Santiago 3

Als Ausgangspunkt für eine Stadtvisite bietet sich die **Porta de Santiago** an, das Jakobstor der Stadtmauer. Über dem Bogen begrüßt die Besucher das Bildnis des Apostels als Maurentöter. Von hier aus geht es entweder eine Rampe hoch zum empfehlenswerten Rundweg auf der Stadtmauer oder geradewegs hinein in Lugos Kathedrale Santa María.

Kathedrale Santa Maria 4

Praza Santa Maria s/n, Mo-Fr 8–20.30 Uhr, Eintritt frei

Ihre Baugeschichte reicht vom 12. Jh. bis Ende des 18. Jh., als die Kirche ihre strenge klassizistische Fassade bekam. Der Figurenschmuck an dieser Hauptfassade zeigt neben den Evangelisten auch einen Bischof namens Froilán, den kurioserweise ein Wolf begleitet. Die Legende will, dass die Bestie des Bischofs Esel fraß und zur Strafe die Bücherlast selber tragen musste.

Um Jahrhunderte zurückversetzt fühlt man sich beim Betrachten des romanischen eisenbeschlagenen Nordportals, in dessen Tympanon Christus in einem mandelförmigen Heiligenschein (*mandorla*) abgebildet ist. In der barocken Capilla Nosa Señora dos Ollos Grandes verehren die Gläubigen Lugos Schutzpatronin, die wunderliche ›Madonna mit den großen Augen‹. Die wuchtige Kapelle entstand 1726 als Werk von Fernando Casas y Novoa, der die Obradoiro-Fassade der Kathedrale von Santiago de Compostela gestaltete und hier auch den Kreuzgang entwar Gut 200 Jahre zuvor ließ ein anderer Künstler, Cornelis de Holanda, fast sieben Jahre an einer großen Altarwand schnitzen. Sie wich später der opulenten, spätbarock überfrachteten Hauptkapelle und wurde an die Portalwände des Querhauses verlegt.

Praza Maior 5 und Praza de Campo 6

Entlang dem Bischofspalast geht es mitten in die Altstadt mit ihren zahlreichen Tavernen und Restaurants und zum Rokoko-Rathaus mit seinem Uhrenturm an der mit viel Grün aufgelockerten **Praza Maior**, laut Stadtpoet Luis Pimentel (1895–1958) Lugos ›Wohnzimmer‹. Der urigste Platz aber heißt **Praza do Campo**. Er liegt wenige Meter nördlich der Kathedrale, umgeben von uralten, schmalen Gassen. Auf dem dreieckigen, arkadenumsäumten

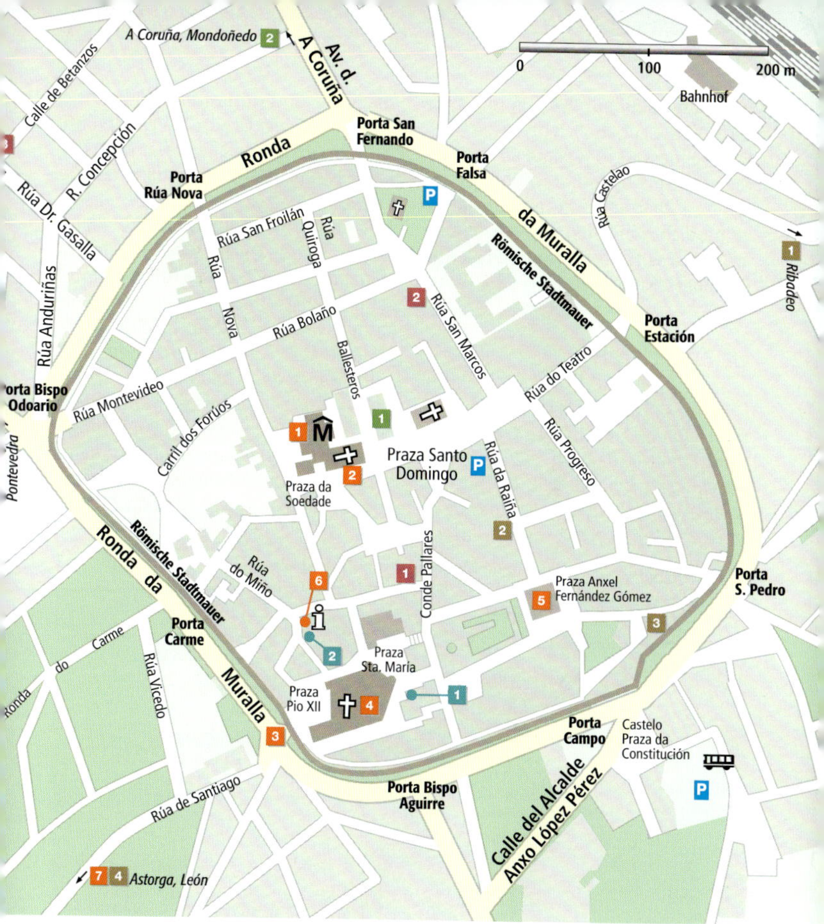

Platz aus Pflasterstein thront auf einem Brunnen der Domikaner-Prediger San Vicente Ferrer (18. Jh.). Darunter speien Engel und Teufelsfratzen Wasser. Früher floss dem Vernehmen nach aber auch schon mal Wein aus den versteinerten Grimassen. Immer dann, wenn die Stadtoberen wieder einmal die Abgaben erhöht hatten und Unruhen befürchteten. Heute treffen sich Jung und Alt in den zahlreichen Bars zum leichten Valdeorras-Wein in Porzellantassen, doch schon damals, zur Zeit des Mauerbaus, war der Platz ein beliebter Treffpunkt für Legionäre, Marktfrauen und Feuerspucker. Aus römischer Zeit ist in Lugo sonst nicht viel erhalten.

Römische Thermen 7

Außerhalb der Stadtmauer führt eine stark restaurierte römische Brücke über den Miño-Fluss. Daneben sprudelt in den **Römischen Thermen** (Caldas de Lugo) unter einem Hotel noch immer 43,8 °C heißes Nass, und das nun schon seit über 2000 Jahren. Die Bäder, antike Umkleidekabinen und auch die

Rauchöfen sind auf Wunsch selbst für Nicht-Gäste zugänglich (tgl. 9–20 Uhr). Für Wellness ist in jedem Fall gesorgt. Kunsthistorisch wesentlich interessanter sind allerdings die einzigartigen, vermutlich römischen Wandmalereien im 15 km entfernten Santa Eulalia de Bóveda (s. S. 268).

Übernachten

Ländlich – **Pazo de Vilabade** **1**: Castroverde, 22 km auf der C-630 Richtung Fonsagrada, Tel. 982 31 30 00, www.elpazo.com. Geschl. 15. Dez.–15. März. Ansprechendes galicisches Landhaus (17. Jh.) mitten im Grünen. Die Einrichtung der Dreisterne-Unterkunft ist ziemlich rustikal, aber das ist in solchen Landhäusern ja Standard. DZ 80–100 €.

Historisch – **Méndez Núñez** **2**: Raiña 1, Tel. 982 23 07 11, www.hotelmendeznunez.com. Das komfortable Hotel (19. Jh.) liegt mitten im Zentrum und atmet viel Geschichte. Im Salon verfassten galicische Nationalisten 1918 ihre Manifeste. DZ 80 €.

Klein und fein – **Alba** **3**: Praza Campo Castelo 31, Tel. 982 22 60 56. Zentrale Unterkunft, nah an einem Aufgang auf den römischen Stadtwall. Einige der zwölf gepflegten, kleinen Zimmer

Lugos Attraktionen: die römische Mauer und die Kathedrale

haben eine Terrasse zur Mauer hin. Die Besitzer sprechen nur Spanisch, aber mit Händen und Füßen klappt die Verständigung schon. DZ ca. 55 €.
Flussblick und Heilwasser – **Balneario de Lugo** 4: s. S. 269

Essen & Trinken

Rund um die Kathedrale und den Bischofspalast gibt es in Lugo viele preiswerte Tapa-Bars.
Köstlich – **Verruga** 1: Cruz 12, Tel. 982 22 95 72, Mo geschl. Ein Klassiker unter den Restaurants. Der Thunfisch und die frischen Meeresfrüchte aus eigenen Fanggründen sind nicht billig, dafür aber gut. So gut, dass man den Namen Verruga (zu deutsch: Warze) gleich wieder vergisst. 40 €.
Hochgelobt – **La Barra** 2: San Marcos 27, Tel. 982 25 29 20, So geschl. In dem teuren Restaurant tafelt die politische High Society Lugos. Das Steinhaus liegt direkt gegenüber dem Provinzparlament. Mittags ist es günstiger. Tagesgerichte kosten dann um die 30 €.
Tapas – **Outes** 3: Serra de Outes 86, Tel. 982 21 70 76. Hier gibt es typisch galicische Tapas wie Seekrake (*pulpo*) und Pasteten (*empanadas*) zu günstigen Preisen: 4–12 €.

Einkaufen

Einkaufsmeile innerhalb des Mauerrings ist die Rúa Progreso, während sich die Kunsthandwerker Lugos rund um die Praza de España angesiedelt haben.
Frisches vom Land – **Markt** 1: Di und Fr auf der Praza de Abastos.
Souvenirs – **Keramikdorf Bonxe** 2: Ein traditionell wichtiges Töpferdorf ist Bonxe (Bonge), 10 km nördlich der Stadt.

Abends & Nachts

Neben der Weinstraße Rúa Nova sind auch die Straßencafés an der Praza de España (Praza Maior) beliebt.
Cool – **Anagrama** 1: Praza Alférez Provisional 7, nachts bis weit nach Mitternacht geöffnete Designerbar nahe der Kathedrale mit überwiegend jungem Publikum.
Für Nachteulen – **Medievo** 2: Rúa Catedral 14. An Wochenenden füllt sich hier nach Mitternacht die Tanzfläche im oberen Stockwerk.

Infos & Termine

Information

Oficina de Turismo: Praza de España (auch Praza Maior) 27, Tel. 982 23 13 61, www.lugoturismo.com

Verkehr

Bahn: Praza Conde de Fontao, Tel. 982 22 21 41. 5 x tgl. nach A Coruña, 1 x (außer So) nach Ourense und Madrid. Nach Barcelona 3 x die Woche.
Bus: Praza da Constitución, Tel. 982 22 39 85. Gute Verbindungen zu vielen Zielen in Galicien. Empresa Freire (www.empresafreire.com) fährt bis zu 10 x tgl. nach Santiago und Arriva (www.arriva.com) mehrmals tgl. direkt nach A Coruña. ALSA ist zuständig für weitere Fahrten, etwa nach Madrid oder León.

Termine

Arde Lucus: Neben Karneval, Karwoche und Corpus Cristi ist das Römerfest Arde Lucus um den 23./24. Juni ein Highlight unter den Stadtfesten. Mit Zirkus, Theater und Markt.
Milagrosa: Das Stadtteilfest vom 4.–10. Sept. mit großem Kulturprogramm.
San Froilán: Patronatsfest am 4.–12. Okt. (Haupttag ist der 5.). Umzüge,

Tanz und Jahrmarkt schon seit dem Jahr 1754.

Semana Internacional de Cine de Autor: In der zweiten Septemberhälfte steigt das Kinofestival.

Serra do Ancares ▶ E/F 3/4

Rund 70 km südöstlich von Lugo liegt die Serra do Ancares als natürliche Barriere zwischen Galicien und Kastilien. Ganz im Osten der Provinz Lugo blieben im Schatten der fast 2000 m hohen Berge über Jahrhunderte hinweg kleine Dörfer erhalten, die teilweise sehr versteckt lagen. So versteckt, dass die Greifer Francos ihre Männer im Spanischen Bürgerkrieg (1936–1939) nicht rekrutierten, weil sie keine Ahnung von der Existenz dieser *pueblos* hatten. Inzwischen ist der Bekanntheitsgrad größer denn je.

Die kaum 50 Bewohner des Örtchens Piornedo beispielsweise leben heute nicht mehr abgeschieden, sondern sogar ganz gut vom Tourismus. Das haben sie vor allem ihren *pallozas* zu verdanken: Ovale bis quadratische Steinbauten, die mit Stroh gedeckt sind und zwei Eingänge haben – einen für die Menschen und einen weiteren für das Vieh.

Jede kleine Ortschaft in der Sierra hat ihre Reize: Becerreá das alte Kloster Santa María de Penamaior und die nahe spitzbogige ›Teufelsbrücke‹ Pontes de Gatín, und Vilarello e Eireixa, das Anwesen der Saavedra, wo angeblich die Vorfahren von »Don Quijote«-Autor Miguel Cervantes Saavedra gelebt haben sollen. Degrada bietet schöne Wanderwege in der Umgebung, Campa de Barreira sein sommerliches Bergfest Ancares und den Brunnen der Verliebten (*fonte dos namorados*): Wer dreimal daraus trinkt, heißt es, heiratet garantiert in den nächsten zwei Jahren. Überhaupt haben es die Märchen und Legenden aus Los Ancares in sich. Ganze Bücher füllen heute die Erzählungen von Männern, die sich in Wölfe verwandeln, Prinzessinnen, die vom bösen Blick in weiße Hirsche verwandelt werden, und Seelen von Toten, die mitten in der Nacht auf Menschenfang gehen. Hirsche und Wölfe jedenfalls leben noch heute in dem 2060 ha großen Schutzgebiet. Üppig wachsen hier Kastanienbäume, Haselnusssträucher, Eichen, Birken, Stechpalmen und Pfriemkraut, das dem Wanderer auf Schritt und Tritt begegnet. Aber keine Angst, verzaubern lassen werden Sie sich wohl nur von der Natur …

Aktiv & Kreativ

Wandern – **Zum Berg ›Drei Bischöfe‹ (Monte Tres Bispos):** Startpunkt ist die Wanderer-Herberge Refugio de Ancares nahe Degrada. Für den 24 km langen und nicht sehr anstrengenden Rundweg zum Monte Tres Bispos sollte man bei durchschnittlich guter Kondition etwa fünf Stunden einplanen. Eine detaillierte Karte bekommt man in der einfachen Unterkunft Refugio de Ancares, im Ort Falda de Fieiró, Tel. 982 36 83 14.

Vilalba ▶ D 2

34 km von Lugo liegt der Hauptort des Landstrichs Terra Chá (16 000 Einw.). Sein in Birkenblättern angeräucherter Käse San Simón ist genauso berühmt wie der alljährliche Kapaun-Markt am 21. Dezember, wenn die Händler die kastrierten Hähne als Weihnachtsschmaus anbieten. Im **Museo de Prehistoria** (Rúa Dr. Domingo Guas 2, www.museovilalba.org, Di–Sa 11–

In den Bergdörfern der Serra do Ancares wird hart gearbeitet

13.30, 17–19.30 Uhr, Eintritt frei) sind einige wenige archäologische Funde aus der Umgebung zu sehen. Die eigentliche Attraktion des Orts ist aber der achteckige Turm der Grafen von Andrade. Darin ist der ehemals kleinste Parador Spaniens untergebracht.

Übernachten

Im Turm – **Parador de Vilalba:** Valeriano Valdesuso s/n, Tel. 982 51 00 11, www.parador.es. In dem Turm aus dem 15. Jh. ist jedes der sechs Zimmer ein Traum. Einst war dieser gemütliche Parador der kleinste seiner Art in ganz Spanien, bis der moderne Anbau hinzukam, in dem die Zimmer etwas schlichter sind. Mit gutem Restaurant. DZ ca. 130 €.

Mondoñedo ► E 2

Als Schmuckstück zeigt sich die alte Bischofsstadt Mondoñedo (7000 Einw.) mit ihren weiß getünchten, wappengeschmückten Häusern und den Köstlichkeiten ihrer Konditoreien. Berühmt ist die *tarta de Mondoñedo,* ein quietschsüßer, aber leckerer Mandelkuchen aus Biskuit, Blätterteig und kandierten Früchten.

Kathedrale

Plaza de la Catedral s/n, Diözesanmuseum Di–So 11–13, 16.30–18 Uhr, Eintritt frei, Führungen nach Absprache
Von kunsthistorisch hohem Rang zeugt die Kathedrale **Santa María de la Asunción** mit ihrem Portal aus dem 13. Jh., der gotischen Rosette und den barocken Türmen. Eine Besonderheit sind die gut erhaltenen gotischen Wand-

malereien im Innern. Seit 1969 ist in der Kathedrale von Mondoñedo das größte galicische **Museum für sakrale Kunst** untergebracht. Ein Pfarrer mit dem klingenden Namen Santos San Cristobál Sebastián hat hier seinerzeit ein kurioses Sammelsurium aus bischöflichen Schuhen, alten Schatztruhen, gregorianischen Noten, westgotischen Goldringen, chinesischen Tischchen und sogar einer Schwarzwälder Kuckucksuhr aus dem 19. Jh. zusammengestellt. Bei einem Rundgang geht es durch den großen Kreuzgang zu einem Bischofsgemach (samt Hausschuhen der Kleriker) und den Ausstellungsräumen. Der Pfarrer ließ es sich nicht nehmen, auch selbst gemalte Ölbilder von Mondoñedo an die Wände zu hängen, die gar nicht so schlecht gelungen sind.

Übernachten

Verträumt – **Montero II:** Cándido Martínez 8, Tel. 982 52 10 41. Das kleine, schmucke Hotel gegenüber der Kathedrale hat TV und Telefon in den Zimmern und es gibt auch eine Hochzeits-Suite. Es ist die beste Wahl im Stadtzentrum. DZ rund 60 €.

Tolle Aussicht – **Mirador de Mondoñedo:** N-634, Tel. 982 50 73 00. Einen herrlichen Ausblick auf Mondoñedo genießt man von den Glasveranden. Es gibt Terrassen, einen Garten, ein Schwimmbad und preiswerte Zimmer mit Bad. Was will man mehr? DZ bekommt man für rund 60 €.

Essen & Trinken

Fisch satt – **Montero I:** Eladio Lorenzo 7, Tel. 982 52 17 51. Dieses Restaurant hat zwar eine scheußliche Lage gegenüber einer Tankstelle, ist aber vor Ort die beste Adresse für Fisch und Meeresfrüchte. Gerichte um 25 €.

Preiswert – **Mesón Os Arcos:** Rúa de Alfonso VII 6/Praza Maior, Tel. 982 50 70 12. So abends geschl. Gute Tapa-Auswahl. Es gibt auch Fleisch vom Grill. In dem zental gelegenen Lokal stehen nur wenige Tische. Menü schon für rund 12 €.

Café – **La Alianza:** José Antonio 28. In dem kleinen Café gibt es eine große Auswahl an Köstlichkeiten aus der angegliederten Konditorei.

Einkaufen

Beim Tortenkönig – **O Rei das Tartas:** Praza Catedral 15, www.oreidastartas.com. Wie im Café La Alianza gibt es hier den berühmten Mandelkuchen *tarta de Mondoñedo.* Hier sind viele Fotos von dem einstigen Gründer zu sehen, der in den 1990er-Jahren immer in kurioser Uniform und exzentrischen Bart durch die Gassen lie Ablichten ließ er sich mit dem Spanischen König genauso wie mit Schnulzensänger Julio Iglesias ...

Infos & Termine

Information

Oficina de Turismo: Praza da Catedral s/n, Tel. 982 50 71 77, www.mondonedo.net

Verkehr

Bus: Haltepunkte an der Praza España und vor dem Hotel Montero II. Rund 2 x tgl. nach Lugo, Ribadeo und Viveiro

Termine

Fiesta Medieval: Mittelalterfest am zweiten Aug.-Wochenende, an dem die halbe Stadt kostümiert zecht wie vor Jahrhunderten.

San Martín de Mondoñedo ▶ E 1/2

Nördlich von Mondoñedo liegt bei dem Hafenstädtchen Foz die ehemalige Klosterkirche **San Martín de Mondoñedo** mitten auf dem Land. Es wird vermutet, dass hier schon im 6. Jh. ein Bischof residierte, was bedeuten würde, dass San Martín die älteste Kathedrale Spaniens ist.

Mönche jedenfalls haben damals schon in dem Kloster gelebt, in dem auch zwei westgotische Säulen am Eingang auffallen. Das heutige Aussehen bekam die nur 27 m lange und 13 m breite Kirche im 12. Jh. Besonders auffällig sind die fantasievollen Figurenreliefs im Innern des dreischiffigen Baus, darunter nackte Musikanten und originellerweise der Kopf des Herodes auf einem Teller.

Ribadeo ▶ F 1/2

Die geradezu futuristische Brücke des Grenzorts zu Asturien (9400 Einw.) kontrastiert mit dem malerischen Hafen, dem aus Eisen und Glas konstruierten Jugendstilturm **Torre de los Morenos** und dem klassizistischen Rathaus an der begrünten **Praza de España.** So manche Villa erzählt von einem gewissen Luxus der einflussreichen hiesigen Bourgeoisie.

Einer der Händler, Antonio Raimundo Ibáñez, veranlasste den Bau der nahen **Sargadelos-Keramikfabrik** (S. 206) und fand am 2. Februar 1809 einen grausamen Tod. Nackt an ein Pferd gebunden, trieben die Bewohner Ribadeos den Gründer der Keramikfabrik durch den Küstenort, bis er verblutete. Der Grund: Er hatte sich während der napoleonischen Besatzung als Freund der französischen Aufklärung unbeliebt gemacht. Auch manch farbenfroher Krug aus der Fabrik des ›Hochverräters‹ zerschellte an Wänden und auf Steinböden. In jener Zeit sollte das Kastell **San Domián** noch vor den napoleonischen Truppen schützen. Doch die Festung schossen nicht etwa die französischen Soldaten in Schutt und Asche. Einheimische Soldaten hatten versehentlich ein Pulverfass in die Luft gejagt. Und bis heute erinnert die Ruine daran.

Traumstrände bei Ribadeo

Der Hausstrand von Ribadeo ist etwas zu klein, um mit den westlichen Playas Richtung Foz/A Coruña konkurrieren zu können. Parallel zur Nationalstraße geht es auf der N-634 am Meer entlang nach wenigen Kilometern zur muschelförmigen und bei Surfern beliebten Praia Os Castros (ehemalige Keltensiedlung). Kurz darauf ist der herrliche Sandstrand Praia As Catedrais. erreicht (S. 278). Ein gut 5 km langer Holzsteg verbindet den Kathedralenstrand mit weiteren Stränden der Umgebung.

Infos & Termine

Information

Oficina de Turismo: Dionisio Gamallo Cierros 7, Tel, 981 12 86 89, www.ribadeo.org

Verkehr

Bus: ab der Busstation an der Straße Rosalía de Castro s/n mehrmals tgl. nach Viveiro und Lugo.

Termine

Dudelsackfest: Am ersten Aug.-Sonntag, 5 km oberhalb der Stadt auf dem Monte des Santa Cruz, auf dem auch das Standbild eines Dudelsackspielers steht. Keltenmusik mit bester Aussicht.

Lieblingsort

Naturschauspiel der Extraklasse

► F 1

›Kathedralenstrand‹ heißt er, weil die 30 m hohen Felstore, die durch Erosion entstanden, tatsächlich an ein gotisches Gotteshaus erinnern. Besonders gut zu sehen ist das Naturschauspiel bei Ebbe, wenn die Besichtigung durch die spitzen ›Torbögen‹ trockenen Fußes möglich ist. Die **Praia das Catedrais** liegt 10 km westlich von Ribadeo.

Sprachführer

Ausspracheregeln

Wörter, die auf Vokal, n oder s enden, werden auf der vorletzten Silbe betont, alle anderen auf der letzten Silbe. Von diesen Regeln abweichende Betonungen verdeutlicht ein Akzent (z. B. teléfono). Treffen zwei Vokale aufeinander, so werden beide einzeln gesprochen (z. B. E-uropa).

Konsonanten:

c	vor a, o, u wie k, z. B. casa, vor e, i wie englisches th, z. B. cien
ch	wie tsch, z. B. chico
g	vor e, i wie deutsches ch, z. B. gente
h	wird nicht gesprochen
j	wie deutsches ch, z. B. jefe
ll	wie deutsches j, z. B. llamo
ñ	wie gn bei Champagner, z. B. niña
qu	wie k, z. B. porque
y	wie deutsches j, z. B. yo (außer am Wortende)
z	wie englisches th, z. B. azúcar

Allgemeines

guten Morgen/Tag	buenos días
guten Tag (nachmittags)	buenas tardes
guten Abend/ gute Nacht	buenas noches
auf Wiedersehen	adiós
Entschuldigung	disculpe, perdón
hallo, grüß dich/Sie	hola, ¿qué tal?
bitte	por favor
danke	gracias
ja/nein	sí/no
Wie bitte?	¿perdón?

Unterwegs

Bahnhof	la estación
Flughafen	el aeropuerto
Bus/U-Bahn/Auto	autobús/metro/coche
Haltestelle	la parada
Parkplatz	el aparcamiento
Fahrkarte	el billete
Tankstelle	la gasolinera
Eingang	la entrada
Ausgang/ -fahrt	la salida
rechts	a la derecha
links	a la izquierda
geradeaus	todo recto
hier/dort	aquí/allí
Auskunft	información
Stadtplan	mapa de la ciudad
Postamt	correos
geöffnet	abierto/-a
geschlossen	cerrado/-a
Kirche	la iglesia
Museum	el museo
Strand	la playa
Straße	la calle
Platz	la plaza

Übernachten

Hotel/Pension	el hotel/la pensión
Einzelzimmer	habitación individual
Doppelzimmer	habitación doble
mit/ohne Bad	con/sin baño
Toilette	el servicio
Dusche/Bad	la ducha/el baño
mit Frühstück	con desayuno
Halbpension	media pensión
Gepäck	el equipaje
Rechnung	la cuenta

Einkaufen

kaufen	comprar
Geschäft/Markt	la tienda/el mercado
Geld	el dinero
Geldautomat	el cajero automático
bar	en efectivo
Kreditkarte	la tarjeta de crédito
Lebensmittel	la comida
teuer/billig	caro/barato
wie viel	¿cuánto?
bezahlen	pagar

Notfall

Apotheke	farmacia
Arzt/Zahnarzt	el médico/el dentista

Hilfe!	¡socorro!
Krankenhaus	el hospital, la clínica
Polizei	la policía
Schmerzen	dolores
Unfall	el accidente

Zeit, Wochentage

Stunde	la hora
Tag	el día
Woche	la semana
Monat	el mes
Jahr	el año
heute	hoy
gestern	ayer
morgen	mañana
morgens	por la mañana
mittags	a mediodía
abends	por la noche
früh, spät	temprano, tarde
Montag	lunes
Dienstag	martes
Mittwoch	miércoles
Donnerstag	jueves
Freitag	viernes
Samstag	sábado
Sonntag	domingo

Zahlen

1	uno
2	dos
3	tres
4	cuatro
5	cinco
6	seis
7	siete
8	ocho
9	nueve
10	diez
11	once
12	doce
13	trece
14	catorce
15	quince
16	dieciséis
17	diecisiete
18	dieciocho
19	diecinueve
20	veinte
21	veintiuno
30	treinta
40	cuarenta
50	cincuenta
60	sesenta
70	setenta
80	ochenta
90	noventa
100	cien
150	cientocincuenta
200	doscientos
1000	mil

Die wichtigsten Sätze

Allgemeines

Sprechen Sie Deutsch/Englisch?	¿Habla usted alemán/inglés?
Ich verstehe nicht.	No entiendo.
Ich spreche kein Spanisch.	No hablo español.
Ich heiße ...	Me llamo ...
Wie heißt du/ heißen Sie?	¿Cómo te llamas/ se llama?
Wie geht es dir/ Ihnen?	¿Cómo estás/ está usted?
Danke, gut.	Muy bien, gracias.
Wie viel Uhr ist es?	¿Qué hora es?

Unterwegs

Wie komme ich zu/nach ...?	¿Cómo se llega a ...?
Wo ist ...?	¿Dónde está ...?
Könnten Sie mir bitte ... zeigen?	¿Me podría enseñar ..., por favor?

Notfall

Können Sie mir bitte helfen?	¿Me podría ayudar, por favor?
Ich brauche einen Arzt.	Necesito un médico.
Hier tut es mir weh.	Me duele aquí.

Übernachten

Haben Sie ein freies Zimmer?	¿Hay una habitación libre?
Wie viel kostet das Zimmer pro Nacht?	¿Cuánto vale la habitación al día?
Ich habe ein Zimmer bestellt.	He reservado una habitación.

Einkaufen

Wie viel kostet ...?	¿Cuánto vale ...?
Ich brauche ...	Necesito ...
Wann öffnet/ schließt ...?	¿Cuándo abre/ cierra ...?

Getränke (bebidas)

agua (con/sin gas)	Wasser (mit/ohne Kohlensäure)
batido	Milchshake
café con leche	Milchkaffee
café solo	Espresso
café cortado	Espresso mit Milch
caña	gezapftes Bier
chocolate	Kakao
cerveza	Bier
champán	Sekt
fino	Sherry
granizado	zerstoßenes Eis mit Sirup
horchata	Erdmandelmilch
té	Tee
vino blanco/tinto/ rosado	Weiß-/Rot-/Roséwein
zumo	Saft
zumo de naranja al natural	frisch gepresster Orangensaft

Typische Tapas

aceitunas	Oliven
ahumados	geräucherter Fisch
albóndigas	Fleischbällchen
almejas	Venusmuscheln
anchoas	Anchovis
bocadillo/bocata	belegtes Brötchen
boquerones en vinagre	eingelegte Sardellen
calamares	Tintenfische
callos	Kutteln
canapés	belegte Schnittchen
caracoles	Schnecken
champiñones	Champignons
chipirones	Mini-Tintenfische
chorizo	Paprikawurst
cocido	Eintopf
croquetas	Kroketten
embutidos	Wurstwaren
gambas	Garnelen
jamón serrano	Gebirgsschinken
jamón Ibérico	Iberischer Schinken (Spezialität)
mejillones	Miesmuscheln
montado	kleines belegtes Brötchen
ostras	Austern
patatas bravas	scharf gebratene Kartoffeln
paté	Pastete
pincho moruno	Fleischspieß
pulpo	Oktopus, Krake
queso	Käse
sepia	Tintenfisch
tortilla de patatas	Kartoffelomelett

Fisch und Meeresfrüchte (pescado y mariscos)

atún	Thunfisch
bacalao	Stockfisch
besugo	Seebrasse
bogavante	Hummer
bonito	kleine Thunfischart
caballa	Makrele
cangrejo	Krebs
cigala	kleine Languste
dorada	Dorade
langostinos	Riesengarnelen
lenguado	Seezunge
merluza	Seehecht
mero	Zackenbarsch
pez espada	Schwertfisch
rape	Seeteufel
rodaballo	Steinbutt
salmón	Lachs
trucha	Forelle

Fleisch (carne)

asado	Braten/gebraten
aves	Geflügel
bistec	Beefsteak, Steak
buey	Ochse, Rind
chuleta	Kotelett
cerdo	Schwein
cochinillo	Spanferkel
conejo	Kaninchen
cordero	Lamm
escalope	Schnitzel

estofado	Schmorfleisch
filete	Filet
jabalí	Wildschwein
pato	Ente
pollo	Hühnchen
rabo de toro	Stierschwanz
solomillo	Filet
ternera	Kalb, Rind
vaca	Rind, Kuh

Gemüse (legumbres, verdura)

aguacate	Avocado
ajo	Knoblauch
alcachofa	Artischocke
berenjena	Aubergine
calabacín	Zucchini
cebolla	Zwiebel
ensalada	Salat
espárragos	Spargel
espinacas	Spinat
garbanzos	Kichererbsen
guisantes	Erbsen
hongos/setas	Pilze
judías verdes	grüne Bohnen
lechuga	grüner Blattsalat
lentejas	Linsen
patatas	Kartoffeln
pepino	Gurke
pimiento	Paprikaschote
puerro	Lauch
tomates	Tomaten
zanahorias	Möhren

Obst (fruta)

cerezas	Kirschen
fresas	Erdbeeren
manzana	Apfel
melocotón	Pfirsich
naranja	Apfelsine
piña	Ananas
plátano	Banane
uvas	Trauben

Nachspeisen (postres)

arroz con leche	Milchreis
crema catalana	Pudding mit karamelisierter Zuckerkruste
flan	Karamelpudding
helado	Eis
pastel	Kuchen, Gebäck
sorbete	Sorbet
tarta (de queso)	Käsekuchen
tocino de cielo	Paradiesspeise

Zubereitungen

a la plancha	gegrillt
a la parilla	auf einer heißen Metallplatte gegrillt
al ajillo	in Knoblauchsoße
al horno	aus dem Ofen
asado/-a	gebraten/geschmort
en escabeche	mariniert
en salsa	in Soße
frito/-a	frittiert
guisado/-a	geschmort

Im Restaurant

Ich möchte einen Tisch reservieren.	Quisiera reservar una mesa.
Die Speisekarte, bitte.	La carta, por favor.
Weinkarte	la carta de vinos
Die Rechnung, bitte.	La cuenta, por favor.
Kellner/Kellnerin	camarero/camarera
Frühstück	desayuno
Mahlzeit/Essen	la comida
Abendessen	la cena
Häppchen, Portion	la tapa, la ración
Vorspeisen	entremeses
Hauptgericht	el plato principal, el plato segundo
Nachspeise	el postre
Tagesgericht	menú del día
vegetarische Kost	comida vegetariana
Messer, Gabel	el cuchillo, el tenedor
Löffel, Teelöffel	la cuchara, cucharilla
Glas, Flasche	el vaso, la botella
Salz, Pfeffer	la sal, la pimienta
Zucker, Süßstoff	el azúcar, la sacarina

Danksagung
Mein Dank für die Unterstützung bei der Recherche dieses Bandes geht an Alicia Lillo und Montserrat Cañamero López vom Spanischen Fremdenverkehrsamt sowie an meine Freunde in Nordwestspanien.

Abbildungsnachweis
DuMont Bildarchiv, Ostfildern: S. 10 o. re., S. 18, S. 26/27, 64, 92/93, 104/105, 114, 120/121, 126, 185, 251 li., 272, 275 (Renckhoff)
Fernando Bosch, Madrid: S. 195
Tobias Büscher, Köln: S. 8, 9, 10 u.re., 11 o.re., S. 11 u.li., 11 o.li., 12/13, 23, 31, 43, 48/49, 52, 54/55, 58/59, 60, 63, 68, 71, 74, 77, 80 o.li., 80 o. re., 81 o.l., 96, 100/101, 107, 108, 116, 130 o. re., 131 o. li., 133, 136/137, 144/145, 150/151, 152, 156, 158 li., 159 o.re., 160, 168, 179, 190/191, 192, 197, 182 li., 183 li., 201, 213, 214 re., 215 o.li., 224/225, 228, 230, 232/233, 238/239, 240, 244/245, 250 o.re., 250 o. li., 254, 264, Umschlagklappe vorn, Umschlagrückseite
Björn Göttlicher, Bamberg: S. 110, 142/143, 162/163, 248/249
Bildagentur Huber, Garmisch-Partenkirchen: S. 214 li., 226/227 (Fantuz), S. 38/39, 51, 182 re., 204/205, 219 (Gräfenhain), S. 72/73 (Spiegelhalter)
Laif, Köln: S. 195 (De Luigi/Contrasto), S. 83, 260 (Gonzalez), S. 66/67, 180/181 (Hemis/ Hughes), S. 125 (Morascher)
Look-Foto, München: S. 11 u.re., 84, 88/89, 257, 278/279 (age foodstock), S. 86 (Merz), 130 o. li., 140 (Olivè), S. 46 (Richter)
Mauritius Images, Mittenwald: Titelbild, S. 78/79, 158 re., 173, 252/253, 263 (age),
Petra Sparrer, Köln: S. 10 o. li., 10 u.li., 56, 176/177, 198, 208/209

Kartografie
DuMont Reisekartografie, Fürstenfeldbruck,

Umschlagfotos
Titelbild: Santiago de Compostela, Kathedrale an der Plaza do Obradoiro
Umschlagklappe vorn: Traubenstampfen beim Weinfest in Logroño

Hinweis: Autor und Verlag haben alle Informationen mit größtmöglicher Sorgfalt geprüft. Gleichwohl sind Fehler nicht vollständig auszuschließen. Alle Angaben erfolgen ohne Gewähr. Bitte, schreiben Sie uns! Über Ihre Rückmeldung zum Buch und Verbesserungsvorschläge freuen sich Autor und Verlag:
DuMont Reiseverlag, Postfach 3151, 73751 Ostfildern, info@dumontreise.de, www.dumontreise.de

1. Auflage 2010

Lektorat/Redaktion: Petra Sparrer, Köln
Grafisches Konzept: Groschwitz/Blachnierek, Hamburg
Printed in Hungary